Friedrich Schorlemmer
Die Bibel für Eilige

atb aufbau taschenbuch

Friedrich Schorlemmer, geboren 1944 in Wittenberge/Elbe, aufgewachsen in der Altmark, Publizist und Theologe. 1978–1992 Dozent am Evangelischen Predigerseminar und Prediger an der Schloßkirche in der Lutherstadt Wittenberg, 1992–2007 Studienleiter an der Evangelischen Akademie Sachsen-Anhalt in Wittenberg. 1989 erhielt er die Carl-von-Ossietzky-Medaille der Internationalen Liga für Menschenrechte und 1993 den Friedenspreis des Deutschen Buchhandels. Mitherausgeber der Wochenzeitung »Freitag« und der »Blätter für deutsche und internationale Politik«. Friedrich Schorlemmer wurde 2009 mit dem Bundesverdienstkreuz ausgezeichnet; 2014 erhielt der die Humboldt-Medaille, außerdem die Ehrendoktorwürde der Kulturwissenschaftlichen Fakultät der Europa-Uni Viadrina, Frankfurt/Oder.

Im Aufbau Verlag sind seine Bücher »In der Freiheit bestehen. Ansprachen«, »Lass es gut sein. Ermutigung zu einem gelingenden Leben«, »Ich habe keinen Gott. Aber Gott hat mich. Die Künstler und die Religion«, »Albert Schweizer. Genie der Menschlichkeit«, »Wohl dem, der Heimat hat«, »Klar sehen und doch hoffen. Mein politisches Leben« sowie »Was bleiben wird. Ein Gespräch über Herkunft und Zukunft« (zusammen mit Gregor Gysi) lieferbar.

Die Bibel ist unergründlich. Das Volk finde darin »reichen Trost, Lehre, Unterricht, Vermahnung, Warnung und Verheißung«, so Martin Luther, der mit seiner Bibel-Übertragung die deutsche Schriftsprache begründete.

Gott und die Welt – das ist das Thema des Buches der Bücher: aufrechtes Leben und Verrat, Freiheit und (Selbst-)Versklavung, »Hosianna!« und »Kreuzige!«, Rache und Barmherzigkeit, gnadenloser Egoismus und dienende Liebe.

Die Bibel hilft die Geschichte des Menschengeschlechts zu verstehen, sie verschweigt nicht, was dunkel und schwer ist und weist Wege in eine lebenswerte Zukunft. Wer zur Wahrheit der Bibel gelangt, der wird frei – frei zu wahrhaftiger Selbst- und Welterkenntnis. Friedrich Schorlemmers Auslegung bietet einen Schlüssel zum Verständnis der Texte.

Friedrich Schorlemmer

Die Bibel für Eilige

atb aufbau taschenbuch

MIX
Papier aus verantwortungsvollen Quellen
FSC® C083411

ISBN 978-3-7466-3233-9

Aufbau Taschenbuch ist eine Marke der Aufbau Verlag GmbH & Co. KG

5. Auflage 2016

Bei Aufbau Taschenbuch erstmals 2003 erschienen
Umschlaggestaltung Mediabureau Di Stefano, Berlin
unter Verwendung eines Fotos von mauritius images
Druck und Binden CPI Books GmbH, Leck, Germany
Printed in Germany

www.aufbau-verlag.de

Inhalt

III.
Worten nachsinnen [Auslegungen]
Beispiele für heutigen Zugang zu biblischen Texten

Vorwort

Die Bibel für Eilige? Lesen Sie, wenn Sie's nicht gar zu eilig haben!

Hier ist nicht das Ganze der Bibel bedacht – es wird *beispielhaft* entfaltet, worum es im Ganzen und im Einzelnen geht.

Die »*Eröffnungen*« (I) bieten eine Art Schlüssel zum Verstehen.

Die »*Erörterungen*« (II) geben Einblick in einzelne biblische Bücher.

Die »*Auslegungen*« (III) versuchen an Textbeispielen zu zeigen, wie Vergangenes gegenwärtig wird.

Einige biblische Texte werden im Buch zu lesen sein. Das erspart Ihnen indes nicht, dass Sie beim Lesen selber eine Bibel zur Hand nehmen. Prüfen Sie, fragen Sie weiter, geben Sie *Ihre* Antwort. Entscheiden Sie, was wichtig und was unwichtig ist. Für Sie. Nur: eliminieren Sie nicht zu schnell das, was unbequem ist; gerade dies könnte das Weiterhelfende sein.

Wer zur Wahrheit der Bibel gelangt, der wird frei – frei zu wahrhaftiger Selbst- und Welterkenntnis. Dieses Buch hilft zu überschreiten, was ist; es eröffnet neue Horizonte und verschweigt nicht, was schwer ist.

Biblos. Die Bibel. Das Buch. Das Buch der Bücher. Die Heilige Schrift – von den Christen das Alte und das Neue Testament genannt. Dieses Buch der Weltliteratur muss entschlüsselt werden – und es erschließt sich unmittelbar. »Gott und die Welt« ist ihr variationsreiches Dauerthema.

Tschingis Aitmatow schrieb: »Ich bin der Meinung, wenn eine alte Überlieferung nicht in der Lage ist, an Aufgaben unserer Tage heranzuführen, braucht man sie nicht wieder auszugraben.« Es lohnt sich, die Bibel »auszugraben«. Sie hilft, uns und unsere Welt zu verstehen, ermutigt zum Leben, gibt Orientierung. Vieles bleibt auch dunkel und verschlossen; anderes ist irrelevant geworden oder geistesgeschichtlich überholt, bestenfalls interessant für Religionshistoriker.

Wo aber ist der Maßstab? Verstehen und Bewerten braucht Dialog, braucht intensives Gespräch – mit dem Text, mit anderen Menschen, mit sich selbst.

Lesen Sie zunächst genau, was *da* steht und versuchen Sie konzentriert zu begreifen, was *drin* steht.

»Wer Ohren hat zu hören, der höre!«

Lutherstadt Wittenberg
zu Epiphanias, 6. Januar 2003 *Friedrich Schorlemmer*

I.
DIE KUNST DES VERSTEHENS
[ERÖFFNUNGEN]

Worte wie Perlen

Mich hat das Buch nicht bloß gut unterhalten, sondern auch weidlich erbaut. Welch ein Buch! Groß und weit wie die Welt, wurzelnd in die Abgründe der Schöpfung und hinaustragend in die blauen Geheimnisse des Himmels.

Heinrich Heine, 1830

Es gibt so unendlich vieles, das heute gedruckt, gepresst, gesendet, versandt und gemailt wird. Wer hat noch Durchblick? Wer kann noch Wichtiges vom Unwichtigen unterscheiden? Was gilt unter uns das, was sich nicht rechnen lässt?

In der Bibel ist nachzulesen, worauf es ankommt. Es ist nicht das, was vordergründig ankommt, sondern was den Hintergrund der Welt erhellt – im buchstäblichen Sinne erhellt.

In der BIBEL steht Substanzielles, Sinnstiftendes. Hier geht es nicht um Unterhaltung, sondern um Haltung – und um Halt, im Leben und im Sterben. Die Spannung ergibt sich aus den Spannungen des Lebens selbst. Wo die Lösung, die Er-Lösung zu suchen ist, wird durchbuchstabiert.

Was hier zur Sprache kommt, reicht in die Alltage und überschreitet das Alltägliche ins so Offene wie Verheißungsvolle unserer Zukunft.

Im Anfang war das Wort. Und das Wort wurde Mensch und wohnte unter uns (Johannes 1,1–14). Gott spricht durch einen Menschen. Gott spricht durch Menschen. Gott spricht menschlich zu uns. Und wir sprechen in menschlichen Worten von Gott und zu Gott. Wir können uns menschlich, ganz menschlich an ihn wenden und wissen doch um den unendlichen Abstand, das bleibende Geheimnis, das Unaussprechliche seines Namens.

Das Wort wurde Schrift, heilige Schrift. Dies Wort muss

gesprochen werden, um gehört zu werden. Nicht wichtig ist, wer zu uns spricht, wichtig ist, dass zu uns gesprochen wird, wichtiger noch, dass wir hören. Und uns wandeln, verwandelt werden. Und doch wieder erkennbar bleiben. Wir haben einen Namen. Wir sind unverwechselbar.

Das Wort muss gehört werden. Eine Viva Vox, eine lebendige Stimme, sagte Luther, ist das Evangelium. Es wird so schnell zum toten Buchstaben. Deshalb lies laut – oder lies es einem anderen vor. Innerste Konzentration wird zu äußerster Partizipation. Stille wird Teilhabe.

Martin Luther hat sich beim Übersetzen der Bibel die einzelnen Worte und ganze Sätze immer wieder laut vorgelesen. Auch Klang ist Sinn. *Wie* es sich anhört, entscheidet mit darüber, *ob* es gehört wird. Und die Stimme ist die Seele des Wortes. Das Wort des Evangeliums ist eine lebendige Stimme.

Die Bibel ist ein Volksbuch, ein Buch für das Volk, das vom Volk gehört, gelesen und verstanden werden soll. Gleichzeitig ist die Bibel ein Schatz, der gehoben werden will. Dazu braucht es Mittler und Mittel. Ohne Martin Luthers Sprachleistung gäbe es keine gemeinsame, keine so reiche deutsche Sprache. Und ohne Gutenbergs technische Leistung gäbe es keine so große Verbreitung.

Auch heute nutzen wir zeitgemäße Mittel, um ein Wort zu verbreiten, auf das es ankommt.

Evangelium heißt zu deutsch: gute Nachricht. Luther übersetzt schärfer, zupackender, aufregender: gute Botschaft, gute Märe, gute neue Zeitung, gute Neuigkeit, gut Geschrei – »davon man singet, saget und fröhlich ist«.

Wir sehen auch, »dass Gott nicht dringet, sondern freundlich locket und spricht: Selig sind die Armen.« Luther meinte, man ginge am besten an diese Texte heran wie ein Kind. »Ich habe mich bemüht, und zwar mit allem Eifer, und doch habe ich nicht ein einziges Wort aus der ganzen Schrift völlig ergriffen. Darum bin ich noch nicht aus der Kinderlehre herausgekommen, bewege vielmehr täglich im Geiste das, was ich weiß, und suche den rechten Verstand der heiligen zehn Gebote des christlichen Glaubens. Und zwar verdrießt es mich einigermaßen, dass ich, ein so großer Doktor, ich mag wollen oder nicht, mit aller meiner Gelehrsamkeit bei der Gelehrsamkeit meines Hänschens und Magdalenchens bleiben muss und in diese selbige Schule gehen, in der sie aufgebracht werden. Denn wer von allen Menschen versteht in seinem vollen Umfange, wie es verstanden werden muss, nur *dieses* Wort Gottes: Vater unser, der du bist im Himmel –? Denn wer diese Worte im Glauben versteht: der Gott, welcher Himmel und Erde in seinen Händen hat, ist unser Vater, der schließt sofort mit völligem Herzensvertrauen, weil dieser Gott mein Vater ist und ich sein Kind bin. Wer wird mir schaden können?«

Nur in den höchsten Tönen kann Luther von der Weisheit und Kraft dieser wunderbaren Schrift reden, »dass sie sei, wie ein sehr großer weiter Wald, darinnen viel und allerlei Bäume stünden, davon man könnte mancherlei Obst und Früchte abbrechen.« Denn man hätte in der Biblia reichen Trost, Lehre, Unterricht, Vermahnung, Warnung und Verheißung. Aber es sei kein Baum in diesem Walde, daran er nicht geklopft und ein paar Äpfel oder Birnen davon gebrochen und abgeschüttelt hätte. »Die Bibel ist ein Buch, mit welchem Gott die Welt irre macht. Aber es ist wunderbar, dass Gott dieses Buch behütet hat, wie auch seine Kirche.«

Wir werden es nie begreifen, es sei denn, wir werden von diesem Wort ergriffen. Und wir werden niemals Herren, sondern immer Schüler bleiben. Martin Luther hat am Ende seines reichen Lebens seine »Lebensernte« in Sätze getrösteter Demut gefasst:

»Die Hirtenlieder Vergils kann niemand verstehen, er sei

denn fünf Jahre Hirte gewesen. Die Vergilschen Gedichte von der Landwirtschaft kann niemand verstehen, er sei denn fünf Jahre Ackermann gewesen.

Die Briefe des Cicero kann niemand verstehen, er habe denn 25 Jahre in einem großen Gemeinwesen sich bewegt. Die Heilige Schrift meine niemand genugsam geschmeckt zu haben, er habe denn 100 Jahre lang mit Propheten wie Elias und Elisa, Johannes dem Täufer, Christus und den Aposteln die Gemeinde regiert. Versuche nicht diese göttliche Aeneis*, sondern neige dich tief anbetend vor ihren Spuren! Wir sind Bettler, das ist wahr.«

Das sind die letzten überlieferten Worte des großen Sprachschöpfers, dieses großen Entdeckers des innersten Sinns der Heiligen Schrift: »Was Christum treibet«, das gilt. Das Evangelium ist eine Neuigkeit, die nicht vergeht wie die Zeitung von gestern. Das ist keine BILD, aber eine bildhafte Zeitung – ein Sich-Entdecken, ein Sich-Entwerfen, ein Über-Sich-Hinauswachsen, in Bildern, durch Bilder anschaulich gemacht. Diese Bilder sind und bleiben geerdet. Um Kerzen geht es. Um Fischernetze, um Perlen, um Sauerteig, den verlorenen Groschen, das verirrte, das wiedergefundene Schaf.

Das Neue Testament – Wort für Wort in einer Sprache, die so kraftvoll wie poetisch, so bildhaft wie konkret, so musikalisch wie dramatisch, geheimnisvoll wie verständlich ist im Deutsch des Bergmannsohnes aus Eisleben, des Augustinermönchs Dr. Martin Luther. Nichts wird weggenommen und nichts wird hinzugetan. Was da aufgeschrieben wurde, kommt aus Glauben und will auf Glauben hinaus. Es geht nicht um ein Für-wahr-Halten, sondern um das Zeugnis des Lebens, unseres Lebens.

Am Ende des Jahres 2002 fragten nun BILD, STERN und SPIEGEL gemeinsam nach der Wahrheit der Bibel und

* Gemeint ist die Lebensreise des sagenhaften Gründers Roms, Aeneas.

suchten vor allem *historische* Wahrheit und führen damit die Leserinnen und Leser auf eine falsche Spur. Wenn denn nur das wahr wäre, was war! Wenn BILD in einem Beitrag über Jesus fragt, »wer sein bester Kumpel war« und damit Johannes meint, »den Jünger, den er lieb hatte«, dann führt das nicht in die Wahrheit der Bibel, sondern in die Banalität von BILD.

Frank Ochmann schreibt in der Weihnachtsnummer des STERN:

»Bei einem, über den wir so wenig Gesichertes wissen, ist es leicht, sein Bild so lange zu retuschieren, bis es gefällt oder nützt. Jesu frühe Anhänger heben ihren am Kreuz getöteten Meister mit aller Fantasie des Morgenlandes in den Himmel. Per Mundpropaganda zunächst. Was dann Jahrzehnte später an Erinnertem und Ersonnenem auf eine der damals gebräuchlichen Buchrollen passt, wird aufgeschrieben und zur Quelle der heutigen Evangelien. So bekommt Jesus, gestutzt und geschminkt, seine gewohnten Konturen und wird endgültig zum Christus.« (STERN, Nr. 52 vom 18.12.2002)

An anderer Stelle heißt es dort: »Wie er als Mensch lebte, nicht als Messiaskandidat, das lässt sich nur noch ahnen. Aber er half wohl vielen, denen es dreckig ging, wieder auf die Beine. Und solche Wunder bewirkt er offenbar bis heute.« Mit dem letzten Satz nähert sich der STERN-Autor dem, worum es in der Bibel geht: um eine im Glauben angeeignete und damit auch veränderte Welt – mit Hilfe einer Botschaft, die in jeder Zeit zu den Menschen kommt, die sie hören können und wollen.

Die Verfasser der Evangelien treten hinter dem zurück, was sie aufgeschrieben haben. Lediglich vom Apostel Paulus wissen wir viel: wer er war, was er durchlebt und durchlitten hat, welch wunderbare Wendung sein Leben nahm: wie er zum ersten transnationalen Missionar wurde, der die Grenzen überwand und das Universalistische des Pantokrators

Jesus Christus zur Geltung brachte: gegen jede alte und neue Engherzigkeit, horizontlose Engstirnigkeit, gegen Abgrenzung und Ausgrenzung. Paulus war – weiß Gott! – kein Relativist, sondern mutiger Bekenner vor jedermann, in jeder Lebenslage, vor Freund und Gegner. Er stellte sich auf dem Areopag der Meinungen. Er erkannte die Suche der anderen nach der Wahrheit an und ließ unerschrocken erkennbar werden, wo er die Wahrheit gefunden hatte, welche Wahrheit es verdient, in aller Welt verbreitet zu werden. Das Persönliche des Glaubens blieb ihm wichtig; er redete, predigte, er schrieb Briefe. In aller Dichte. Mit aller Freude und allem Schmerz.

Das Evangelium soll heute seinen Weg finden zu den Menschen, zu allen Menschen, die etwas suchen, was diesem begrenzten Leben Sinn, Ziel, Tiefe, Orientierung, Hoffnung gibt: Fülle des Lebens, Stillen des Durstes, Ende des Hungers, Freude des Genießens, Dankbarkeit und Staunen, prallvolles Leben – und die Netze reißen nicht.

Lernen vom Baum. Werden wie die Kinder. So bleiben wie ein Fischer, selbst wenn man gewürdigt wird, »ein Fels der Kirche« zu heißen; den Versuchungen der Verleugnung wie denen der Macht zu widerstehen. Die Gnade der neuen Geburt annehmen – und auch anderen gestatten. Suchen und finden. Bitten und erhört werden. Anklopfen und Offenheit erleben. Sich nicht verschweigen, dass es Verweigerung, Verschlossenheit und Vergeblichkeit gibt.

Das WORT schält sich heraus aus den Worten. Es bleibt unendlich fern – und es kommt bestürzend nah. Aber nie kann es gleichgültig lassen.

Da hörst du Worte, da geht dir der Himmel auf, sofern sie dein Herz erreicht haben: bei den Seligpreisungen der Bergpredigt (Matthäus), bei den Abschiedsreden Jesu im Johannes-Evangelium (Johannes 13–17), beim Lied über die Liebe (1. Korinther 13), bei den tröstenden und kräftigenden

Bildern der Hoffnung, die Johannes auf Patmos gesehen hat, den »neuen Himmel und die neue Erde« (Offenbarung 21).

Christus ist das Ja Gottes zu uns, nicht das Ja und Nein. Das ganze JA. Bleiben wird: »Nun aber bleiben Glaube, Hoffnung, Liebe, diese drei; aber die Liebe ist die größte unter ihnen.« (1. Korinther 13,13)

Hör zu. Hör hin. Hör dich hinein. Hör nicht auf.

Eigentlich reichen drei oder vier Geschichten: Vom barmherzigen Samariter. Vom Kornbauern. Vom Scherflein der Witwe.

»Der Glaube kommt aus dem Hören«, also aus dem gesprochenen, dem zugesprochenen Wort, schreibt der Apostel Paulus an die Gemeinde in Rom. Dieses Wort kann trösten und mahnen, aufmuntern und ermutigen, es kann durstig und satt machen, erwärmen und kalt lassen, verwirren und klären, ärgern und erhellen, in Frage stellen und bestätigen. Es kann Hoffnung wecken und aus Verzweiflung erlösen, kann dich ganz leer lassen und dich ganz erfüllen, es kann beglücken, orientieren und Widerspruch erregen. Es bleibt unendlich fern, und es kommt bestürzend nah. Aber nie kann es gleichgültig lassen.

Texte aus der Vergangenheit haben ihre Zukunft noch vor sich. Um dich geht es! Dein Leben wird verhandelt. Du bist gemeint. Du bist gefordert. Dir wird viel zugetraut und viel zugemutet. Dein Scheitern brauchst du hier ebensowenig zu leugnen wie deine Schuld: Die Gnade ist größer. Für deinen Neuanfang ist es nie zu spät.

Worte wie Brot. Man muss es kauen, ehe es schmeckt. Man muss es kauen, ehe es süß wird, selbst das trockene und harte Brot.

Worte wie Perlen: die Seligpreisungen. Die verblüffenden Antworten Jesu auf dem Berg der Versuchung. Der Mut des Samariters. Die Liebe des Vaters zum verloren geglaubten Sohn. Die Umkehrung aller Herrschaftsverhältnisse: der

Herr wäscht den Dienern die Füße. Die Liebe ist sein Vermächtnis.

Brot wird gebrochen und verteilt wie Leben; Wein wird gesegnet und getrunken, zum Heil und zur Freude, zur Freude über das Heil. Und in Dankbarkeit für Brot und Wein.

Das Heil der Welt kommt durch einen Menschen. Sein klärendes und aufhelfendes Wort führt durch alle Verirrungen und Verwirrungen.

»Fürchtet euch nicht«, steht über der Krippe. Die Engel singen es für die Hirten in der Nacht.

»Fürchtet euch nicht«, ruft der, der den Tod überwunden hat, seinen erschrockenen Jüngern zu. Darum geht es, zuerst und zuletzt: ohne Angst leben. »In der Welt habt ihr Angst; aber seid getrost, ich habe die Welt überwunden.« (Johannes 16,33)

Diese Worte wollen gehört, diese Worte wollen verstanden, diese Worte wollen gelebt werden.

Der Acker ist die Welt. Sie braucht gute Ackerleute, fleißige, zuversichtliche, dankbare.

Jeden Tag ein Stück (vor)lesen. Zuhören und In-sich-hinein-Hören. Aufhören und nachdenken. Wieder anfangen und weiterdenken. Das Wort trägt. Das Wort trägt weiter. Das Wort braucht Träger. Das Wort meint dich. Das Wort trägt dich. Es soll nicht leer zurückkommen. Es wird nicht leer zurückkommen.

Lies. Hör. Sprich. Lies weiter. Lies wieder.

Die Bibel: ehrwürdig und anwendbar

Deshalb ist die Bibel ein ewig wirksames Buch, weil, so lange die Welt steht, niemand auftreten und sagen wird: Ich begreife es im Ganzen und verstehe es im Einzelnen. Wir aber sagen bescheiden: Im Ganzen ist es ehrwürdig und im Einzelnen anwendbar.

Johann Wolfgang von Goethe,
Maximen und Reflexionen

Die Bibel ist das Buch unserer westlichen Zivilisation. Jeder sollte sie kennen und sich ein Leben lang bemühen, sie zu verstehen. Jeder kann sie verstehen. Die Bibel-Texte haben mit Ihnen selbst zu tun. Was wahr ist und wer lügt, was schwer ist und was leicht, wodurch einer schuldig wird und wie er gerechtfertigt wird und worauf er hoffen kann, was gut ist und gut tut, was böse ist und alles zerrüttet, zerstört, vernichtet, wozu wir da sind, was fest steht und was wir offen lassen müssen und dürfen! – all das wird darin geschildert in Geschichten, Bildern, Mythen, in Bekenntnissen, Gebeten, Geboten.

Manche Aussagen sind widersprüchlich. Was man da liest, ist bestechend klar, bringt die Ambivalenzen des Lebens zur Sprache, bleibt geheimnisvoll. Immer auf der Suche nach dem Geheimnis des Lebens – als ein Mensch vor dem Angesicht Gottes.

Unsere Sprache ist voll von sprichwörtlich gewordenen Worten und Redewendungen, deren Tragweite sich erst dann erschließt, wenn man ihren Zusammenhang kennt – nein: versteht! Turmbau, Damaskus-Erlebnis, Apokalypse, wahrer Jakob, Wüstenwanderung, Gelobtes Land, Sündenbock, Sintflut, Menetekel, Silberling – sein Licht nicht unter den Scheffel stellen, sein Kreuz auf sich nehmen, sein Leben verlieren.

Die Bibel ist eine Buchsammlung in Einzelbüchern, die in etwa 1000 Jahren Überlieferung weitererzählt, aufgeschrieben, redigiert, zusammengestellt, nachträglich in zeitliche Abfolge gebracht wurde. Vorzivilisatorisches, ganz Abschreckendes steht neben ganz Modernem, Grundsubstanz dessen, was wir heute Humanität nennen.

Es beginnt mit den Ur-Geschichten (Genesis 1–11) und fährt fort mit der Geschichte Israels, beginnend mit Abraham (Genesis 12–25,18).

Im Namen Abraham bündeln sich die Traditionen der drei großen monotheistischen Religionen: des Judentums, des Christentums und des Islams. Abraham ist ihre gemeinsame Wurzel.

Für den Apostel Paulus ist Abraham das Ursymbol für das, was er Glauben – ein unbedingtes Vertrauen in Gott – nennt. Paulus zitiert Genesis 15,6: »Abraham hat Gott geglaubt, und das ist ihm zur Gerechtigkeit gerechnet worden.«

Es geht Paulus nicht um das äußere Zeichen einer Zugehörigkeit – Beschneidung oder Blutsverwandtschaft –, sondern darum, dass Abraham der »Vater des Glaubens« zum »Vater für viele Völker« geworden ist (Genesis 17,5). Abraham habe die Grundgewissheit des Glaubens hinterlassen, dass Gott das, was er verheißt, auch tun kann (vergleiche Römerbrief, Kapitel 4).

Alle drei monotheistischen Religionen haben Abraham als Eigentum der je eigenen Religion beansprucht und verfahren dabei nach einer gleichen Struktur. Diese Struktur ist eine wiederauftauchende paradoxe Konstellation.

1. Bei den Juden:
   Der Nicht-Jude und ohne Thora lebende Abraham wird zu einer exklusiven jüdischen Gestalt, zu einem Urrabbi und Erzpriester und damit zum Archetyp des »Hala-

chischen Menschen« – des Gesetzesfrommen. Dabei herrscht die Überzeugung, dass es die Thora und Halacha* schon *vor* Mose gegeben habe. Und der Kronzeuge sei eben Abraham.

2. Im Christentum:
Der Nicht-Jude und Nicht-Christ Abraham wird zu einer exklusiven christlichen Gestalt, mit dessen Hilfe man Juden den Status des exklusiven Bundes- und Gottesvolkes *entzieht*. In Abraham ist Christus schon vorgebildet.
3. Im Islam:
Auch hier paradox – der Nicht-Jude (sodann jüdischer und christlicher Glaubensheld) Abraham wird zu einer exklusiven muslimischen Figur, mit deren Hilfe Muslime nun den Juden und den Christen wahren Glauben streitig machen. Das geht auf die Überzeugung zurück, dass es den »Islam« schon *vor* Mohammed gegeben habe. Der Kronzeuge dafür ist Abraham.

Alle drei Religionen berufen sich auf Abraham und dies auch noch mit Exklusivität, obwohl gerade die Gestalt Abrahams – wie kein anderer – geeignet ist, sie alle drei zusammenzuführen – so wie das seit 35 Jahren die »Bruderschaft Abrahams«, die Fraternité d'Abraham in Frankreich, tut, die sich der Aufgabe stellt, die spirituellen, moralischen und kulturellen Werte aus der abrahamischen Tradition zu fördern.

In ihrem Manifest heißt es:

»Drei Weltreligionen, drei monotheistische Religionen, nämlich Judentum, Christentum und Islam, beziehen sich ausdrücklich auf denselben Patriarchen: Abraham. Ob aufgrund der Tradition, wie die *Nachkommen* Ismaels und Israels, oder ob, wie die Christen, aufgrund einer rein *geistigen*

* Mit Halacha ist die schriftliche und mündliche Überlieferung der Thora gemeint.

Abstammung: die einen wie die anderen betrachten sich als Kinder Abrahams. Der Apostel Paulus sagt: ›Alle, die glauben, sind Kinder Abrahams.‹

So sind Millionen Gläubige vereint, in Erinnerung an ein und denselben Menschen, Vater ihrer Völker, Vorbild im Glauben an den einzigen Gott, von grundlegender Bedeutung für die Religion der einen wie der anderen. Der Koran sieht in ihm einen Führer, einen Allah ergebenen Menschen, der erwählt wurde und geleitet hat auf den rechten Weg …

In einer Welt, die entzweit, unaufhörlich bedroht und allzu oft zerrüttet ist durch Rivalität und Feindschaft unter den Völkern, scheint es deshalb mehr als je zuvor an der Zeit, dass sich all diejenigen in geschwisterlicher und friedfertiger Weise zusammenschließen, die ›in Abraham, dem Glaubenden‹ den Stammvater ihrer eigenen Religion, ja ihrer selbst sehen. Juden, Christen und Muslime teilen den Glauben an Gott, aber auch den Glauben an Gottes Wohlwollen, das allen Menschen gleichermaßen gilt, an sein Erbarmen und seine großmütige Gastfreundschaft.«[1]

Das sind keine gutmenschartige Fantasien französischer Mönche, sondern das hat Anhalt im Koran selbst. So heißt es in der Sure 2,127:

»Und als Abraham und Ismael die Fundamente des Hauses (mit dem ›Haus‹ ist die Ka'ba gemeint) legten, sprachen sie: ›O unser Herr, nimm es an von uns; siehe, du bist der Hörende, der Wissende, o unser Herr, und mache uns dir zu Muslimen und von unserer Nachkommenschaft eine Gemeinde von Muslimen. Und zeige uns unsere Riten und kehre dich zu uns, denn siehe, du bist der Vergebende, der Barmherzige … du bist der Mächtige, der Weise.‹«

Und in der Sure 2,136 fährt der Koran fort:

»Sprecht: Wir glauben an Allah und was ER zu uns niedersandte, und was ER nieder sandte zu Abraham und Ismael und Isaak und Jakob und den Stämmen, und was gegeben ward

Moses und Jesus, und was gegeben ward den Propheten von ihrem Herrn. Keinen Unterschied machen wir zwischen einem von ihnen; und wahrlich, wir sind Muslime.«

Die koranische Grundlage für eine abrahamitische Ökumene bildet die Sure 3,64:

»Ihr Leute der Schrift! Kommt her zu einem Wort des Ausgleichs zwischen uns und euch! (Einigen wir uns darauf), dass wir Gott allein dienen und ihm nichts (als Teilhabe an seiner Göttlichkeit) beigesellen, und dass wir (Menschen) uns nicht untereinander an Gottes Statt zu Herren nehmen. Wenn sie sich aber abwenden, dann sagt: ›Bezeugt, dass wir (Gott) ergeben sind!‹«

In dieser Sure ist ausdrücklich ein »Ausgleich« zwischen Judentum, Christentum und Islam im Blick.

Zurück zu dem Abraham, mit dem alles begann: Das ist Dichtung, Verdichtung existentieller Urerfahrungen. Menschheitsgeschichte, zusammengedrängt in eine Person. Kollektive und individuelle Erfahrung. Glückendes Leben und jäher Absturz.

Abraham ist keine historische Person. Was berichtet wird, reicht 1500 Jahre vor unsere Zeitrechnung zurück; in ihm kulminieren menschliche Urphänomene, Glück und Tragik. Sie bekommen einen Namen, ein Geschick, eine Dramatik zwischen fortwährender Bedrohung, Bewahrung und Bewährung.

Unterwegssein und Fremdsein: rechtlos, schutzlos, überlebensorientiert existieren. Herrschaftsrechte der Herren über Leib und Leben anderer, insbesondere der Zugewanderten. Gewissheit und Zuversicht über Erwählung und Zukunft.

Ressourcenkampf und Konfliktprävention – statt Präventionskrieg durch bewusstes Auseinandergehen. Andererseits Friedensschluss durch Vertrag.

Unerwartete Nachkommenschaft und Verstoßung der Abhängigen.

Rettung – aus Barmherzigkeit für Verstoßene.

Wunderbares Gastrecht und tödliche Fremdenfeindlichkeit.

Vernichtung und Fürsprache.

Eifersucht und Rache.

Rückwärtsgewandte Erstarrung.

Inzestuöse Fantasien und Praktiken.

Frauen als männliche Spielbälle. Und wahre Liebe. Wunder der unerwarteten Geburt und Verstoßung des potenziellen Erbberechtigten.

Tödlicher Streit ums Wasser. Und vertragliche Regelung.

Väter und Söhne. Gehorsam gegen Liebe.

Das Recht des Fremdlings auf ein Stück Land – um eines geliebten Toten willen.

Die Hoffnung liegt auf den Nachkommen. »Die Enkel werden's richten« – oder das Spiel wird sich wiederholen.

All das wird anschaulich-hintergründig erzählt von Genesis 12 bis Genesis 25. Drei Quellen sind darin verwoben. Wir nennen sie die jawistische, die eloistische und die priesterschriftliche. Jahrhunderte haben an dem uns vorliegenden Text geschrieben. Deshalb finden sich darin Wiederholungen einzelner Erzählstränge und Passagen, die sich heute schwer erschließen lassen. Es ist eine so kunstvolle wie geheimnisvolle Komposition.

Mit Abraham hört im Alten Testament die Urgeschichte auf und beginnt die Geschichte eines Volkes, das ein Segen für die Völker werden soll. Verschiedene Stammestraditionen werden als fortlaufende Familiengeschichten erzählt (»Genealogien«). Bei Mose vor dem Dornbusch (Exodus 3) werden sie ausdrücklich benannt – noch als unterschiedliche und zugleich zusammengehörige Traditionen (»Gott Abrahams, Isaaks und Jakobs«).

Wir haben in den Abraham-Erzählungen einen Bericht über eine Sonderrolle für Winzlinge in der Machtwelt vor uns –

quer zu allen imposanten Weltreichen und Herrschervölkern. Es ist eine Geschichte, die bis heute in blutigen Konflikten und Kämpfen ausgetragen wird: im *Streit* um Abraham.

Vater Abraham: das tödliche Nebeneinander von Felsendom und Klagemauer. Und die sich wiederholenden Bluttaten am Grab, dem heiligen, der Sara und des Abraham in Hebron. Die Söhne Hagars und die Söhne Saras streiten ums verheißene Land. Unversöhnlich. Von beiden Seiten.

Aber war nicht Vater Abraham einer der ganz Großen, der Tolerierende, der Ausgleichende, der Lösungsorientierte, der Kompromissbereite, der Feindschaften lösende und religiöse Traditionen Respektierende?

Von *unseren* Ursprüngen wird erzählt, in die wir eintauchen können, um uns besser zu verstehen, damit wir wieder auftauchen.

Eine der ersten großen Familien-Sagas beginnt:

Nach dem Tode Abrahams und seinem Begräbnis in Hebron wird nun von *Isaak*, dem listigen *Jakob* und dem aufs Linsengericht versessenen *Esau* erzählt, sodann von Joseph und seinen Brüdern (Genesis 25,19–50,26).

Joseph ist der jüngste, der privilegierte, weil vom Vater besonders geliebte Sohn, der von seinen Brüdern als Sklave an die Ägypter verkauft wird, während seine Brüder dem Vater zusammen mit dessen blutbeschmiertem Rock übermitteln, Joseph sei von wilden Tieren zerrissen worden.

Joseph kommt als »Sterndeuter« beim Pharao zu Ehren, fällt aufgrund einer Weibsintrige tief, prophezeit die »sieben fetten und sieben mageren Jahre«, trifft wegen einer Hungersnot infolge von Dürre auf seine mörderischen Brüder – bis es zum Wiedersehen mit dem alten Vater und der Versöhnung mit den Brüdern kommt. Die Geschichte gipfelt in dem Satz, mit dem Glaubensgeschichte in den Konflikten der Welt und je eigenes Verschulden erzählt werden soll: »Ihr gedachtet es böse mit mir zu machen, aber Gott gedachte es gut zu machen.« (Genesis 50,20) Auf die zwölf Söhne Jakobs gehen die zwölf Stämme Israels zurück, und Jesus beruft zwölf Jünger.

Dem folgt – nachdem die Erinnerung an die Verdienste Josephs um das Reich am Nil vergessen war – die lange Zeit der Sklaverei der Hebräer in Ägypten, der Auszug aus der Wüste (im Buch Exodus beschrieben, vieles wird wiederholt im Buch Deuteronomium) ins Gelobte Land. Im Mittelpunkt steht die alles überragende Person des Befreiers aus der Sklaverei, *Mose*, der den »Dekalog« an das Volk weitergibt, während dieses orgiastisch um einen goldenen Stier tanzt (vergleiche Exodus 20 ff.).

Nach dem Tod des Mose folgt die Inbesitznahme des verheißenen Landes, wo »Milch und Honig« fließt, durch den kriegerischen *Josua* – voller Konflikte, Missverständnisse, Kriegslisten, Heldenlegenden. Immer wieder Schuld, Verschuldung, Verirrung *und* wunderbarer Neubeginn. Mörderische Geschichten, in denen die Guten stets den Bösen gegenüberstehen und das ihnen versprochene Land erobern. (In Wirklichkeit wird dies mehr ein Hineinsickern in das Land Kanaan gewesen sein, bei dem es zu den unvermeidlichen Konflikten zwischen Einheimischen und Zuwanderern gekommen ist. Im Ganzen aber: archaisches Denken in Rache- und Überlegenheitskategorien – wie es heutzutage bedrohlich in die Politik zurückkehrt.)

In Josua Kapitel 24 wird die ganze Auszugsgeschichte – kurz gefasst – nacherzählt, und das Ganze mündet in eine geradezu rührende Abschiedsrede, in der das Volk vor eine Entscheidung gestellt wird: Welchem Gott (welchen Göttern) will sich dieses Volk anvertrauen? Wollt ihr bei dem bleiben, der als euer Befreier erfahren wurde?

Eine der ältesten Überlieferungen, das *Debora*-Lied, natürlich ein archaisches Siegeslied mit Fluch über alle Feinde, findet sich im Richter-Buch (Kapitel 5).

Dem folgt die so genannte *Richter-Zeit*, wo die einzelnen Stämme Israels in Gefahrensituationen von außen sich zusammenschließen und mit Hilfe charismatischer Richter gerettet werden. Es werden die auch bei anderen Völkern bekannten Heldenlegenden überliefert. *Gideon* ist neben *Simson* der sagenumwobenste charismatische Führer. Nach seinem Tod wird – ungeschminkt – von Diadochenkämpfen und Massenmorden berichtet. Der dem Gemetzel um die Macht entronnene Sohn Gideons, Jotham, erzählt eine Parabel über die »Negativauswahl« derer, die Herrschaft anstreben wie der blutrünstige Bastard Abimelech, der König (unumschränkter Herrscher) werden will.

Das alte Israel war und blieb skeptisch gegenüber dem menschlichen Königtum, weil Gott selbst König sein sollte und niemand anders. Erst nach den Kabalen um Saul/Jonathan/David wird ein Königtum *Davids* zugelassen. Es blieb aber stets umstritten, weil immer Usurpation des Königs befürchtet wurde. Wohl kaum zu Unrecht.

Wie ein Krimi liest sich die Davidsgeschichte, samt der Nachfolgeprobleme (dynastische Kämpfe zwischen den Söhnen) und der Schmutzarbeit von »Krethi und Plethi«.

Mit *Salomo* erreicht das kleine Israel, ein vergleichsweise winziges Territorium, Durchmarschkorridor der damaligen Weltmächte, seine sagenhafte Blüte – und seine unverhohlen erzählte Dekadenzperiode.

Nur wegen der zeitweiligen Ruhe zwischen den rivalisierenden Großreichen am Nil und am Euphrat konnte sich das »Großreich Davids« zwischen 1004 und 928 v. Chr. halten, bis es zu einer folgenreichen Spaltung zwischen Nordreich (Haus Jakob/Israel) und Südreich (Haus Juda) kommt. Die nördliche Hauptstadt Samaria wird 722 v. Chr. von den Assyrern erobert. Samaria wird zur assyrischen Provinz. Jerusalem wird in mehreren Kriegen schließlich 587 v. Chr. katastrophal geschleift.

Es beginnt das 40-jährige Exil der Oberschicht, bis 538 v. Chr. der persische König Cyrus die Rückkehr nach Jerusalem ermöglicht. Der Prophet *Deutero-Jesaja* (Jesaja 40–55) gilt als der große Trostprophet auf der Wüstenwanderung zurück ins ersehnte Jerusalem.

Unter *Esra* und *Nehemia* wird der langwierige Wiederaufbau Jerusalems vollzogen.

In der Königszeit treten die Propheten auf, die kritische Kommentatoren der Macht- und Bündnispolitik sowie scharfe Kritiker eines veräußerlichten Kults sind, beginnend mit dem »Seher« *Nathan*, dem tragischen *Elia* – zur Zeit Ahabs und Isebels; *Amos*, *Sacharja* und *Hosea* wirken im Nordreich; *Jesaja*, *Micha*, *Jeremia* und *Hesekiel* im Südreich.

Die »Prophetenbücher« werden *neben* den Geschichtsbüchern überliefert und enthalten – abgesehen von einigen erzählenden Passagen – Prophetenreden (Heils- und Unheilsreden) und einzelne Prophetensprüche. Die Kritik am Abfall des eigenen Volkes von dem Gott, der aus der Knechtschaft geführt hat, steht neben Gerichtsreden über die (Feind-)Völker.

Gott selbst ist für die Propheten der eigentliche Herr der Geschichte, und das, was wir heute Gewissen nennen, ist für sie wichtiger als alle äußeren Riten und politische Abhängigkeitsverhältnisse. Der Prophet Jeremia bringt es auf den Punkt: »Bessert euer Leben, so will ich bei euch wohnen an diesem Ort. Verlasst euch nicht auf Lügenworte …« (vergleiche Jeremia 7,1–11).

Am Anfang stehen die vier großen Propheten: Jesaja, Jeremia, Ezechiel und Daniel, sodann die zwölf kleinen – unter ihnen die wunderschöne Novelle von *Jona*, der Stadt Ninive und dem großen Fisch.

Mittendrin eine wunderschön erzählte, sehr bewegende Liebesgeschichte, in der die kulturellen und religiösen Grenzen durch Liebe überwunden werden: das Buch *Ruth*. Dazu das überschwängliche Liebeslied als »*Hohes Lied* des Salomo«. Weisheitsworte mit schonungslosem Blick auf die Realität, bis in die Ernüchterungen des Atheismus, gesammelt in den *Sprüchen* und im *Prediger Salomo*.

Schließlich die unbeantwortbare Frage: WARUM? Warum muss der Gerechte leiden, und warum geht es so ungerecht in der Welt zu. Im Buch *Hiob* wird das hochpoetisch, hoch-dramatisch zu Sprache gebracht.

Das sind die Schriften, die Juden und Christen gemeinsam haben. Die Christen nennen sie Altes Testament.

Die Christen haben dem die Schriften des Neuen Testaments (des Neuen Bundes) hinzugefügt, weil sie der Überzeugung sind, dass der verheißene Messias im Zimmermannssohn aus Nazareth schon gekommen ist. Von seinem Geschick und seiner Botschaft erzählen die vier Evangelisten *Matthäus*, *Markus*, *Lukas* und *Johannes*.

In der *Apostelgeschichte* wird von der ersten (idealisierten) Christenheit, auch von ersten schwerwiegenden Konflikten in der Gemeinde sowie von den Verfolgungen der ersten Christen berichtet. Darauf folgen die Briefe, vor allem die des Völkerapostels *Paulus*, der vom Christenverfolger zum bedeutendsten Missionar wurde.

Zum Schluss steht das »Buch mit sieben Siegeln«: Die Visionen des Johannes. Man nennt sie die *Johannes-Apokalypse*.

Diese Schriften wurden im 2. Jahrhundert nach Christus kanonisiert – was später entstand, sollte nicht dieselbe Autorität haben wie die »heiligen Schriften«.

Vieles aus dieser Buchsammlung, entstanden in 1000 Jahren, ist religionsgeschichtlich interessant oder relevant, aber nicht für heutiges Leben hilfreich.

Martin Luther mutete jedem Leser zu, selber zu unterscheiden, was auch *mir* und was *nur* damals Gültigkeit hatte.

Sein einfacher Schlüssel zum Verständnis und zur Unterscheidung ist: »Was Christum treibet« – was also dem Geist Jesu entspricht –, das soll Gültigkeit haben. Das ist Schlüssel und Maßstab!

Im Konkreten begegnet das Verallgemeinerungsfähige, im Individuellen das Existenzielle, im Einzelnen das Universelle, im Zeit- und Ortsgebundenen das Ewige und das über jeden einzelnen Ort hinaus Gültige.

Ein Beispiel: Bethlehem ist eine kleine Stadt, 10 km von Jerusalem entfernt. Es ist die kleinste Stadt in Juda, und auf ihr liegt nach alter prophetischer Verheißung messianischer Segen. Aus dieser winzigen Stadt soll das ganz Große – das Welterlösende kommen, hier am Winzigen soll Großes geschehen. Und der Ort Bethlehem heißt übersetzt: Haus des Brotes. Und daneben gibt es das Bethlehem, das zeit- und ortsgebunden bleibt: das Bethlehem zur Zeit des Propheten Jesaja 600 vor der Zeitrechnung, das Bethlehem der Geburt Jesu (nach dem Bericht des Lukas) und das Bethlehem mit der Geburtskirche, der palästinensischen Selbstverwaltung, der israelischen Panzer und der Terroristen der Hamas.

So gibt es am konkreten Ort Bethlehem mit seinen jeweiligen Zeit- und Lebensumständen noch das Bethlehem des Glaubens, der Hoffnung, der Verheißung, der Erfüllung, der neuen Hoffnung. Dieses Bethlehem ist Symbolort des Glaubens, wie Jerusalem.

Wer sich nur die Frage stellt, ob im Jahre 1 unserer Zeitrechnung dort wirklich der Jesus aus Nazareth geboren wurde, verfehlt den Sinngehalt, erreicht nicht das, was *ihm – heute – jetzt* gesagt werden soll.

Im ganz Alltäglichen, im ganz Einfachen, im ganz Elementaren wird das jederzeit Gültige erkannt, aber eben nicht als das Zeitlos-Allgemeine, sondern das in die jeweilige Zeit Hineinsprechende.

Ein Beispiel: Von den Hirten, die Nachts bei den Hürden

ihre Herden hüten, erzählt Lukas, dass ihnen der Himmel aufging und sie die Botschaft vom Frieden und der Geburt des Heilands hörten – und dass sie hingingen und nichts anderes fanden als ein Neugeborenes in einem Stall. Da heißt es dann ganz lapidar am Schluss dieser Geburtserzählung: »Und die Hirten kehrten wieder um, priesen und lobten Gott um alles, was sie gehört und gesehen hatten.« (Lukas 2,20) Was die Hirten vom Himmel herab gehört und auf Erden gesehen hatten, das führt sie zur von Herzen fröhlichen Rückkehr an ihren Arbeitsplatz. Was sie gehört und was sie gesehen hatten, bringen sie in einen konkreten, sinnstiftenden Zusammenhang. Eine Vision wird Wirklichkeit.

Die Frage ist nicht entscheidend, ob es diese Hirten gegeben hat, sondern ob der Leser sich in den Hirten wiederfinden kann.

Ein anderes Beispiel: Wer die kleine Begebenheit liest, wie Jesus in ein Dorf kommt und ins Haus der Martha geht, sich Martha für den Gast zu schaffen macht. Ihre Schwester Maria setzt sich einfach hin und hört Jesus zu. Martha beschwert sich bei dem Gast über ihre Schwester, die sie allein in der Küche stehen lässt, und fordert ihn auf, dass er diese faule Schwester doch auffordern möge, zu helfen. Darauf antwortet Jesus: »Martha, Martha, du hast viel Sorge und Mühe. *Eins* aber ist not. Maria hat das gute Teil erwählt; das soll nicht von ihr genommen werden.« (Lukas 10,41) Die Frage, ob es eine solche Begegnung im Hause einer Martha mit einer Schwester Maria wirklich gegeben hat, ist geradezu müßig. Wer nur danach sucht, wird nichts verstehen. Gar nichts.

Man kann sogar noch radikaler argumentieren und sagen: Wer nicht sieht und hört, sieht und hört nichts, und dem lässt sich auch kaum etwas erklären, weil seine Augen und Ohren bloße Sinnesorgane und nicht zugleich Erkenntnisorgane sind. Jede Erklärung wird allzu leicht zum Erkläricht.

So schreibt Ernst Barlach zu den Anfangsworten aus der Jesaja-Vision (Jesaja 6,1 ff.):

»Heilig, heilig ist der Gott Zebaoth, und alle Lande sind seiner Ehre voll. Wer's hört, der hat's, aber wer ausdeutet, der begreift es nur, hat einen Plunder von musikalischem oder sonstigem Fachwissen in Händen.«

Ich nenne die fünfzehn Texte, die Sie kennen sollten; es könnten auch fünfzehn andere sein. Schlagen Sie nach! Nehmen Sie sich einfach ein bisschen Zeit. Lassen Sie sie auf sich wirken. Versetzen Sie sich in diejenigen hinein, die sie aufgeschrieben haben, oder in diejenigen, von denen sie erzählen. Sie werden ermutigt und erweckt, erleuchtet und erschüttert, erwärmt und ernüchtert.

Also lesen Sie

- Genesis 2–4, 11;
- Psalmen 23; 85; 104; 139;
- Jesaja 2,2–4;
- 1. Korintherbrief 13;
- Römerbrief 12;
- Matthäus-Evangelium 4,1–11;
- Matthäus-Evangelium 5,1–10;
- Lukas-Evangelium 10,25–37;
- Lukas-Evangelium 15.

Beim Lesen dieser Texte werden Sie spüren, wie nahe und fremd zugleich das alles ist. Vor allem dieser Name GOTT wird Sie befremden – und muss Sie befremden, denn wir Menschenkinder können SEINEN Namen eigentlich gar nicht aussprechen – und tun es trotzdem, sogar sehr vertraulich: VATER UNSER im Himmel …

Wenn Sie die Wahrheit biblischer Texte suchen, dann werden Sie auch sich selbst suchen – ohne dabei die anderen zu vergessen.

Alte Geschichten neu durchbuchstabieren. Verstehen ist ein Näherungsprozess, nie etwas Endgültiges. Verstehen braucht Verständigung, also Gespräch mit anderen über das sich annähernde Verstehen.

Man kann die Bibel von vorn bis hinten lesen, aber auch von hinten nach vorn. Am besten aber: Man liest immer wieder dazwischen hinein, sucht und findet Querverbindungen, lässt jeden Abschnitt für sich stehen und lernt ihn in größere Zusammenhänge einzuordnen. Eine rundum schwierige, eine rundum lohnende Lektüre. Man kann sich auch einzelne Sätze herausschreiben und sie meditieren, sie in sein Innerstes lassen und sie vor sich her sagen; Worte, die einen umhüllen, wärmen, weitertragen, ermutigen, bestärken und befragen oder so in Frage stellen, dass sich Perspektiven eröffnen:

- Was hülfe es dem Menschen, wenn er die ganze Welt gewönne und nähme doch Schaden an seiner Seele?
- Trachtet zuerst nach dem Reich Gottes und seiner Gerechtigkeit, so wird euch alles *(was ihr zum Leben braucht und worum ihr euch sorgt)* zufallen.
- Niemand kann zwei Herren dienen – Gott und dem Mammon.
- Ein neu Gebot gebe ich euch, dass ihr einander liebet, gleich wie ich euch geliebt habe.
- Wenn aber die Ungerechtigkeit überhandnehmen wird, wird die Liebe in vielen erkalten.
- Liebe deinen Nächsten wie dich selbst.
- Wer der Größte unter euch sein will, der sei euer Diener.
- Der Menschensohn ist nicht gekommen, dass er sich dienen lasse, sondern dass er diene.
- Kommt her zu mir alle, die ihr mühselig und beladen seid, ich will euch erquicken.
- In der Welt habt ihr Angst; aber seid getrost, ich habe die Welt überwunden.
- Der Mensch lebt nicht vom Brot allein.

- Das Weizenkorn, das in die Erde fällt und nicht stirbt, bleibt allein. Wenn es aber stirbt, so bringt es viel Frucht.

Worte des Wanderpredigers aus Nazareth, eines Zimmermannssohns, des »Christus« der Christen, in dem sie den Gesalbten Gottes sehen.

Vielleicht werden Ihnen ganz andere Sätze wichtig. Am besten, Sie suchen sie sich selbst heraus und sprechen darüber mit anderen, mit Vertrauten und Freunden. »Die Wahrheit beginnt zu zweit«, meint Martin Buber. Wir brauchen Sätze in uns, die mit uns gehen, die man nicht nur nachliest, sondern denen man nachlebt oder in denen man leben lernt: nicht leichter, aber freier; nicht sicherer, aber zuversichtlicher; nicht erfolgreicher, aber reicher.

Freilich muss man sich mühen, diese Texte in ihrer Tiefendimension zu verstehen. Das ist nicht Fastfood – das ist Vollkornbrot. Daran hast du zu kauen – und dann stärkt es dich.

Luther schrieb einmal: »Die Heilige Schrift ist ein Kräutlein; je mehr du es reibst, desto mehr duftet es.«

Also: Ich möchte Ihnen ausdrücklich Mut machen zum eklektischen (ausgewählten, hervorhebenden und vernachlässigenden) Lesen der Bibel. Nur eines bitte ich Sie nicht zu tun: alles das zu überlesen oder für irrelevant zu erklären, wodurch Sie sich und Ihr Leben infrage gestellt, beunruhigt oder vor schwierige Herausforderungen gestellt sehen. Gerade das Fremde kann das Hilfreiche und Weiterbringende sein. Für Sie.

Verstehen ist eine Kunst

Der Buchstabe tötet, aber der Geist macht lebendig.
2. Korintherbrief 3,6

Wer sich daran macht, alte religiöse Texte zu lesen, tut gut daran, sich mit etwas Geduld in der Kunst des Verstehens zu üben. Nicht unwichtig ist es, sich über historische, kulturelle und religiöse Zusammenhänge zu informieren und so das Leben einer vergangenen Zeit zu begreifen *(historischer Sinn)*. Er kann die Texte so nehmen, wie sie dastehen, sie Wort für Wort, Satz für Satz ergründen, den Text aus sich selbst, aus allem, was dasteht, erklären und als heiligen Text für wahr halten *(buchstäblicher Sinn)*. Er kann fragen, welche religiöse Botschaft darin steckt: Wie wird das Unsagbare sagbar, wie wird der Unnennbare genannt, wie bricht das Transzendente ins Immanente. Wie wird in allem Bedingten etwas Unbedingtes hörbar, welches Geheimnis des Lebens wie warum für wen zur Sprache kommt? *(religiöser Sinn)* Er kann das Bildhafte darin deuten, sich fragen, was in bildhafter Rede symbolisch und über die Zeiten hinweg ausgedrückt wird und was auf anderes gleichnishaft verweist *(allegorischer Sinn)*. Er kann sich in den Text hineinversenken und seine Botschaft, eine Stimme von weither für sich persönlich hören, Wort für Wort meditierend, hin und her erwägend, bis er spürt, in welcher Weise dies ihn selbst betrifft (oder eben nicht betrifft) und was er daran in seinem Leben schon erfahren hat – zwischen Leben und Tod, Liebe und Leid, Sinnerfahrung und Daseins-Verzweiflung *(existenzieller Sinn)*. Schließlich kann er ihn streng theologisch lesen und sich fragen, was Gott in diesem Abschnitt zu mir heute sagen will; wie wird mir vom Unbegreiflichen etwas begreiflich, was ist mir von dem Unsagbaren her mit welcher Verbindlichkeit gesagt, wozu bin ich aufgerufen, was ist mir zugesagt, worin werde ich in meinen Verirrungen, Entfremdungen, meinem Versagen entlarvt und wozu werde ich (dennoch!) ermutigt – aus Gnade und Barmherzigkeit *(theologischer Sinn)*.

Alle diese Verstehens-Versuche haben eine bestimmte Schnittmenge des Gemeinsamen, die man auch auf eine Frage reduzieren kann: *Was steht da* – und *was steht drin?* Dabei wird sich freilich herausstellen, dass es Texte minderer existenzieller Bedeutung und Texte größter existenzieller Dichte und Nähe gibt, dass es ganz Fremdes und historisch Überwundenes, ja Erschreckendes und nicht zur Nachahmung Empfohlenes gibt und anderes, das ganz leicht und erleichternd auf den Leser zukommt, geradezu erhellend für das eigene Leben und die eigene Zeit wird.

Man denke nur an einzelne, ganz schlichte Worte, die durch ihren Kontext eine kaum auszulotende Weite und Tiefe erhalten:

»Was ist Wahrheit?«, fragt Pilatus, sich die Hände waschend.

»Ecce-Homo« – Siehe, der Mensch! Siehe, welch ein Mensch! sagt der, der Jesus verurteilt, zu dem Volk, das ihn verurteilen will, um dessen Mitleid zu erregen. Und es bleibt zugleich ein Wort – mit einem verdichteten Vielfachsinn. »Du bist der Mann!« – ein Wort, das Nathan dem König David sagt, nachdem er ihn eines Verbrechens überführt hat und David sich selber schon Voraus das Urteil gesprochen hatte über den Mann, der wegen seiner Tat verurteilt werden muss.

»Und er zog seine Straße fröhlich«, wird über einen Mann aus Äthiopien erzählt, dem unterwegs auf seiner Reise die Bibel erklärt wird. Wer dies bloß als eine vergangene Geschichte für einen Menschen auf der Heimkehr von Jerusalem nach Äthiopien im Jahre 40 unserer Zeitrechnung versteht, hat nichts verstanden.

Einfachste Sätze sind es häufig, die durch ihren Kontext sprechen, einen Vielfachsinn, Hintersinn, Tiefsinn – bei allem Einfachsinn von Worten – haben: Tohuwabohu, himmelschreiend, Linsengericht, fette Jahre – magere Jahre, Gelobtes Land, Zeichen der Zeit, Krethi und Plethi, Pharisäer, salomonisches Urteil, ein Ende mit Schrecken, Samariterdienst, zweischneidiges Schwert, Prediger in der Wüste, die Spreu vom Weizen trennen, den Himmel offen sehen.

Wer die Bibel liest, wird im buchstäblichen Sinn wenig »Sinn« finden, *sofern* es ihm nicht gelingt, den Hintersinn, das Hinter- und Abgründige, das Weitergehende und Weiterführende mitzulesen. Wem Wortbilder verschlossen sind, bleiben biblische Texte rätselhaft. Er versteht nur Oberfläche und lehnt sie in einem Primitiv-Rationalismus ab, den er für Klugheit hält. Er wird diese Texte entweder banal oder mysteriös, widersprüchlich oder gar irreführend finden. Dabei geben sie Welt und Menschen wieder, wie sie sind, allerdings »tendenziell« erzählt.

Wer einen Schlüssel gefunden hat, dem werden sich Welten auftun. Es geht nicht zuerst darum, ob man *glaubt*, was da erzählt wird, sondern ob darin etwas steckt, was einen so konkreten wie verallgemeinerbaren Charakter hat – und *mir* etwas mitteilt. Dabei wird man sich bemühen, nichts *rein*zulesen, sondern das *heraus*zulesen, was im Text verborgen ist. Es gibt einen existenziellen, einen im Prinzip *alle* Menschen betreffenden und zugänglichen Sinn – etwas über unsere Herkunft und Zukunft, unsere Bestimmung und Verfehlung, unseren Ursprung und unser Ende, unsere Hoffnung und Verzweiflung, unsere Liebe und Herzenshärte, unser Vertrauen und die Enttäuschung, unsere Gutartigkeit und unsere Bösartigkeit, über Erlösung und Verdammung, unsere Zwietracht und die Eintracht, über den Widerstand und die Ergebung in das nicht Änderbare, über Lebensglück und Lebensqual, über Seelenruhe und innerstes Zerwürfnis, Gewissensnot und Tapferkeit, über die Ekstase der Stille und die Ekstase der Üppigkeit, Protest und Entsagung, über das Heilige und Dämonische – *um* uns, *in* uns, *fern* von uns.

Worum es geht, das kennt im Prinzip jeder aus Erfahrung, sofern er sich die Mühe macht, das Erfahrene zu reflektieren und in Worte zu fassen: ein Mensch im Widerspruch, am Leben verzweifelnd *und* beglückt, am Leben zu sein! Immer wieder fragend: Wozu bin ich da, wer bin ich, wer soll ich sein, wo gehe ich hin, was ist mein Glück und was mein Unglück? Wie lerne ich, was gut ist und was böse genannt werden muss? Wer solche Fragen – gleich an welchen Text – stellt und die ihn *jetzt* treffende Schlüsselfrage herausfindet, wird einen Gewinn haben, selbst im Widerspruch zu dem, was ihm in einem Text an Aussage begegnet.

Jemand, der aus dem Menschlich-Allgemeinen ins speziell Christliche gelangen will, kann und muss nach dem *geistlichen* Sinn fragen: Wie bricht in diesem Bibelabschnitt ein Unbedingtes in das Bedingte ein? Anders gesagt:

Wie wird Gottes Stimme im menschlichen Wort hier hörbar? Was weist auf Christus als den »neuen Adam«?

Wie kommt hier das göttliche Geheimnis als Geheimnis des Lebens zur Sprache?

Wie wird der Mensch hier seiner Bestimmung (nicht) gerecht?

Welcher Zuspruch und welcher Anspruch (an mich) wird hier hörbar?

Von welcher Schuld ist hier die Rede und wie geschieht Freikommen von Schuld? Was *entspricht* der Botschaft Christi – und was *widerspricht* seinem Geist?

Wer im bloß buchstäblichen Sinn verharrt, erliegt zumeist den Verführungen des Fundamentalismus und benutzt das Religiöse als Instrument gegen das bloß Vernünftige, statt die Vernunft (und damit auch die Unterscheidungs- und Entscheidungsfähigkeit des Menschen) als eine Gabe Gottes zu verstehen, die der Mensch zu seinem eigenen Nutzen einbringen kann, wiewohl er weiß, dass gerade die Vernunft zur Hybris werden kann und dass der Verstand der Verständigen bisweilen nicht nur die größten Dummheiten, sondern die größten Verbrechen gebiert. Kein anderes Jahrhundert ist so voll davon wie das vergangene zwanzigste.

Wir haben den Schatz der großen und umfassenden Wahrheiten eben nur in irdenen, also in menschlichen Gefäßen. Und ein Schatz hat es an sich, dass er gehoben werden muss und dass die Wahrscheinlichkeit, ihn zu finden, genauso groß ist wie die Wahrscheinlichkeit, ihn nicht zu finden. Die Suche selbst ist meist schon der Gewinn!

Nicht von ungefähr ist ein Großteil der Reden Jesu gleichnishaft, bildhaft, parabolisch. Immer ist sowohl nach den Vergleichspunkten zu suchen, als auch in den einzelnen Erzählstücken des Gleichnisses oder der Gleichnisrede ein Sinn zu entdecken, der sich nicht auf den abstrakten, verallgemeinerten Punkt allein bezieht. Wenn er also etwa sagt: »Seid klug wie die Schlangen und ohne Falsch wie die Tauben«, sollte diese bild-gleichnishafte Rede nicht lösen von den Schlangen und den Tauben. Eine Spannung ist festzuhalten, die unauflösbar bleibt – zwischen der Arglosigkeit, jener wunderbaren Unbefangenheit, diesem kindlichen Vertrauen, *und* der Arglist, die zur Bewältigung des Lebens unentbehrlich ist. Wenn am Ende einer großen Gleichnisrede Jesu (und dann in der Folge immer wieder) gesagt wird: »Wer Ohren hat zu hören, der höre«, dann ist das keineswegs ein anatomischer Hinweis, auch kein pädagogischer Imperativ, sondern eine Aufforderung, alle Sinne zu nutzen, um nicht nur zu hören, sondern um zu verstehen. Wie viele gab es und wie viele gibt es, die mit ihren

Ohren nur Schallwellen empfangen, wie viele, denen der Sinn der Dinge verschlossen bleibt. Und wie viele gibt es, die ein Interesse daran haben, dass möglichst vielen der Sinn der Dinge verschlossen bleibt?! Wie viele gibt es, deren Augen verklebt, deren Ohren verstopft bleiben und deren Unmündigkeit selbstverschuldet ist, wiewohl sie über funktionstüchtige Organe und ausreichend Gehirnzellen verfügen … (Und wie tief geht es, wenn wir biblische Texte in Brahms' »Requien« oder in der Bach'schen »Johannes-Passion« aufgeschlossen bekommen oder in einer Psalmübertragung Ernesto Cardenals, in Augustinus' Buch »Bekenntnisse«, in einer Predigt Martin Luthers oder Dietrich Bonhoeffers.)

Wenn die beiden Jünger auf dem traurigen Weg von Jerusalem nach Emmaus (ihr Lehrmeister Jesus war ans Kreuz genagelt worden, in Schimpf und Schande und in furchtbarer Qual gestorben) einem fremden Mann begegnen, mit dem sie ins Gespräch kommen und der ihnen aufmerksam-einfühlsam zuhört, nichts sagt – und wenn sie bei Sonnenuntergang zu ihm sagen: »Herr, bleibe bei uns, denn es will Abend werden und der Tag hat sich geneiget«, so ist dies weit mehr und noch anderes als eine bloße Dreierkonstellation im Jahre 33 nach Christus, angesichts eines hereinbrechenden Abends samt einer gastfreundschaftlichen Geste. Da schwingt viel mit: der Abend des Tages, der Abend des Lebens, der Abend der Welt. Es schwingt das Geheimnisvolle dieses fremden Mannes mit, in dessen Nähe sie ihre ganze Traurigkeit loswerden – so, als wenn sie von ihnen einfach abfiele, als ihnen »warm wird ums Herz«, durch seine Nähe. Wer kennt es nicht, dass einem durch die Nähe eines Menschen sein bloßes Dasein warm oder eben kalt ums Herz wird! Wie ein zufälliger Mensch zum unentbehrlichen Freund wird, wie Trennung von einem uns nahen Menschen schwer fällt und wir ihn geradezu anflehen, doch dazubleiben.

Und dann brechen sie das Brot. Und er bricht das Brot. An der Art, wie er es bricht und das Dankgebet spricht, spüren sie, dass es *der* ist, der ihnen das Brot bei ihrem früheren Zusammensein gebrochen hatte.

Und der nun *sein* Leben gegeben hat – und *wir* weiterleben –, das Brot des Lebens brechend – in Zuversicht.

Auch hier geht es nicht nur darum, vom großen Brotlaib ein Stückchen abzubrechen, weil das Schneiden des Brotes mit einem Messer nicht üblich war, sondern es geht um das Brechen des Brotes füreinander, das Teilhaben an einem Brot-Laib, der zum Symbol wird für die Teilhabe am Leib und Leben dieses einmaligen Menschen aus Nazareth. Alles, was Eucharistie, also Danksagung bedeutet, wird hier elementar zur Darstellung gebracht und ist weit mehr wert als alles jahrhundertelange Theologengezänk darüber, ob bei der Brotbrechung der christlich-gottesdienstlichen Zeremonie nun der Leib Christi »real« empfangen würde oder nur »symbolisch«.

Hier wird Menschen »warm ums Herz«; sie gewinnen neue Hoffnung, neuen Mut, neue Aussicht, neue Zuversicht für die nächsten Schritte – in einem Leben nach der Katastrophe. Sie erfahren es an der Art, wie sie einander das Brot brechen und dankbar die wunderbaren Güter des Lebens empfangen. Nicht zu vergessen dieser besondere Schluck Wein – vergossen *für* euch, wie sein Blut.

Wer die Texte auf den Vordersinn reduziert, banalisiert, bis das Spannendste ganz langweilig und abgestanden wird, bis das Erhabene zum ganz Alltäglichen wird, zum Alltäglichen eben nicht im Sinne des Natürlich-Menschlichen, sondern im Sinne des bloß Mechanischen unseres Alltagslebens.

Genauso kann das Füßewaschen eine bloße Reinigung sein; *und* der Dienst des Füßewaschens kann eine Geste der Demut, der Hilfe, der Barmherzigkeit sein, Labsal für den anderen, den Ermüdeten, den Geschundenen, den Kranken.

»Ein Beispiel habe ich euch gegeben«, heißt es im Johannesevangelium. Das meint weit mehr als das Thema »Mein Vorbild« einer Klassenarbeit in der 9. Klasse.

Wer religiöse Texte, zumal biblische, auf Moral reduziert, hat sie gründlich missverstanden. Es geht um Bestehen und Bewältigen eines Lebens, das der menschlichen Bestimmung gerecht wird. Meiner Bestimmung, der ich ein unverwechselbarer, einmaliger Einzelner bin, ausgestattet mit Gaben, die ich ausleben soll, meine Be-Gabungen. Wie ich leide mit den Leidenden, mich freue mit den Fröhlichen, meinem Nächsten ein Nächster sei, um seinen und um meinen Wert wissend, um mein Glück und sein Glück gleicherweise besorgt. Und in allem Vertrauen behalte. Sicherheit gibt es nicht – aber Zuversicht. »Es ist aber der Glaube eine feste Zuversicht des, das man hofft, und ein Nichtzweifeln an dem, das man nicht sieht.« (Hebräer 11,1)

II.
EINFÜHRUNG IN BIBLISCHE BÜCHER
[ERÖRTERUNGEN]

Was war und was wahr ist

Über das Verstehen biblischer (Ur-) Geschichten

»Tief ist der Brunnen der Vergangenheit. Sollte man ihn nicht unergründlich nennen?

Dies nämlich dann sogar und vielleicht eben dann, wenn nur und allein das Menschenwesen es ist, dessen Vergangenheit in Rede und Frage steht: dies Rätselwesen, das unser eigenes natürlich-lusthaftes und übernatürlich-elendes Dasein in sich schließt und dessen Geheimnis sehr begreiflicherweise das A und das O all unseres Redens und Fragens bildet, allem Reden Bedrängtheit und Feuer, allem Fragen seine Inständigkeit verleiht. Da denn nun gerade geschieht es, daß, je tiefer man schürft, je weiter hinab in die Unterwelt des Vergangenen man dringt und tastet, die Anfangsgründe des Menschlichen, seiner Geschichte, seiner Gesittung, sich als gänzlich unerlotbar erweisen und vor unserem Senkblei, zu welcher abenteuerlichen Zeitenlänge wir seine Schnur auch abspulen, immer wieder und weiter ins Bodenlose zurückweichen. Zutreffend aber heißt es hier ›wieder und weiter‹; denn mit unserer Forscherangelegentlichkeit treibt das Unerforschliche eine Art von foppendem Spiel: es bietet ihr Scheinhalte und Wegesziele, hinter denen, wenn sie erreicht sind, neue Vergangenheitsstrecken sich auftun, wie es dem Küstengänger ergeht, der des Wanderns kein Ende findet, weil hinter jeder lehmigen Dünenkulisse, die er erstrebte, neue Weiten zu neuen Vorgebirgen vorwärtslocken. [...]

Joseph für sein Teil erblickte in einer südbabylonischen Stadt namens Uru, die er in seiner Mundart ›Ur Kaschdim‹,

›Ur der Chaldäer‹ zu nennen pflegte, den Anfang aller, das heißt: seiner persönlichen Dinge.

Ein Mensch wie wir war er, so kommt uns vor, und trotz seiner Frühe von den Anfangsgründen des Menschlichen (um vom Anfange der Dinge überhaupt nun wieder ganz zu schweigen) mathematisch genommen ebenso weit entfernt wie wir, da diese tatsächlich im Abgründig-Dunklen des Brunnenschlundes liegen und wir bei unserem Forschen uns entweder an bedingte Scheinanfänge zu halten haben, die wir mit dem wirklichen Anfange auf dieselbe Art verwechseln, wie Joseph den Wanderer aus Ur einerseits mit dessen Vater und andererseits mit seinem eigenen Urgroßvater verwechselte, oder von einer Küstenkulisse zur anderen rückwärts und aber rückwärts ins Unermessliche gelockt werden.«

So Thomas Mann im »Vorspiel« seiner Romantrilogie »Joseph und seine Brüder«, »Höllenfahrt« überschrieben.

Tief ist der Brunnen der Vergangenheit. Unerlotbar.

Joseph erblickte … den Anfang aller, das heißt: seiner persönlichen Dinge. Das ist Bibel. Das Ganze im Einzelnen. Das Universelle im Personalen. Das Göttliche mitten im Menschlichen. Brunnen der Wahrheit und Höhlen der Angst.

Tua res agitur. Deine Sache wird verhandelt. Du bist gemeint. Um dich geht es. Wer die Bibel so nicht versteht, wird nichts verstehen. Wer so nicht fragt, wird ohne Antwort bleiben. Und wer fragt, wird in Abgründe stoßen – seines Selbst und seiner Welt –, und er wird verstehen, tiefer und tiefer steigend. Und auf dem Grunde des Brunnens bleibt das Geheimnis.

Wer nicht weiß, Rätsel und Geheimnis zu unterscheiden, und wer vermeint, Wahrheit und Widerspruch reimten sich nicht aufeinander, wird nicht auf den Grund der Fragen, wo

Antworten nur aufblitzen und neues Fragen – als Lust und als Qual – beginnt, kommen. Erst am Ende aller Zeiten, aller Zeit steht die Verheißung: »[…] dann werdet ihr mich nichts mehr fragen.« (Johannes 16, 23)

Was habe ich eben getan? Ich habe das Übliche getan. *Einen* Satz habe ich herausgegriffen aus dem Johannes-Evangelium, der ein Eigenleben bekommen hat und als solcher in andere Wirklichkeit hineinwirkt – einen Satz zu einer konkreten Situation, die doch gleichzeitig eine typische ist. Und es hat sich ein kleines Wort eingeschlichen, das nicht im Bibel-Text steht: »Nichts *mehr* fragen.« Das steht so nicht da, entspricht aber dem Gesamtsinn.

In den so genannten Abschiedsreden Jesu schreibt der Evangelist Johannes:

»[…] ihr aber werdet traurig sein; doch eure Traurigkeit soll in Freude verkehrt werden. Ein Weib, wenn sie gebiert, so hat sie Traurigkeit, denn ihre Stunde ist gekommen. Wenn sie aber das Kind geboren hat, denkt sie nicht mehr an die Angst um der Freude willen, dass ein Mensch zur Welt geboren ist. Und ihr habt auch nun Traurigkeit; aber ich will euch wiedersehen, und euer Herz soll sich freuen, und eure Freude soll niemand von euch nehmen. Und an dem Tage werdet ihr mich nichts fragen.

[…] Solches habe ich zu euch durch Sprichwörter geredet. Es kommt aber die Zeit, dass ich nicht mehr durch Sprichwörter mit euch reden werde, sondern euch frei heraus verkündigen von meinem Vater.« (Johannes 16, 20–23. 25)

Jenseits unserer Zeit werden wir fraglos leben, werden wir alles verstehen, werden wir nicht Bilder, Gleichnisse und Sagen brauchen. Aber: Wir leben in der Zeit – und wir brauchen sie, die Um-Schreibungen. Und doch bleibt da eine Sehnsucht, ganz zu verstehen, wo das zu Verstehende und der Verstehende eins werden. »Wir sehen jetzt durch einen Spiegel in einem dunklen Wort; dann aber von Angesicht zu Angesicht. Jetzt erkenne ich's stückweise; dann aber werde ich erkennen, gleichwie ich erkannt bin.« (1. Korinther 13, 12)

Homo sapiens = homo quaerens – das fragende Wesen, das infrage stehende Wesen, das gefragte Wesen, Antwort suchend, Antwort gebend, Antwort verweigernd.

Wohin gehen wir, wenn wir gehen? Und wer sind wir, wenn wir nicht mehr sind? Und woher sind wir gekommen? Und warum? Und warum sind wir uns so fremd – untereinander fremd? Und machen uns andere zu Fremden?

»Die Bibel ist ein sehr großer, weiter Wald, darin viel und allerlei Bäume stehen, davon ich kann viel und vielerlei Obst und Früchte brechen; aber es ist kein Baum in diesem Walde, daran ich nicht geklopft und ein paar Äpfel und Birnen davon gebrochen und abgeschüttelt habe.« So Martin Luther. Schütteln muss man. Sehen. Spüren. Hören. Das Einzelne wahrnehmen. Und das Ganze. Das Viele und das Eine.

Biblos. Bibel. Buch. Buch der Bücher. Das Wort in den Worten. Mündlich Überliefertes. Und nun haben Sie es schriftlich!

Verdichtete Erfahrung. Schatz von Jahrhunderten, von Mund zu Mund weitergegeben. Wort für Wort – genau. Erzählstränge zusammengeflochten. Traditionsschichten nebeneinander gestellt und miteinander verwoben. Das Vielgestaltige soll als ein Guss erscheinen. Was gleichzeitig geschieht, wird als eine Aufeinanderfolge dargestellt. Welt- und Menschengeschichte läuft vor uns ab – exemplarisch, mit Widersprüchen und widersprüchlich.

Alle literarischen Formen sind versammelt: Der Bericht. Die Sage. Der Mythos. Das Gedicht. Der Weisheitsspruch. Die Novelle. Die Parabel. Der Brief. Die Statistik. Die Kriegsberichterstattung. Die Heldensage. Das Siegeslied. Das Liebeslied. Der Jammergesang. Das Heldenepos. Der Kriminalbericht. Die Geheimdienstgeschichte. Der Gesetzestext. Die Liebesgeschichte. Die Verteidigungsrede. Das Gebet und das Glaubensbekenntnis. Der Freuden- und der

Schmerzensschrei. Die Legende. Das Märchen. Schimpfreden, Fluchkanonaden. Hymnen und Klagelieder.

»Verflucht sei, wer seines Nächsten Grenze verrückt! Und alles Volk soll sagen: Amen. Verflucht sei, wer das Recht des Fremdlings, des Waisen und der Witwe beugt. Und alles Volk soll sagen: Amen.« (5. Mose 27, 17–19)

Lesen Sie! – zu Hause! – laut! 5. Mose 5, 11–26 und 28,1–44.

Durchgängig *ein* Gedanke: Menschliches Tun und sein Ergehen hängen zusammen. Gottlos leben ist verantwortungslos und verantwortungslos leben gottlos. Das »Jüngste Gericht« findet schon statt, täglich.

Im Ganzen ist die Bibel eine Tendenzschrift. Aber sie ist nicht einlinig, weil das »Buch der Bücher« ein Buch aus Büchern ist, mit je eigener Tendenz. Überall verdichtete Näherung an das Nichtsagbare. Schließlich geht es um Gott und die Welt.

Der Unsagbare, der Unnennbare, das Geheimnis der Welt schlechthin, scheint überall durch, entzieht sich überall dem Zugriff. Der Unsagbare – GOTT – jetzt als geschriebenes und dennoch von den frommen Juden nie ausgesprochenes Subjekt. Was benannt wird, ist umgrenzt, definiert, wird beherrschbar. Deshalb wird der Name des Gottes umschrieben – nie benannt. Umschreibungen nur. Um IHN und um die Welt geht es. Um mich. Und um alle.

Der laxe Umgang mit dem Worte »Gott« in unserer Sprache rächt sich; es ist kein Zittern in der Stimme, kein Beben des Herzens, kein Flackern in den Augen, kein Sturm im Kopf. Anders dort, wo ER mit dem personalen »Du« angesprochen wird, aber doch das DU schlechthin ist, in Ehrfurcht und Vertrautheit.

Das gesprochene, von Mund zu Mund, jahrhundertelang überlieferte Wort wird Buchstabe, Buchrolle. Toter Buchstabe wird aus dem lebendigen Wort.

Sprechen erweckt ihn wieder zum Leben. Was geschrieben ist, muss gesprochen und zugesprochen werden. Einer muss wieder »zum Mund« werden. Was einmal geschehen ist, geschieht: Jetzt! Hier! Mit dir!

Ewiges Missverständnis des Vergangenen: »Es war einmal.« Erinnerung lässt das Erinnerte gegenwärtig werden! Die Schrift kommt zum Ziel, wo wir gleichzeitig werden mit dem, was aus einem Einst auf uns kommt, in uns kommt. Über dich wird berichtet. Nichts Menschliches sei dir fremd. Du bist gemeint. Du bist gefragt. Du bist aufgefordert. Du bist betroffen.

Du bist erledigt. Du bist aufgehoben. »Steh auf! Wandle vor mir und sei ganz!« – das ist Abraham gesagt. Das ist dir gesagt. Lass es dir gesagt sein.

Du bist Adam. Du bist Eva. Du bist Kain. Du bist Abel. Du bist Abraham. Du bist Joseph. Du bist Sara, Rebekka – und Lea und Rahel. Du bist es. Und du bist es nicht. Aber: Um dich geht es. Steig in deinen Brunnen. Halte es aus. Und schöpfe und trinke. Und wälze den Stein wieder vor den Brunnen, dass er nicht verunreinigt werde.

Die Bibel als Literatur und viel mehr als das! Aber was ist größer als Literatur, als verdichtete Wirklichkeit, die ihre angemessene Sprachform für die angesprochene Wirklichkeit gefunden hat, die, heute gelesen, morgen schon wieder etwas anderes bedeutet, heute verschlossen ist, morgen sich ganz offenbart – wieder und wieder gelesen, nie Überdruss provoziert, sondern neue Erkenntnisse eröffnet? Zwischen Zustimmung und Protest, Ehrfurcht und Fluch, Jubel und Ratlosigkeit, Spaß an der Form und Freude an der Erkenntnis. Selbst dort, wo es bitter, einfach nur bitter ist. In den so genannten Urgeschichten – Genesis 1–11 – sind alle Menschheitsfragen gebündelt – unsere Fragen, unsere Erfahrungen, unsere Einbrüche, unsere Anfänge, wieder und wieder.

Das Grundmuster der an den Anfang gesetzten Geschichten von Genesis 2 bis 11 (die Theologen nennen sie die Schriften des *Jahwisten*, weil für den Namen Gottes das Wort Jahwe verwendet wird, verwoben schon mit Schriften des *Elohist*en, so genannt, weil sie für Gott das Wort Elohim benutzen und der dritten Quelle, der so genannten *Priesterschrift*, aus der der so genannte erste Schöpfungsbericht in Genesis 1 stammt) – Versuche, auf die Warum-Fragen eine Antwort zu geben. Ätiologische Sagen, von aitos, griechisch: Ursache, Grund. Warum schämt sich der Mensch, warum kriecht die Schlange? Warum ist die Geburt so schmerzhaft?

Sie berichten von großer Schuld und noch größerer Gnade, von Versuchung, Verschuldung, Strafe. Doch der Schuldige darf weiterleben. Das Spiel ist nicht aus. Aber es wird nie wieder unschuldig. Vor der Wahrheit erschrecken, ihr aber nicht ausweichen. Der Mensch kann von Gnade aus handeln, aber nicht auf Gnade hin. Es gibt Antworten, aber nicht auf alles eine Antwort. Es bleibt ein Rest. Der Rest ist nicht Schweigen, sondern erneutes Fragen, Bitten, Lauschen, Flehen, Betteln, Protestieren, Singen.

1000 Jahre ante Christum aufgeschrieben: Was »Am Anfang« war – oder muss es nicht heißen: »Im Anfang«? – da schuf ER Himmel und Erde. – Ist das *so* wichtig? Ein einziges Wort – »Im« oder »Am«. Augustinus hat das in seinen »Bekenntnissen« seitenlang eindrücklich ausgeführt.

Himmel und Erde. Seitdem geht es immer um Gott und die Welt, Oben und Unten, Begrenztes und Unbegrenztes, Freiheit und Ordnung, das Sein und das Nichts, den Tod und das Leben.

Und ist der, der die Welt schuf, ein Künstler, oder ein Handwerker, der ein Ding machte, das bloß funktioniert, mit einigen Kinderkrankheiten und nicht mehr behebbaren Mängeln? Aber immerhin: Rose und Schmetterling, Delphin und Diamant, Nachtigall und Caruso, Spinnennetz im Morgennebel und Dom zu Speyer bei Sonnenuntergang.

Wer das bloß Faktische sucht, wo es um das Existenzielle geht, geht in die Irre. Die Widersprüche des Lebens werden – auch in manch wunderlichen Geschichten – eingefangen, aber der Mensch bleibt aufgefangen, trotz der Widersprüche, die er – so schmerzhaft wie herausfordernd – erlebt, und: trotz des Widerspruchs, der er selbst ist. Ein Engel in ihm und ein Teufel. (Luther bringt das in seinem Morgensegen gebündelt zur Sprache: »Dein heiliger Engel sei mit mir, dass der böse Feind keine Macht an mir finde.«)

Diese Schrift beim Wort nehmen – Wort für Wort lesen. Wer sie wörtlich nehmen wollte, müsste seinen Verstand aufgeben, in frommer Einfalt oder fundamentalistischer Borniertheit. Oder er erklärt zum »Märchen«, was er nicht versteht. Beide sind sie je auf ihre Art dumm.

Geschichten verdichten Geschichte. Sie berichten nicht, wie es gewesen ist, sondern, was geschehen ist und was geschieht mit dem Menschen: in seiner Beziehung zu sich, zum anderen, zur Dingwelt, zu der zur Dingwelt gemachten Schöpfung, die entgöttert wird, *damit* sie Ding werden kann und wie Gott die Klammer für alles wird, für alles Tun und Lassen. Aber sie ist nicht bloß Ding, sondern Teil der wunderbaren Schöpfung.

In der Bibel findet sich eine »Erklärung der Welt«, indem ihr ihr Geheimnis gelassen wird. Sie ist kein Rätsel, sie wird Geheimnis. Grund zum Sich-Verwundern über die Wunder, die Wunder bleiben, auch wenn wir sie erkennen und deuten in ihren Wirkungszusammenhängen.

Der Oberflächliche nimmt nur die Oberfläche wahr, kommt nicht zur Wahrheit. Ur-Fragen in Ur-Mythen. Wie ist es alles gekommen? Woher sind wir? Woran knüpfen wir an? Was gab es Neues unter der Sonne – und gibt es noch Neues unter der Sonne? Wohin gehen wir? Was sollen wir? Und immer wieder: Wer sind wir? In die Freiheit Entlassene, mit dem Fluch und mit dem Segen lebend, außerhalb des Paradieses, vor dem Abgrund, mit der ewigen Sehnsucht nach der »Rückkehr ins Paradies« und mit einer merkwürdigen Lust am Schmerz. Weltschmerz.

Wie ein roter Faden, ein »Thema mit Variationen«: jenes selbstverständliche Reden von IHM, mit Erschaudern und Naivität, großer Nähe und noch größerer Distanz – aber stets ein Ringen mit Gott. Abraham schachert, Jakob hinkt, Mose stottert, Jona flieht. Sich-Zuwenden und Sich-Entziehen. Antwort geben und Antwort verweigern. Verantwortung wahrnehmen und Verantwortung verweigern.

Wer diese »heiligen Schriften« liest, muss nicht Literaturwissenschaft oder Philosophie studiert haben oder die Sprachen verstehen. Er muss sich öffnen. Sich Zeit nehmen. Und hinhören. Sein Ohr schärfen. Seinen Verstand schärfen und sein Herz öffnen. Er wird begreifen den Unterschied von esse und existere. Aber dazu braucht er nicht diese Begriffe. Er erfährt es in den Geschichten, bereits in *den* Geschichten, die wir die »Urgeschichten« nennen. (1. Mose 1–11)

Die Bibel als »Buch der Weltliteratur«. Nicht im Spiegel der Weltliteratur. Sie selbst ist ein Buch, eine Bücherei von Weltrang. Die biblischen Schriften erfüllen das, was Dichtung zu sein hat: verdichtete Wirklichkeit, auf mehreren Ebenen verstehbar, eine Hochkultur, die jedem verständlich wird, der ernstlich nach sich fragt und der offen ist für die Wunder des Lebens wie für die Abgründe des Daseins. Und für das Spiel des Lebens.

Was *da* steht, ist nicht das, was *drin* steht. Die Wahrheit der Bibel ist nicht ohne ihre literarische Gestalt zu bekommen. Die erste Frage ist nicht, ob ich den religiösen Gehalt oder den Glauben teile, sondern die entscheidende Frage ist, wie darin Menschengeschick und Menschengeschichte so zur Sprache kommen, dass ich deren Relevanz für »mein Leben und meine Zeit« spüre.

Dieses Buch der Weltliteratur verdient die Betrachtung auf der *Zeitachse*: Wann ist sie entstanden? Und wie lange schon entfaltet sie ihre Wirkung? Auf der *Raumachse*: Wo wurde und wo wird sie überliefert? Auf der *Wirkungsachse*: Welche Überlieferungsgeschichte hat sie hinter sich, und welchen Sprachen und Kulturen hat sie sich anverwandelt? Auf der *Relevanzachse*: Welche Bedeutung hatte und hat sie für die Interpretation, Veränderung und Verwandlung der Welt? Schließlich – und nicht zuletzt – als eine literarische Überlieferung von höchstem Rang, als ein unerschöpfbarer Resonanzboden für Kultur. Wir Deutschen können uns glücklich schätzen, in Luthers Übersetzung den Schatz unserer Sprache aufgehoben zu sehen.

An kaum einem anderen Buch lässt sich die Entfremdung der so genannten christlich-abendländischen Kultur von ihren Wurzeln schärfer erkennen als an der Unwissenheit und der Unkenntnis über die Bibel. In Ost und West!

Versatzstücke gibt es noch, abgelöst vom Konnotationsuniversum ihres Ursprungszusammenhangs. Adam verbindet sich vielleicht noch mit dem »Adamsapfel« und der Nacktheit im Paradies. Eva mit der Schlange. Kain mit dem Mord. Und Abel mit einem Ermordeten. Der Turmbau von Babel mit Sprachengewirr und vielleicht noch mit menschlicher Selbstüberschätzung. Noah mit der Arche und der Sintflut … Das alles ist richtig. Und das alles ist viel zu wenig. Das ist zu kurz gedacht. Das ist zu flach gedacht. Das wird solchen Texten nicht entfernt gerecht.

Mindestens sollte man noch wissen, dass Adam nicht »Mann«, sondern »Mensch« heißt und übersetzt bedeutet

»Erdwesen« – aus der Adamah, der Erde, gemacht, mit dem »Odem« Gottes ausgestattet ist und dass dieses Wesen ohne Odem wieder zu Erde wird.

Und wer nicht begreift, dass der »Turmbau« unmittelbar mit Kernenergie oder Genforschung im Jahre 2001 verbunden ist, hat nichts verstanden …

Zunächst wird man klar zu unterscheiden haben zwischen vielfältigen literarischen Formen. Wenn man sie nicht unterscheidet, kommt man zu falschen Schlüssen, denn eine bestimmte Form verlangt auch eine bestimmte Hermeneutik, jene Kunst des Verstehens geschichtlicher Texte. Eine Form wurde nicht umsonst gewählt, um etwas adäquat auszudrücken. Vor allem in den letzten zweihundert Jahren wurde die Bibel von so genannten religiösen Fundamentalisten genauso wörtlich genommen wie von atheistischen Fundamentalisten, nämlich eins zu eins. Was da steht, sei so, wie es da steht, »die Wahrheit«. (Beispiel: Die Genealogie von Adam bis Jesus nachgerechnet, machte eine Summe von etwa 6500 Jahren. Das ist naturwissenschaftlich falsch. Die australischen, die afrikanischen Knochen beweisen es. Solches Verständnis wäre sowohl eine religiöse wie eine intellektuelle Sackgasse. So lässt sich Bibel von anderen trefflich erledigen, zu den Akten legen.)

Den Theologen kann man den Vorwurf nicht ersparen, dass sie auf »Weltall – Erde – Mensch«-Attacken mit ihrer an Plumpheit kaum zu übertreffenden Frage, ob der Mensch von Adam oder von Affen abstamme, im Ganzen ziemlich hilflos reagiert haben. Das betraf insbesondere die Schöpfungsgeschichten Genesis 1–2. Wer diese als realistischen – in unserem Sinne realistischen –, also als historischen oder gar naturwissenschaftlichen Bericht liest, kommt nicht nur zu falschen Ergebnissen, sondern er hat nichts verstanden, weil dies kein adäquater Zugang zu ihrer Wahrheit ist. Das Dramatische daran ist, dass der, der nichts verstanden hat, nicht weiß, dass er nichts verstanden hat und eine Sache ablehnt oder ins Reich des Märchenhaft-Abergläubischen und Unwissenschaftlichen verdammt, weil er nichts verstanden hat. Dieses Nicht-Verstehen und diese Dummheit ist auch heute noch mehrheitsfähig.

Da lese ich in der BILD-Zeitung, dass die Container-Menschen – Staffel 2 – 100 Stunden Bibel lesen sollen – als Strafe, als Gaudi, als Selbsterkenntnisquelle, als Mission, als Teil der Leitkultur? BILD weiß es: Als Antwort auf die herbe Kritik des Papstes an der Show. Bibellesen als Bestandteil der FUN-Kultur.

Als sich Anfang der siebziger Jahre Franz Fühmann der Frage nach dem Mythos und seiner Interpretation annahm, insbesondere in seiner Vorlesung an der Humboldt-Universität in Berlin »Das mythische Element in der Literatur« (1974), und seit er in seinem Buch »Die dampfenden Hälse der Pferde im Turm von Babel« (1978) auf vergnügliche, einfache und tiefgründige Weise die ganz eigene Wahrheit der Sprache zur Sprache zu bringen vermochte und dabei den Mythos zu neuen Ehren brachte, regte sich ein neuer Zugang zu den alten Texten.

In seinem Essay »Meine Bibel. Erfahrungen« schreibt Fühmann:

»Ich begann die Geschichten der Bibel zu lesen: Ein Riß; und der Abgrund Mensch klaffte auf ... Ich las gierig wie nie. – Das Sensationelle der Wörter war bald verdampft; was blieb, war das Sensationelle der Seelen, das doch nichts als das Alltägliche war. – Was ich da aus der Bibel sog, war nicht das, was man sexuelle Aufklärung nennt, wiewohl sie auch die nebenbei so leistete, wie man etwas nebenbei leisten kann. Diese Geschichten machten sich nicht anheischig, das Geheimnis des Geschlechts aufzulösen, sie sprachen aus diesem Geheimnis heraus. Sie machten sich überhaupt nichts anheischig, sie schienen, diese Geschichten, durchaus das nicht zu haben, was ›Anliegen‹ heißt, sie wollten nichts anderes als erzählen, was sich mit einem Volk zugetragen, offen, ungeschminkt, radikal, ehrlich: So handelt der Mensch, und nun sieh du dich an!«

Wie tiefgründig hatte schon Heinrich Heine über die biblische Wahrheit reflektiert – und war in der DDR-Propaganda als ein scharfzüngiger Kirchenvater aller Atheisten benutzt worden, als ob es nur das Wintermärchen gäbe und die Zeile »den Himmel überlassen wir den Engeln und den Spatzen«. Heine schrieb 1830 auf Helgoland: »– – Da gestern Sonntag war und eine bleierne Langeweile über der ganzen Insel lag und mir fast das Haupt eindrückte, griff ich aus Verzweiflung zur Bibel ... und ich gestehe es dir, trotzdem, dass ich ein heimlicher Hellene bin, hat mich das Buch nicht bloß gut unterhalten, sondern auch weidlich erbaut. Welch ein Buch! groß und weit wie die Welt, wurzelnd in die Abgründe der Schöpfung und hinaufragend in die blauen Geheimnisse des Himmels ... Sonnenaufgang und Sonnenuntergang, Verheißung und Erfüllung, Geburt und Tod, das ganze Drama der Menschheit, alles ist in diesem Buche ... Es ist das Buch der Bücher, Biblia.«

Heine fährt fort:

»Helgoland, den 29. Julius

Ich habe wieder im alten Testamente gelesen. Welch ein großes Buch! Merkwürdiger noch als der Inhalt ist für mich diese Darstellung, wo das Wort gleichsam ein Naturprodukt ist, wie ein Baum, wie eine Blume, wie das Meer, wie die Sterne, wie der Mensch selbst. Das sprosst, das fließt, das funkelt, das lächelt, man weiß nicht wie, man weiß nicht warum, man findet alles ganz natürlich. Das ist wirklich das Wort Gottes, statt dass andere Bücher nur von Menschenwitz zeugen. Im Homer, dem anderen großen Buche, ist die Darstellung ein Produkt der Kunst, und wenn auch der Stoff immer, ebenso wie in der Bibel, aus der Realität aufgegriffen ist, so gestaltet er sich doch zu einem poetischen Gebilde, gleichsam umgeschmolzen im Tiegel des menschlichen Geistes; er wird geläutert durch einen geistigen Prozess, welchen wir die Kunst nennen. In der Bibel erscheint auch keine Spur von Kunst; das ist der Stil eines Notizbuchs, worin der absolute Geist, gleichsam ohne alle individuelle menschliche Beihülfe, die Tagesvorfälle eingezeichnet, ungefähr mit derselben tatsächlichen Treue, womit wir unsere Waschzettel schreiben. Über diesen Stil lässt sich gar kein Urteil aussprechen, man kann nur seine Wirkung auf unser Gemüt konstatieren, und nicht wenig mussten die griechischen Grammatiker in Verlegenheit geraten, als sie manche frappante Schönheiten in der Bibel nach hergebrachten Kunstbegriffen definieren sollten. Longinus spricht von Erhabenheit. Neuere Ästhetiker sprechen von Naivität. Ach! wie gesagt, hier fehlen alle Maßstäbe der Beurteilung ... die Bibel ist das Wort Gottes.

Nur bei einem einzigen Schriftsteller finde ich etwas, was an jenen unmittelbaren Stil der Bibel erinnert. Das ist Shakespeare. Auch bei ihm tritt das Wort in jener schauerlichen Nacktheit hervor, die uns erschreckt und erschüttert; in den Shakespeareschen Werken sehen wir manchmal die leibhaftige Wahrheit ohne Kunstgewand.«

Und Goethe wird nur kolportiert mit jener berühmten Gretchenfrage: »Wie hältst du's mit der Religion?« Dass Goethe von »Zeus« nichts hält, weil er den Menschen von den Göttern emanzipieren will, meint jeder verstanden zu haben, der das »Prometheus«-Gedicht rezitiert hat. In seinen »Maximen und Reflexionen« heißt es über die Bibel: »Ich begreife es im Ganzen und verstehe es im Einzelnen. Wir aber sagen bescheiden: ›Im Ganzen ist es ehrwürdig und im Einzelnen anwendbar.‹«

Wer versucht, die Bibel zu verstehen, muss sich bewusst

machen, dass sich in den biblischen Texten existenzielle und religiöse, soziale und soziologische, psychologische und philosophische Fragen verweben und verdichten. Ein ganzer Kosmos von Leben findet sich reduziert auf wenige Verse. Immer wieder und immer wieder ist es zu lesen und immer wieder und immer wieder öffnet sich eine Verständnistür und viele Türen bleiben verschlossen. Und ein anderes Mal öffnen sich andere. Und nie ist die Tür so offen, dass »alles klar« ist. Dass das so ist, liegt genau an den Fragen, die gestellt werden, die eben keine Kreuzworträtselfragen sind, sondern Geheimnisse des Lebens betreffen. Allerweltsfragen, ja Alltagsfragen, werden gestellt und bekommen durch den Kontext ihre Tiefendimension. Zugleich sind sie für jedermann verständlich. Das kannst du doch verstehen! Aber hast du es verstanden?

Also, ich nenne solche Fragen: Mensch, wo bist du? Kain, wo ist dein Bruder Abel? Wie soll ich weiterleben? …

Die Urgeschichten in der Bibel finden wir vor in der literarischen Form der Sage. Eine Sage erzählt, als ob sie über ein vergangenes historisch datierbares Geschehen berichtete. Dabei knüpft sie zumeist an ein reales Geschehen an, sucht sich gewissermaßen einen historischen Anknüpfungspunkt, kommt aber sogleich ins Generelle, ins Typische, – Reales und Generelles verweben sich miteinander.

Die *Sagen* unterscheiden sich von *Märchen*, die keinen Anhalt in der historischen Wirklichkeit suchten oder brauchten. Begebenheiten in Raum und Zeit übersteigern sich ins Traumhafte. Das Ungewöhnliche wird wie das Selbstverständliche erzählt und Gesetze von Raum und Zeit werden verlassen.

Vom *Mythos* unterscheidet sich die Sage dadurch, dass der Mythos Göttergeschichten als Abbild von Menschengeschichten erzählt, und insofern ist ein monotheistischer Glaube für den Mythos wenig ertragreich, weil es eben keine

Göttergeschichten gibt, keine Geschichten, die Götter miteinander haben.

Es gibt einige Ausnahmen, wie z.B. in der Traumvision des Propheten Jesaja (Jesaja 6,1ff.).

Wenn wir solche Geschichten in Form von Geschichtserzählungen lesen, kommen wir immer wieder auf die Frage, was wahr ist. Ist nur wahr, was wirklich war? Was war wirklich? Und ist wahr, was über das aufgeschrieben wurde, was war? Zugleich kommt die Frage: Wer schrieb aus welcher Perspektive was, wie, warum, für wen auf? Wo lag sein Interesse? Wo ist sein Standpunkt – im doppelten Sinne: sein genereller Standpunkt und sein Beobachtungsstandpunkt? (Wie schwer es mit der Wahrheit ist, davon können die Gerichte ein Lied singen, wenn sie Zeugenaussagen vergleichen.) Wie aber kommen wir zur Wahrheit einer ganzen Zeit oder zur Wahrheit des Menschen als einer einzelnen Gestalt *und* als einem Exemplar der Gattung, in dem sich die Gattung wiederfindet, weil jeder Einzelne sich darin wiederfindet. Genau dies versucht die Sage einzufangen.

Die *Sagen* kommen aus der mündlichen Tradition, werden abgewandelt und angereichert. Sie können überwuchert und zersetzt, ihrer ursprünglichen Zielsetzung und ihrer Herkunft entfremdet werden. Sagen und Sagenmotive werden miteinander kombiniert. So finden wir *Orts*- und *Natursagen*, etwa über den Regenbogen (Genesis 9, 8ff.) oder den Brunnen von Beerseba (Genesis 26, 19).

Erlebnissagen geben Träume, Geräusche, Visionen, innere Erfahrungen, außergewöhnliche Wahrnehmungen wieder. *Ahnen*- und *Stammessagen* sind Sagen über die Urväter, den Wüstenzug und die Landnahme. *Geschichtssagen* sind Berichte über Kriege, Verhandlungen, wie mit dem sagenhaften König Abimelech, und schließlich *Helden- und Führersagen*, z.B. die Sagen über Simson. Häufig haben sie auch eine *ätiologische Funktion*, z.B. eine auffällige Gesteinsform führt zur Sage von der Versteinerung von Lots Weib; oder sie werden erzählt in einer *etymologischen* Absicht: Woher kommt das Wort Babel, das Wort Jahwe oder das Wort Mose?

Um es an letzterem zu verdeutlichen: Die Geburtsgeschichte des Mose wird in Exodus 2 erzählt im Zusammenhang mit dem Mord an allen männlichen Neugeborenen in Israel, weil der Pharao Angst davor hatte, dass dieses hebräische Volk zu groß und zu mächtig würde.

Das ausgesetzte Kind einer Hebräerin wird dann im Schilf beim Baden durch die Tochter des Pharao gefunden, weshalb es dann in Exodus 2,10 heißt: »Und da das Kind groß war, brachte sie (also die hebräische Amme) es der Tochter des Pharaos, und es ward ihr Sohn, und sie hieß ihn Mose; denn sie sprach: Ich habe ihn aus dem Wasser gezogen.« Massah bedeutet hebräisch herausziehen, mose – mosu heißt ägyptisch Sohn. Und so bedeutet Ra-mesu – verkürzt: Ramses – Sohn des Ra, also des Sonnengottes.

Mose aber ist kein Göttersohn, ebensowenig wie Israel seinen Ursprung von einem der orientalischen Götter herleitete. So deutet sich Israel vom Ereignis her den Namen, »der aus dem Wasser Gezogene«, während er ägyptisch einfach nur Sohn heißt. Wie es wirklich war, lässt sich nicht klären. Aber der Sinn, der Doppelsinn, ist klar.

In den Ur- und in den Vätergeschichten, also Genesis 1–11 und Genesis 12–50 mit den Erzählkreisen von Abraham und Isaak, Jakob und Esau und den Joseph-Ggeschichten, finden sich die Grundthemen menschlicher Existenz in einer verdichteten und verknappten, die Fantasie anregenden Sprachform wieder. Sie finden ihre nachträglich eingeführte historische und theologische Klammer durch eine genealogische Verbindung. Ursprünglich sind es unabhängig voneinander existierende Überlieferungstraditionen.

Der – wenn man so sagen will – theologische Kern findet

sich im so genannten »kleinen geschichtlichen Credo«, das zu den ältesten Überlieferungen gehört und in verschiedenen Variationen immer wiederkehrt. Es ist das Urbekenntnis aller gläubigen Juden und verdeutlicht in einer eindrucksvollen Weise, dass wir es mit einer Erinnerungskultur zu tun haben. Im Erinnerten findet sich der Erinnernde selbst wieder. Und so heißt es in 5. Mose 26, 5–11:

»Da sollst du antworten und sagen vor dem Herrn, deinem Gott: Mein Vater war ein Aramäer und nahe dem Umkommen und zog hinab nach Ägypten und war daselbst ein Fremdling mit geringem Volk und ward daselbst ein großes, starkes und zahlreiches Volk. Aber die Ägypter behandelten uns übel und zwangen uns und legten einen harten Dienst auf uns. Da schrieen wir zu dem Herrn, dem Gott unsrer Väter; und der Herr erhörte unser Schreien und sah unser Elend, unsre Angst und Not und führte uns aus Ägypten mit mächtiger Hand und ausgestrecktem Arm und mit großem Schrecken, durch Zeichen und Wunder und brachte uns an diesen Ort und gab uns dies Land, darin Mich und Honig fließt.«

Dieser Abschnitt enthält eine Herkunfts-, eine Bedrükkungs- und eine Befreiungserinnerung – und schließlich eine erfüllte Landverheißung. Wir sind nicht mehr umherirrende Aramäer, sondern finden im eigenen Lande Ruhe. Der Text setzt wie selbstverständlich ein: *Mein* Vater war ein umherirrender Aramäer.

Hier zeigt sich das eigentliche hermeneutische Grundprinzip: Es wird nicht Vergangenes als Vergangenes erzählt, sondern in der Form »Vergegenkunft«, wie ein Theologe die drei Zeitformen Vergangenheit, Gegenwart und Zukunft in ein Wort zu bringen versucht hat. Dies bedeutet nichts anderes als Gleichzeitig-Werden mit dem, was erzählt wird. Deswegen muss so erzählt werden, dass man mit dem Erzählten gleichzeitig werden kann. Lebendig, anschaulich, kraft- und poesievoll.

In einer der chassidischen Legenden heißt es, dass der Rabbi der Gemeinde die Geschichte vom Durchzug durch das Rote Meer so erzählte, dass sie aufstanden, im Kreise umhergingen und ihre Gewänder rafften – wegen des nachfließenden Wassers vom Roten Meer.

Grundthemen in der Vätergeschichte sind die Grundthemen des Menschseins: das Mutter-Sohn-, das Mann-Frau-, das Vater-Sohn-Verhältnis. Man denke an die Rolle der Rebekka bei der Segenserschleichung für das Muttersöhnchen Jakob oder an die Rolle der Batseba bei der Inthronisation Salomos und bei der Ausschaltung aller anderen Rivalen, der Halbbrüder. Es geht um Frauen- und um Männereifersucht, um Ressourcen- und Revierstreit, um den Machtkampf zwischen Gott und Mensch, die Vergottung des Menschen und die Instrumentalisierung »Gottes« durch Götzen, um Autoritäts- und Legitimationsfragen, um Machtgebaren, um Machtverlust, um nomadisches und sesshaftes Dasein, um Sklaverei und Befreiung, Kollaboration und Mut, Erbstreit und Erbbetrug, Inzestfantasien und Inzestbetrug, um das Wahrsagen und Die-Wahrheit-Sagen, um den Umgang mit Katastrophen, um Geld und Geltung, Hunger und Überfluss, Schuldverstrickung und Rachedurst, Korruption und Verschleierung, Großherzigkeit und Engherzigkeit, um das Leben in der Fremde und um das Finden der Heimat, um erfahrene Gastfreundschaft und um Gastfeindschaft.

Versöhnlich, ganz und gar versöhnlich schließt die von tiefen Beziehungskonflikten durchzogene Vätergeschichte ab; Joseph auf die flehende Bitte seiner Brüder hin, ihnen doch zu vergeben, antwortet: »Fürchtet euch nicht! Stehe ich denn an Gottes statt? Ihr gedachtet's böse mit mir zu machen, aber Gott gedachte es gut zu machen.« (Genesis 50, 19–20)

(Vergleiche Genesis 50, 15–21, mit Thomas Mann, Joseph und seine Brüder, Bd. 3, S. 554–555.)

Alles, was du über den Menschen – über dich! – wissen solltest, hier findest du es. Alles. Du musst nur lesen und verstehen. Unsere Schwierigkeiten mit diesen alten großartigen Texten haben eine lange Geschichte, denn seit Aristoteles (384–322 v. Chr.) wird in der europäischen Tradition der Logos hoch und der Mythos minder geachtet. Der Begriff steht gegen die Geschichte, das Wort gegen die Erzählung, das schlüssige Argument gegen die widersprüchliche Parabel, das philosophische System gegen das »Theater des Lebens«, die theologischen Gebäude gegen die biblische Erzählung. Damit wird der Widerspruch aus den Dingen, die Fantasie aus dem Denken genommen; die Vielfalt weicht der Einheit, die Eindeutigkeit wird autoritär hergestellt und die Macht der Zentralen abgesichert. Und entsprechend verfuhr die Theologie: Sie destillierte das Dogma aus den lebensprallen, hintergründig-bildhaften Texten, die mit Jahrhunderterfahrung angereichert sind. Das Dogma brachte zusammen, was nicht zusammengehört. Man stellte Systeme auf, Konstrukte, die eine innere Logik suchten. Dementsprechend gab es Lehrentscheidungen, die zu Verwerfungen und Verketzerungen führten. Orthodoxie produziert Häresie. Einzig die Juden bewahrten sich das interpretatorische Palaver – 72 Auslegungen *eines* Textes sind möglich. Keine ist *die* Wahrheit. Sie bleibt im Fluss, im Gespräch, ein Versuch. Und sie »beginnt immer zu zweit«, also im Dialog, wie Martin Buber betont.

Das Gleichnis wurde auf den Punkt, den Vergleichspunkt, gebracht – und die ganze Lebenswirklichkeit war heraus! Andererseits war dies konzeptionell gegen jegliche allegorische Wucherung gedacht, wo alles für alles stehen konnte und jeglicher – auch synkretistischer – Spekulation Tor und Tür geöffnet wurde. Also schließe ich: Logos *und* Mythos, nicht Logos statt Mythos, noch Mythos statt Logos bleibe die Devise! Es ist nicht alles gleich, nicht alles gleich wahr.

Es gibt Irrtum und Lüge. Es gibt Teilhabe an Wahrheit, aber nicht *die* Wahrheit für uns Menschen.

Abschließend sei auf einige Besonderheiten des so genannten »Jahwisten« im Buch Genesis eingegangen.

Die uns heute vorliegende Fassung der Ur- und Vätergeschichten stammt von einem Redaktor, der mindestens drei große Überlieferungsquellen zusammengestellt hat. Die jüngste ist die so genannte *priesterschriftliche*, die älteste die so genannte *jahwistische*. Die priesterschriftliche ist mehr am Kultischen interessiert und *zählt auf*, während der Jahwist *erzählt*. Der Jahwist ist der große Psychologe, besser: Anthropologe und tiefgründiger Erzähler. Hineingewoben in seine Erzählung ist die so genannte *elohistische* Quelle, die daran erkennbar ist, dass sie für den Gottesnamen Elohim benutzt.

Der so genannte *Jahwist* (etwa 1000 vor unserer Zeitrechnung) ist der Sammler einer bis dahin frei im Volke umlaufenden Überlieferung. Er fügt alles zu einer großen Gesamtkonzeption zusammen, mitten in einer tiefen Selbstverständniskrise Israels, nachdem der altisraelische Zwölfstämmebund zerfallen war und Israel ein Königtum wie alle anderen Völker errichtete, damit in einen tiefen theologischen Konflikt kam, weil bis dahin als unumstößlich galt, dass Gott allein der König ist. Das Grundcredo des Jahwisten ist: Gott, der die Welt geschaffen hat, hat die Väter berufen, das Land Kanaan verheißen und aus der Knechtschaft in Ägypten durch die Wüste geführt.

Der Jahwist hat eine unübersehbare Masse von erzählerischen Einheiten zusammengetragen und an eine alles tragende und alles verbindende Grundüberlieferung geschmiedet. Charakteristisch sind Einbauten und Zutaten, die zur Dehnung des alten Schemas und der theologischen Verbreiterung der ursprünglichen Basis führen. Dies geschieht durch den *Ein*bau der Sinai-Überlieferung, den *Aus*bau der Väter-Überlieferung und den *Vor*bau der Ur-Geschichte, sodass jetzt alles wie aus einem Guss erscheint. Man kann methodisch analysieren, wie er Geschichten hineingewoben hat, wenn man z. B. Genesis 4,1–2 liest und sodann mit Genesis 4,17 fortsetzt. Dann würde der Textanschluss ganz nahtlos so lauten:

»Und Adam erkannte sein Weib Eva, und sie ward schwanger und gebar den Kain und sprach: Ich habe einen Mann gewonnen mit Hilfe des Herrn. Und sie fuhr fort und gebar Abel, seinen Bruder. Und Abel ward ein Schäfer; Kain aber ward ein Ackermann. ... Und Kain erkannte sein Weib; die ward schwanger und gebar den Henoch.«

Zwischen diese Genealogie – also die Geschlechterfolge – fügt er die Brudermord-Geschichte ein.

In vergleichbarer Weise lässt sich der doppelte Erzählfaden immer wieder herausfinden. Die Priesterschrift ist an der *Auf*zählung interessiert, deshalb auch an der Geschlechterabfolge, dem Stammbaum, der lückenlosen Genealogie. Der Jahwist sucht nach der Vertiefung. Er will – wie gesagt – nicht aufzählen, er will erzählen. Er zeichnet sich durch eine wunderbare Klarheit und letzte Einfachheit, durch Sparsamkeit seiner Mittel aus. Menschenleben wird in all seiner Abgründigkeit und seinem Höhenflug in den Blick des Erzählers genommen. Rätsel und Konflikte, äußere Taten und auch die Irrungen und Wirrungen des Herzens kommen zur Sprache. Immer wieder spürt er dem Namen Gottes nach, dem unaussprechbaren »JHWH«. Er fügt unterschiedliche Überlieferungen in der Geschichte vom Dornbusch zusammen: Der Gott Abrahams, Isaaks und Jakobs – das ist derselbe! Und ER hat den Namen »Ich-bin-da«. (Exodus 3)

Der Jahwist wagt die kühnsten Anthropomorphismen:
Gott ergeht sich in der Abendkühle des Gartens.
ER schließt die Arche selbst ab.

ER fährt hernieder, um den babylonischen Turm zu inspizieren.

Das ist keineswegs unbedarft-naiv – es ist der Ausdruck des konkreten Gegenübers für den Menschen. Das Geheimnis der Welt ist zugleich ganz nahe. Der Mensch steht in permanenter Relation zu Gott, mit Wort und Antwort, Frage und Gegenfrage. Er zielt auf sehr konkrete Verantwortung des Menschen, dieser Lieblingsidee Gottes.

Ich versuche dies zu verdeutlichen an Genesis 4,1–2.

Ewwa, die Frau, wird schwanger. Die Mutter gebiert. Ihr kommt die Namensgebung zu. Die Benennung ist Herrschaftsakt, nicht nur für die Dinge und die Tiere, wie Adam dies nach der Schöpfung tat. Aus ihr kommt ein Jubelruf: Seht, einen Mann habe ich erschaffen, ein Kind, das erkennbar ein Mann wird. Das Geburtswunder als ein Schöpfungswunder! Was Gott getan hat, kann ich auch! Mit Gott habe ich dieses Kind zur Welt gebracht. (Da steht Adam draußen und fasst sich ratlos an die Rippe.) Sie ist die Mutter allen Lebens. Sie ist die, die das Schöpfungswunder sichtbar neu vollbringt!

Wer denkt da nicht daran – als Mann –, wie kränkend es ist, daneben stehen zu müssen. Schwängern – und dann zusehen müssen. Im Mann wächst nichts. Er kann sein Ohr an den Bauch halten, und er kann ihn streicheln, aber er bringt kein Leben hervor. Er kann nur den Samen legen, und dann muss er zusehen. Und dann kann er zusehen. Die Frau bringt neues Leben hervor. Das Neugeborene braucht *ihre* Nähe. Der Stolz der Mutter – nun auch noch ein Mutter-Sohn, ein Mutter-Söhnchen –, dieses Motiv kommt immer wieder: bei Rebekka, die Jakob den Segen verschafft, bei Maria, die den Joseph nicht braucht, aber gebraucht. Und als sie schwanger ist, ein Freuden- und Befreiungslied anstimmt: Gott hat mit ihr ein Kind hervorgebracht. Eva jubelt bei der Geburt, Mirjam beim Sieg, Maria bei der

Nachricht, dass in ihrem Leib der Befreier heranwächst. Magnifikat! –

Oder: Wie wenige Worte braucht die Abel-Kain-Geschichte, um alles zu erzählen.

»Und der Herr sah gnädig an Abel und sein Opfer; aber Kain und sein Opfer sah er nicht gnädig an. Da ergrimmte Kain sehr, und senkte finster seinen Blick. Da sprach der Herr zu Kain: Warum ergrimmst du? Und warum senkst du deinen Blick? Ist's nicht also, wenn du rechtschaffen bist, so kannst du frei den Blick erheben. Bist du aber nicht rechtschaffen, so lauert die Sünde vor der Tür, und nach dir hat sie Verlangen; du aber herrsche über sie.« (Genesis 4,4b–7)

Da ist einer nicht mehr Herr im eigenen Hause. Die Verfinsterung beginnt mit dem Herabsehen, mit der Selbstverdunkelung. Nur noch *ein* Gedanke beherrscht ihn: der Neid auf seinen Bruder. Er ist besetzt, besessen. Er will ihn wegräumen, nichts anderes mehr. Und als er ihn getötet hat, wird ihm die Frage gestellt: Wo ist dein Bruder? Und darauf die dreiste, kalte Gegenfrage statt einer Antwort: Soll ich meines Bruders Hüter sein?

Jeder lebt und jeder stirbt für sich allein. Kain weist jede Verantwortung ab. Was geht es mich an, wie es ihm geht. Das ist die ganze Tragik des menschlichen Zusammenlebens. In einer Zeile!

Und dann kommt die Gewissensqual: Der innere Gerichtshof tagt. Tag und Nacht. Freispruch unmöglich. Freiwild für jeden. Schlaflos, ratlos, rastlos, atemlos, aussichtslos nun sein Leben, gewissensumgetrieben muss er nun »unstet und flüchtig« leben. Jeder, der ihn nun sieht, sieht in ihm nur noch den Mörder. Der Täter wird mit seiner Tat identifiziert. Die »Unschuldigen« haben nun einen, auf den sie alles projizieren. Da setzt im Text nicht die (verständliche!) Rache ein, sondern der Mörder wird geschützt. Er soll weiterleben können. Er bekommt ein Kains-Zeichen –

das Zeichen, das ihn schützen soll vor der Rache. Aber er wird verbannt. Er geht hinweg von dem Angesicht des Herrn und baut Städte …

Hilde Domin, die der Verbrennung 1932 entrann und die 1956 nach Deutschland zurückkehrte, schrieb das Gedicht »Abel steh auf«.

Abel steh auf
es muss neu gespielt werden
täglich muss es neu gespielt werden
täglich muss die Antwort noch vor uns sein
die Antwort muss ja sein können
wenn du nicht aufstehst Abel
wie soll die Antwort
diese einzig wichtige Antwort
sich je verändern
wir können alle Kirchen schließen
und alle Gesetzbücher abschaffen
in allen Sprachen der Erde
wenn du nur aufstehst
und es rückgängig machst
die erste falsche Antwort
auf die einzige Frage
auf die es ankommt
steh auf
damit Kain sagt
damit er es sagen kann
Ich bin dein Hüter
Bruder
wie sollte ich nicht dein Hüter sein
Täglich steh auf
damit wir es vor uns haben
dies Ja ich bin hier

ich
dein Bruder
Damit die Kinder Abels
sich nicht mehr fürchten
weil Kain nicht Kain wird
Ich schreibe dies
ich ein Kind Abels
und fürchte mich täglich
vor der Antwort
die Luft in meiner Lunge wird weniger
wie ich auf die Antwort warte
Abel steh auf
damit es anders anfängt
zwischen uns allen.

Wenn einer sagen muss, was ist

Was die Propheten bewegt

Erich Fried setzt auf eindringliche Weise ins Bild, was ein Prophet ist:

Ein Prophet

Dieser Narr
erinnert sich
an die Zukunft

Mit seinem Auge
das verfinstert ist
vor der Nacht

Mit seinem Ohr
das nichts mehr hört
vor dem Schweigen

Mit seinem Hirn
das verbrennt
vor dem Feuer

Mit seinem Schrei

Die großen biblischen Propheten leiden an dem, was sie wissen, spüren, ahnen. Sie leiden an der Verweigerung von Einsicht – Einsicht in das, was lebensbedrohlich und in das, was lebensfreundlich ist.

Das Volk und seine Oberen *wollen* nichts wissen; schließlich sind sie so verblendet, dass sie nichts mehr erkennen. Die Selbstverdummung, die Denkverweigerung, die Hörunfähigkeit wird zum Gericht. »Verstockungsbotschaft« nennt man das, und das hört sich so an:

> Starret hin und werdet bestürzt,
>   seid verblendet und werdet blind!
> Seid trunken, doch nicht vom Wein,
>   taumelt, doch nicht von starkem Getränk!
> Denn der HERR hat über euch
>   einen Geist des tiefen Schlafs ausgegossen
> und eure Augen – die Propheten – zugetan,
>   und eure Häupter – die Seher – hat er verhüllt.
> Darum sind euch alle Offenbarungen wie die Worte
> eines versiegelten Buches, das man einem gibt, der lesen
> kann, und spricht: Lies doch das! und er spricht: »Ich kann
> nicht, denn es ist versiegelt«; oder das man einem gibt, der
> nicht lesen kann, und spricht: Lies doch das! Und er spricht:
> »Ich kann nicht lesen.«

> Und der Herr sprach:
>   Weil dies Volk mir naht mit seinem Munde
>   und mit seinen Lippen mich ehrt,
>   aber ihr Herz fern von mir ist
>   und sie mich fürchten nur nach Menschengeboten,
>   die man sie lehrt,
>   darum will ich auch hinfort mit diesem Volk
>   wunderlich umgehen,
>   aufs wunderlichste und seltsamste,
>   dass die Weisheit seiner Weisen vergehe
>   und der Verstand seiner Klugen sich verbergen müsse.

>   Weh denen, die mit ihrem Plan
>   verborgen sein wollen vor dem HERRN

und mit ihrem Tun im Finstern bleiben
und sprechen: Wer sieht uns, und wer kennt uns?
Wie kehrt ihr alles um!
Als ob der Ton dem Töpfer gleich wäre,
dass das Werk spräche von seinem Meister:
Er hat mich nicht gemacht!
und ein Bildwerk spräche von seinem Bildner:
Er versteht nichts!

Wohlan, es ist noch eine kleine Weile,
so soll der Libanon fruchtbares Land werden,
und was jetzt fruchtbares Land ist,
soll wie ein Wald werden.
Zu der Zeit werden die Tauben hören die Worte
des Buches,
und die Augen der Blinden werden aus
Dunkel und Finsternis sehen;
und die Elenden werden wieder Freude haben
am HERRN,
und die Ärmsten unter den Menschen werden
fröhlich sein in dem Heiligen Israels.
Denn es wird ein Ende haben mit den Tyrannen
und mit den Spöttern aus sein,
und es werden vertilgt werden alle, die darauf
aus sind, Unheil anzurichten,
welche die Leute schuldig sprechen vor Gericht
und stellen dem nach, der sie zurechtweist im Tor,
und beugen durch Lügen das Recht des
Unschuldigen.
Darum spricht der HERR, der Abraham erlöst hat, zum
Hause Jakob:
Jakob soll nicht mehr beschämt dastehen,
und sein Antlitz soll nicht mehr erblassen.
Denn wenn sie sehen werden die Werke meiner

Hände – seine Kinder – in ihrer Mitte,
werden sie meinen Namen heiligen;
sie werden den Heiligen Jakobs heiligen
und den Gott Israels fürchten.
Und die, welche irren in ihrem Geist,
werden Verstand annehmen,
und die, welche murren,
werden sich belehren lassen.
(Jesaja 29,9–24)

Propheten verbrennen sich nicht ihre Zunge – das Wort selbst brennt auf ihrer Zunge. Sie beißen sich nicht auf die Lippen. Sie lassen ihr Wort zu Worte kommen. Propheten brennen. Und sie brennen aus. Was sie sehen, zerreißt sie selbst. Sie sehen mehr, und sie sehen weiter, und sie sehen tiefer. Sie spitzen zu – aber sie übertreiben nicht. Sie nehmen kein Blatt vor den Mund. Sie reden auf eigene Kappe. Man setzt ihnen die Narrenkappe auf. Das soll sie neutralisieren. Sie glauben dem Wort. Das Wort trägt die Wahrheit. Ihr Wort hat Gewicht. Sie geben ihrem Wort Gewicht. Ihre Wortgewalt ist ihr Wort gegen die Gewalt. Sie durchleiden heute schon, was morgen kommt. Sie genießen nicht das Wahrwerden ihrer Unheilsprophezeiung – sie sind keine Zyniker der Wahrheit. Sie stellen sich gegen die Ideologen der Lüge. Sie durchschauen die Verpuppungen der Lügen. Sie stehen im Konflikt mit den Priestern, jenen institutionalisierten und ritualisierenden Angestellten der Religion. Sie leiden an ihrer Gegenwart, aber sie geben die Hoffnung nicht auf.

Ihr Wort erfüllt sich nie ganz; es behält einen Mehrwert, einen Wechsel auf die Zukunft, die jede Gegenwart hinter sich lässt. Sie künden den Frieden. Sie preisen die Gerechtigkeit. Sie geißeln einen faulen Frieden und schreien über Ungerechtigkeit wie über einen Schmerz. Sie werden nicht gehört. Sie werden für das Gehörte geprügelt. Die Menge verschließt sich; alle werden sie verstockt, verschlossen, verbohrt. Die Propheten sehen Gewalt und Krieg heraufziehen. Das Unglück ist für sie gerechte Strafe – und doch ein Unglück, an dem sie leiden. Sie haben keine Lust am Rechthaben, wo sie mit ihrer Unheilsnachricht oder ihrer Unheilsvoraussicht Recht bekommen.

Sie suchen Bilder für Argumente. Was sie sagen, soll einschlagen und einleuchten. Sie denken mit dem Herzen. Sie suchen Legitimation und berufen sich auf ihre Berufung. Ihre Visionen werden ihnen zu Verpflichtungen. Sie geißeln alle Doppelzüngigkeit, alle Äußerlichkeit, alle Flachheit. Es geht ihnen um Umkehr im Denken und Tun, um die Beschneidung der Herzen. Was sie tun, hat symbolischen Wert. Mit ihrem Handeln wollen sie begreiflich machen, was niemand begreifen will.

Worte der Propheten – die Prophetenworte werden mündlich weitergegeben. Sie prägen sich ein. Sie werden kolportiert, verändert, verflacht, in andere, neue Kontexte eingetragen. Sie lösen sich vom Anlass und finden erneut Anlässe. Sie meinen die je Angesprochenen; ihre Worte haben tiefe Resonanzböden. Sie leiden an der Verstockung. Das Nicht-hören-Wollen wird mit Nicht-hören-Können bestraft, das Nicht-sehen-Wollen mit Nicht-sehen-Können. Verklebt ist der Verstand derer, die nicht mehr erkennen können, was auf dem Spiel steht. Sie erleben aggressive Abwehr derer, denen sie die sperrigen Wahrheiten sagen und die sich in trügerischen Sicherheiten wiegen.

Hört zu, ihr tolles Volk,
das keinen Verstand hat,
die da Augen haben und sehen nicht,
Ohren haben und hören nicht!
(Jeremia 5,21)

Es steht greulich
und grässlich im Lande.
Die Propheten weissagen Lüge,
und die Priester herrschen auf eigene Faust,
und mein Volk hat's gern so.
Aber was werdet ihr tun, wenn's damit ein Ende hat?
(Jeremia 5,30–31)

Denn sie gieren alle, klein und groß,
nach unrechtem Gewinn,
und Propheten und Priester gehen alle mit Lüge um
und heilen den Schaden meines Volkes nur
obenhin,
indem sie sagen: »Friede! Friede!«,
und ist doch nicht Friede.
(Jeremia 6,13–14)

So spricht der HERR:
Tretet hin an die Wege und schauet
und fragt nach den Wegen der Vorzeit,
welches der gute Weg sei, und wandelt darin,
so werdet ihr Ruhe finden für eure Seele!
Aber sie sprechen: Wir wollen's nicht tun!
(Jeremia 6,16)

So spricht der HERR Zebaoth:
Halte Nachlese am Rest Israels
wie am Weinstock,
strecke deine Hand immer wieder aus
wie ein Winzer nach den Reben.
(Jeremia 6,9)

Darauf antwortet der Prophet:
»Ach, mit wem soll ich noch reden,

und wem soll ich Zeugnis geben?
Dass doch jemand hören wollte!
Aber ihr Ohr ist unbeschnitten;
sie können's nicht hören.
Siehe, sie halten des HERRN Wort für Spott
und wollen es nicht haben.«
(Jeremia 6,10)

Sie verleugnen den HERRN
und sprechen: »Das tut er nicht;
so übel wird es uns nicht gehen;
Schwert und Hunger werden wir nicht sehen.
Die Propheten sind Schwätzer
und haben Gottes Wort nicht;
es ergehe ihnen selbst so!«
Darum spricht der HERR, der Gott Zebaoth:
Weil ihr solche Reden führt,
siehe, so will ich meine Worte in deinem Munde
zu Feuer machen
und dies Volk zu Brennholz,
dass es verzehrt werde.
(Jeremia 5,12–14)

So spricht der Herr:
Ich habe dich zum Prüfer gesetzt für mein Volk,
dass du seinen Wandel erkennen und prüfen sollst.
(Jeremia 6,27)

Der Blasebalg schnaubte,
das Blei wurde flüssig vom Feuer;
aber das Schmelzen war umsonst,
denn die Bösen sind nicht ausgeschieden.
(Jeremia 6,29)

Denn so spricht der HERR:
Das ganze Land soll wüst werden,
    aber ich will mit ihm doch nicht ganz
    ein Ende machen.
Darum wird das Land betrübt
    und der Himmel droben traurig sein;
denn ich hab's geredet,
    ich hab's beschlossen,
und es soll mich nicht gereuen,
    ich will auch nicht davon ablassen.
(Jeremia 4,27–28)

HERR, deine Augen sehen auf Wahrhaftigkeit.
Du schlägst sie,
    aber sie fühlen's nicht;
du machst fast ein Ende mit ihnen,
    aber sie bessern sich nicht.
Sie haben ein Angesicht, härter als ein Fels,
    und wollen sich nicht bekehren.
(Jeremia 5,3)

Pflügt ein Neues
    und säet nicht unter die Dornen!
(Jeremia 4,3)

Und tut weg die Vorhaut eures Herzens.
(Jeremia 4,4)

Prophet zu sein heißt, rechtzeitig zu sagen, was ist, und zu sagen, was wird, wenn es bleibt, wie es ist. Ein Prophet ist Zeitzeuge mit aller Wahrhaftigkeit und mit allen Konsequenzen. Das Verschwiegene und Verdrängte wird benannt. Die Verstandes- und die Verständnislosigkeit wird aufgedeckt – bei den Führern des Volkes, die zu Verführern werden, und beim Volk, das ein tolles Volk wird, ohne jeden Verstand. Das lässt sich nicht schärfer sagen als so: »Denn sie gieren doch alle, groß und klein, nach unrechtem Gewinn.«

Propheten sehen ihrer Wirkungslosigkeit ins Auge und machen dennoch weiter; eine Resthoffnung auf Wandel behalten sie – deshalb die Nachlese wie am Weinstock. Den bestallten Beschwichtigern, die immer sagen, es ist alles gut, es bleibt alles gut, es wird alles gut, fahren sie in die Parade. Sie legen Oberflächlichkeit und Veräußerlichung bloß. Sie warnen vor den gefährlichen Illusionen, vor denen, die da sagen: »Friede, Friede« – und ist doch kein Friede. Sie warnen vor denen, die da sagen: So übel wird es uns nicht gehen, glaubt nicht den Miesmachern und Unheilspropheten. Propheten sind den Verdächtigern und den Verdächtigungen ausgesetzt als Schwarzseher, Agenten des Feindes, als einzelne Wichtigtuer und unbelehrbare Volksverächter oder Staatsfeinde. Sie haben mit Verhärtung, Uneinsichtigkeit, Gefühl- und Rechtlosigkeit zu rechnen.

Wie schreibt der Prophet? »Sie haben ein Gesicht, härter als ein Fels.« Sie weisen auf das *schon* sichtbare und das *noch* drohende Unheil. Sie schauen sich nicht um. Sie schauen nicht nach links und nicht nach rechts. Sie schauen nicht auf die Oberen und auch nicht auf die Volksstimmung. Sie sagen, was zu sagen ist. Wo nicht vom drohenden Unheil gesprochen wird, kann auch der Hoffnung keine Sprache gegeben werden. Es gibt keine Hoffnung ohne Wahrheit, keine Hoffnung ohne Einsicht, keine Hoffnung ohne Umkehr, keine Hoffnung ohne Gnade, keine Hoffnung ohne Liebe.

Was ist ein Prophet?

Prophet ist einer, der reden muss.

Propheten können nicht anders. Es gibt ein inneres Muss gegen jede äußere Überlebensklugheit. Das Innere kommt aus einer äußersten Erregung, gebündelt in Visionen, die zu Legitimationsquellen werden. Sie leiden unter ihrem Auftrag, die Wirklichkeit ohne Rücksicht aufzudecken.

Die Propheten des alten Bundes sagen die Wahrheit. Aber sie sind keine Wahr-Sager.

Ein Prophet steht stets gegen »die Propheten«.

Das Volk will gern hören, dass alles gut wird. Gutredner werden gut bezahlt und gern gehört.

Das Heil gibt es nicht ohne das Gericht – die schönen Versprechungen sind gefährliche Illusionen. Propheten reden nicht vom Gericht des Gerichts willen, sondern weil sie das Heil und die Heilung im Auge behalten.

Ein Prophet steht als Einzelner immer gegen die Vielen. Der Kongress der Weißwäscher tagt in Permanenz und verurteilt die Propheten in eben derselben Permanenz.

Propheten glauben, dass es Wandlung gibt, selbst wenn sie sie nicht erleben.

Sie misstrauen der Zwangsläufigkeit, weil Zwangsläufigkeit Verantwortung leugnet und Schicksalsgegebenheit behauptet. Das Leben verläuft nicht tragisch, also nicht unausweichlich und vorherbestimmt, sondern in einem Zusammenhang von Tun und Ergehen.

»Bessert euer Leben […], so wird es euch wohl gehen im Lande!«

Propheten stehen für innere Überzeugung, gegen äußere Riten – für das konkrete Tun des Gerechten, gegen die bloße Beschwörung des Guten.

Geistesgeschichtlich gesehen, ist ihr Denken ein Schritt

aus der streng vorgegebenen Norm in die Freiheit des persönlichen Handelns. Es geht nicht bloß um Normbefolgung; es geht um das Wahrnehmen von Verantwortung. Die Propheten vollziehen den Schritt von der Moral zur Ethik. Es geht nicht mehr um das Befolgen eines äußeren Moralkodexes, sondern um die eigene, freie, verantwortliche Tat.

Es sei an einen Propheten und Märtyrer unserer Zeit erinnert, der Prophetenworte als Lebensworte für heute ausgelegt hat, Dietrich Bonhoeffer:

»Gehorsam ohne Freiheit ist Sklaverei, Freiheit ohne Gehorsam ist Willkür. Der Gehorsam bindet die Freiheit, die Freiheit adelt den Gehorsam. Der Gehorsam bindet das Geschöpf an den Schöpfer, die Freiheit stellt das Geschöpf in seiner Ebenbildlichkeit dem Schöpfer gegenüber. Der Gehorsam zeigt dem Menschen, dass er sich sagen lassen muss, was gut ist und was Gott von ihm fordert (Micha 6,8), die Freiheit lässt den Menschen das Gute selbst schaffen. Gehorsam weiß, was gut ist, und tut es, die Freiheit wagt zu handeln und stellt das Urteil über Gut und Böse Gott anheim. Gehorsam folgt blind, Freiheit hat offene Augen. Gehorsam handelt, ohne zu fragen, Freiheit fragt nach dem Sinn. Gehorsam hat gebundene Hände, Freiheit ist schöpferisch. Im Gehorsam befolgt der Mensch den Dekalog Gottes, in der Freiheit schafft der Mensch neue Dekaloge (Luther).

[...]

HERR, du hast mich überredet,
und ich habe mich überreden lassen.
Du bist mir zu stark gewesen
und hast gewonnen. (Jeremia 20,7)

Jeremia hat sich nicht dazu gedrängt, Prophet Gottes zu werden. Er ist zurückgeschaudert, als ihn plötzlich der Ruf traf. Er hat sich gewehrt, er wollte ausweichen – nein, er wollte dieses Gottes Prophet und Zeuge nicht sein – aber auf der Flucht packt ihn, ergreift ihn das Wort, der Ruf. Er kann sich nicht mehr entziehen, es ist um ihn geschehen. Gott hat sein Opfer, oder wie es einmal heißt, der Pfeil des allmächtigen Gottes hat das gehetzte Wild. Jeremia ist sein Prophet.

Von außen her kommt es über den Menschen, nicht aus der Sehnsucht seines Herzens, nicht aus seinen verborgensten Wünschen und Hoffnungen steigt es herauf. Das Wort, das den Menschen stellt, packt, gefangen nimmt, bindet, kommt nicht aus den Tiefen unserer Seele, sondern es ist das fremde, unbekannte, unerwartete, gewalttätige, überwältigende Wort des Herrn, der in seinen Dienst ruft, wen und wann er will. Da hilft kein Widerstreben, sondern da heißt Gottes Antwort: ›Ich kannte dich, ehe ich dich im Mutterleib bereitete, du bist mein. Fürchte dich nicht! Ich bin dein Gott, der dich hält.‹ Und dann ist dies fremde, ferne, unbekannte, gewalttätige Wort auf einmal das uns schon so unheimlich wohlbekannte, unheimlich nahe, überredende, betörende, verführende Wort der Liebe des Herrn, den es nach seinem Geschöpf verlangt.«

Die Propheten entlarven das abergläubische Verhältnis zum Ritus. Wo das Äußere nicht das Innere berührt, wird das Äußere trügerischer Schein, religiöses Blendwerk. Bei ihnen erscheint das, was wir später das Gewissen nennen – die syneidesis – das Wissen mit sich selbst.

Die großen Propheten entgrenzen ihr Denken. Das führt sie weit hinaus, über ein kleines Volk hinaus ins Geschick der Völker. Sie reklamieren den Gott Abrahams, Isaaks und Jakobs, den Gott der Wüstenwanderung und der Landnahme als den Herrn der Völkerwelt. Sie führen ins Universale, was im National-Religiösen befangen war. Sie entlarven die Götzen, die Menschen sich machen, um Menschen zu bedrücken und zu betrügen, bis sie sich selbst betrügen.

Der geistesgeschichtliche Schritt, der Akt der Selbstbefreiung, den die Propheten entschlossen vorantreiben, ist ihr Kampf gegen die Götzen, jene von Menschen gemachten Götter, die Unterwerfung verlangen, im Namen von Menschen. Die Propheten gehen den geistesgeschichtlich entscheidenden Schritt zur Entdämonisierung und zur Delegitimierung der Mächtigen, die ihre Macht mit Götzen, ihren selbstgemachten Göttern, absichern und legitimieren. Ihr theologisches Prinzip: Monotheismus, Universalismus und Bilderlosigkeit.

Weil der Herr der Welt sich nicht »orten« lässt, lässt er sich nicht domestizieren und instrumentalisieren.

Karl Jaspers sieht die alttestamentlichen Propheten als Teil einer weltgeschichtlichen Zäsur. Er nennt die Zeit um 500 v. Chr. die Achsenzeit, und bezieht den Zeitraum zwischen 800 v. Chr. und 200 n. Chr. ein. In seiner Schrift »Vom Ursprung und Ziel der Geschichte« (1955) heißt es:

»Diese Achse der Weltgeschichte scheint nun rund um 500 vor Christus zu liegen, in dem zwischen 800 und 200 stattfindenden geistigen Prozess. Dort liegt der tiefste Einschnitt der Geschichte. Es entstand der Mensch, mit dem wir bis heute leben. [...]

In dieser Zeit drängt sich Außerordentliches zusammen.

In China lebten Konfuzius und Laotse, entstanden alle Richtungen der chinesischen Philosophie, dachten Mo-Ti, Tschuang-Tse, Lie-Tse und ungezählte andere, – in Indien entstanden die Upanischaden, lebte Buddha, wurden alle philosophischen Möglichkeiten bis zur Skepsis und bis zum Materialismus, bis zur Sophistik und zum Nihilismus, wie in China, entwickelt, – in Iran lehrte Zarathustra das fordernde Weltbild des Kampfes zwischen Gut und Böse, – in Palästina traten die Propheten auf von Elias über Jesaias und Jeremias bis zu Deuterojesaias, – Griechenland sah Homer, die Philosophen – Parmenides, Heraklit, Plato – und die Tragiker, Thukydides und Archimedes. Alles, was durch solche Namen nur angedeutet ist, erwuchs in diesen wenigen Jahrhunderten annähernd gleichzeitig in China, in Indien und dem Abendland, ohne dass sie gegenseitig voneinander wussten.

Das Neue dieses Zeitalters ist in allen drei Welten, dass der Mensch sich des Seins im Ganzen, seiner selbst und seiner Grenzen bewusst wird. Er erfährt das Furchtbare der Welt und die eigene Ohnmacht. Er stellt radikale Fragen. Er drängt vor dem Abgrund auf Befreiung und Erlösung. Indem er mit Bewusstsein seine Grenzen erfasst, steckt er sich die höchsten Ziele. Er erfährt die Unbedingtheit in der Tiefe des Selbstseins und in der Klarheit der Transzendenz.«

Karl Jaspers hat die Propheten in einen weltgeschichtlichen geistigen Kontext gestellt und verdeutlicht, wie sehr wir bis heute von dieser Aufbruchszeit zehren: von den alttestamentlichen Propheten, von Homer, den griechischen Tragödiendichtern, von Buddha, Konfuzius und Laotse. Angesichts der Herausforderungen an der Jahrtausendwende hat Hans Küng den Versuch unternommen, daran anzuknüpfen und ein »Weltethos« zu entwerfen, ein geistig-moralisches Rückgrat für eine überlebensfähige Welt, die jetzt erst erkennbar zu der *einen* Welt wird.

Die großen Propheten und ihr Ethos werden geradezu »zukunftskonstitutiv«.

Biblische Prophetie ist ein sehr komplexes Phänomen. Rufer, Gottesmann, Seher – sie alle können subsumiert werden unter dem Wort »Nabi«. Das kann heißen aktiv »der Rufer« oder passiv »der Gerufene«. Ein Nabi ist beides: Rufer und Gerufener, der gerufene Rufer und der berufene Rufer.

Man kann drei große Gruppen unterscheiden: Da sind zunächst die Prophetengeschichten, die sich in den Geschichtsbüchern 1. Samuel bis 2. Könige finden. Über Samuel und Nathan bis zu Micha ben Jimla, Elia und Elisa. Sie stehen in einem engen Kontakt zum Königtum und sind eingewoben in die dramatische Geschichte der Teilung des

Landes in Israel und Juda, in die beiden Zentren Jerusalem und Samaria, verquickt in die jeweiligen politischen und religiösen Auseinandersetzungen, sowohl mit den Großmächten des Nordens und des Südens, wie in Konflikte mit den Herrschaftskulturen und -kulten – vom Tigris und vom Nil.

Sie sind Stützen und Kritiker der Könige zugleich. Könige fragen sie um Rat – oder sie mischen sich ungefragt ein. Mit Lebensrisiko.

Es treten auch Gruppen der Propheten auf, »Söhne der Propheten«. Dies sind zumeist Ekstatiker, die im Rausch Gesichte haben, die von Träumen erfüllt sind, sich in Gruppen organisieren, in denen sie sich methodisch in Ekstase versetzen und darin übersinnliche Fähigkeiten beanspruchen. Aus der Ekstase heraus ergeht ein Wort.

Bei Elia erfahren wir von Konflikten – todbringenden! – zwischen den (Groß-)Gruppen ekstatischer Wahrheitspropheten und dem einzelnen *berufenen* Propheten.

Erstere sind besoldet und künden dem König das Erwünschte (1. Könige 18,19–40); letzterer legt die Finger in die Wunden des Unrechts und lebt lebensgefährlich.

Es geht z.B. um einen Weinberg in der Nähe des Königspalastes (1. Könige 21).

Die Königin organisiert ein Verbrechen gegen den renitenten Weinbergbesitzer Naboth, der dem König seinen Weinberg nicht abtreten will. Und Elia kündigt dem König das Gottesgericht für dieses Unrecht an. Elia muss fliehen und ist dem Umkommen nahe. Wunderliche Prophetensagen erzählen von der Rettung des Propheten.

Daneben gibt es die Seher, die orakelhaft die Zukunft künden, wie der Seher Samuel gegenüber König Saul. Dieser trifft (wie in 1. Samuel 10,5 ff. erzählt wird) – von Samuel kommend – auf eine Schar von Propheten: »Vor ihnen her ertönt Harfe, Handpauke, Flöte und Zither«, während sie selbst in Ekstase sind. Sie bringen sich tanzend in Rausch und benutzen dafür Rauschmittel. Der König selbst lässt sich von dieser Ekstase ergreifen und die Leute fragen: »Ist Saul unter den Propheten?« König Saul kommt nun zu Samuel. Der ist kein Ekstatiker, sondern Analytiker. Er will ihn beraten, nicht betören. Sodann trifft Saul auf die Ekstatiker und lässt sich betören …

Später, nach Samuels Tod, wird König Saul phasenweise hoch depressiv, heitert sich durch Musik auf, fällt in tiefe Verzweiflung, sucht angesichts der Angst vor dem Heer der Philister Zuflucht bei der Hexe in Endor, einer Totenbeschwörerin. Nachdem er weder durch Träume noch durch Propheten Klarheit gewinnt, geht er zu ihr, und sie beschwört den toten Samuel aus dem Totenreich hervor. Dessen Prophezeiung für ihn ist vernichtend.

Diese Geschichte vergegenwärtigt uns das ganze Problem des schillernden Begriffs »Prophet«. Wenn wir in unserer Sprache das Verb bilden, heißt dies »prophezeien«. Und wenn jemand jemandem etwas prophezeit, dann sagt er ihm etwas »voraus«. So wird aus dem Propheten ein Zukunftsvorhersager oder gar ein Zukunftsrauner. Dies kann einerseits der Vorfahre der Zukunfts- und Trendforscher sein und andererseits der Halbbruder von Orakelbefragern, Kaffeesatzlesern, Sterndeutern und Horoskopgläubigen.

Biblische Prophetie spricht von den künftigen Folgen heutigen (Fehl-)Verhaltens, *und* sie eröffnet Perspektiven für die, die keine Zukunft mehr sehen.

Im Zentrum stehen die Schriftpropheten, die drei »großen Propheten«: Jesaja, Jeremia, Hesekiel und – als eine Sonderkategorie, die schon in die Apokalyptik hinüberreicht – der Prophet Daniel. Dazu kommen die »zwölf kleinen Propheten«. Sie *alle* sind Einzelpersönlichkeiten. Wir haben ihre Spruchsammlungen schriftlich vor uns. Sie gehören zu keiner Prophetenorganisation und sind in keine eigenen politischen Aktivitäten verwickelt, außer dass sie mit dem »Wort«

Einspruch erheben. Ihre Worte speisen sich nicht aus Ekstasen, weder bei ihrer Berufung noch beim Finden ihrer Worte. Sie sind bei hellwachem Bewusstsein, sie hören, beobachten, antworten. Sie sehen und spüren genau, was ist und was wird. Im Unterschied zu allen Ekstatikern geben sie ihre Widerfahrnisse selbst wieder; *bei den Ekstatikern können nur immer Dritte deuten*.

Jeder von ihnen ist einer und bleibt einer. Keiner von ihnen hat Massen angesteckt oder bewegt. Jeder hat für sich die Spannungen auszuhalten gehabt, die durch sein Wort zwischen ihm und dem Volk aufbrechen, einem Volk, zu dem sie selber gehören, an dem sie leiden, für das sie hoffen. Sie alle hatten zu ihren Lebzeiten kaum Erfolg. Sie kamen und riefen – und ihr Ruf verhallte. Jeder steht am Ende da, wo er am Anfang stand – und der nächste Prophet muss wieder von vorn anfangen.

Einige Propheten haben ihren Worten Zeichenhandlungen hinzugefügt: So wird dem Jesaja geboten, nackt und barfuss zu gehen (Jesaja 20,2).

Jeremia soll allein bleiben und nicht heiraten; er soll in kein Trauerhaus gehen, weder um zu klagen, noch um zu trösten, aber auch nicht in ein Hochzeitshaus, um zu essen und zu trinken. Es ist Zeit des Gerichts!

Dramatisch wird es bei Hosea, dem der Auftrag erteilt wird, ein Hurenweib zu nehmen und Hurenkinder zu gebären, »denn das Land läuft vom HERRN weg, der Hurerei nach« (Hosea 1,2). Mit der Hure bekommt er drei Kinder; diese bekommen symbolische Namen.

Jeder der Propheten muss selbst in Worte fassen, was er erspäht hat. Jeder tut es in eigener Verantwortung und mit ganz eigener Profilierung. Jeder übernimmt Verantwortung. Keiner von ihnen ist frei von Verzweiflung. Sie bleiben als Berufene stets Angefochtene. Die Ergriffenen sind die Zögernden (Jeremia 1,6ff.) und die Erschrockenen (Amos 3,8). Ihre Widerspenstigkeit muss überwunden werden, und sie werden zu widerspenstigen Empörern gesandt (Hesekiel 2,3 ff.).

Wegen ihrer Botschaft werden sie in die Einsamkeit gestoßen (Jeremia 15,17) und der Verfolgung ausgesetzt (Amos 7,10 ff.; Jeremia 20,10; 36).

Die Propheten haben alles andere als ein stabiles Amts- und Sendungsbewusstsein. Sie sind darauf angewiesen, dass des HERRN Wort sie je und je aufrichtet (Jeremia 15, 19–21) und darauf, dass SEINE Kraft sie erfülle (Micha 3,8).

Sie erheben Anklage. Sie sagen, was gesagt werden muss, was sich aber kaum einer getraut. Die Anklagen gehen in drei Richtungen: soziale, politische und theologische. Die soziale Anklage ist bei Amos und Micha beherrschend. Die politische Anklage besonders bei Jesaja und Jeremia. Die theologische Anklage bezieht sich auf Götzendienst, Vielgötterei und die falsche Sicherheit, die den Menschen besonders durch das bestallte Priestertum eingeredet wird.

Hinzu kommt die Anklage gegen die »falschen Propheten«. Waren die ersten Propheten wesentlich dazu da, das Königtum zu stützen, zu bestätigen und zu beraten, so werden sie mehr und mehr zur wachsamen Instanz, zu Warnern und Zurechtweisern der Könige.

Insbesondere die Schriftpropheten stehen in einer permanenten Gegnerschaft: zum König, zur Priesterkaste, zu den Propheten-Organisationen und zur Menge des Volkes, das die Wahrheit nicht hören will. Sie selbst bilden keine Prophetenparteien und schüren keinen Aufstand. Sie haben den Königen gegenüber nichts einzusetzen als ihr Wort und – wo es nötig wird – ihr Leiden. Ihr Wirken ist in einen genau benennbaren historischen Zusammenhang gestellt (»Im Regierungsjahr des Königs Usia« usf.). Ihre Worte sind historisch geortet, aber sie werden ablösbar vom konkreten Zusammenhang und behalten eine aufdeckende, klärende, mahnende, tröstende Funktion. In jeder Gegenwart sagen sie etwas von dieser Gegenwart und etwas über die Zukunft, die sie schon hinter sich haben und stets wieder vor sich haben. Das konkrete Wort ist zugleich ein prinzipielles, und das prinzipielle ist nur dann ein betreffendes, wenn es auch konkret ist.

Unabhängigkeit und Unbestechlichkeit zeichnet sie aus. Verantwortlich sind sie einzig dem, der sie berufen hat und der sie täglich ruft.

So tritt Micha unmissverständlich den »Häuptern Israels«, also den Sippenältesten entgegen, die die Rechtspflege zu verantworten haben, und ruft ihnen zu:

[…] Höret doch, ihr Häupter im Hause Jakob
und ihr Herren im Hause Israel!
Ihr solltet die sein, die das Recht kennen.
Aber ihr hasset das Gute und liebet das Arge;
ihr schindet ihnen die Haut ab
und das Fleisch von ihren Knochen
und fresset das Fleisch meines Volks.
Und wenn ihr ihnen die Haut abgezogen habt,
zerbrecht ihr ihnen auch die Knochen;
ihr zerlegt es wie in einen Topf
und wie Fleisch in einen Kessel.
Darum, wenn ihr nun zum HERRN schreit,
wird er euch nicht erhören,
sondern wird sein Angesicht vor euch verbergen
zur selben Zeit,
wie ihr mit eurem bösen Treiben verdient habt.
(Micha 3, 1–4)

Dann fährt der Prophet fort und geißelt die falschen Propheten, deren Wahrheiten nur Ausdruck ihrer Bestechlichkeit sind.

So spricht der HERR wider die Propheten,
die mein Volk verführen,

die da predigen, es werde gut gehen,
wenn man ihnen zu fressen gibt;
wer ihnen aber nichts ins Maul gibt,
dem predigen sie, es werde ein Krieg kommen:
»Darum soll euch die Nacht ohne Gesichte sein
und die Finsternis ohne Wahrsagung.«
Die Sonne soll über den Propheten untergehen
und der Tag über ihnen finster werden.
Und die Seher sollen zuschanden
und die Wahrsager zu Spott werden;
sie müssen alle ihren Bart verhüllen,
weil kein Gotteswort dasein wird.
(Micha 3,5–7)

Darauf folgt das selbstbewusste Ich des Propheten:

Ich aber bin voll Kraft, voll Geist des HERRN,
voll Recht und Stärke […]
(Micha 3,8a)

Propheten *müssen* sagen, was sie sagen. Dies hängt mit der Unbedingtheit ihrer Berufung zusammen, am knappsten und eindringlichsten ausgedrückt beim Propheten Amos.

Der Löwe brüllt,
wer sollte sich nicht fürchten?
Gott der HERR redet,
wer sollte nicht Prophet werden?
(Amos 3,8)

Jeremia wehrt sich und sagt: Ich bin zu jung. Jesaja wehrt sich und sagt, ich bin ein Mann unreiner Lippen. Mose wehrt sich und sagt, ich kann nicht reden, und in wessen Namen soll ich denn reden. Wer wird mir glauben? Jeder wird überwunden durch die Stimme des Herrn, die er deutlich hört und der er sich nicht entziehen kann. Ein durch keine Überlebensängste eindämmbares ›Muss‹ wirkt in den Propheten, ein Wahrheitspathos und ein Wahrheitsethos, das geradezu masochistische Züge trägt – am berührendsten, bewegendsten, konsequentesten und eindrücklichsten beim Propheten Jeremia.

Stets sind sie Einzelne, ganz auf sich Gestellte. Und sie sind stets wieder vor die Legitimationsfrage gestellt. Sie spüren den Spott der Menge, die Macht der Mächtigen, die Verführbarkeit durch die Meinungsmacher und die Unfähigkeit *aller* zu hören, was ist und was auf dem Spiel steht.

Jesaja

Beginnen wir mit Jesaja (Kapitel 1–39, dem so genannten ersten Jesaja).

Er ist Prophet und Ratgeber der Könige von Juda. Jesaja erlebte vier Könige, drängte auf Reformen, besaß eine außergewöhnliche poetische Ausdrucksfähigkeit. Er behielt einen pessimistischen Patriotismus und hielt an der Überzeugung fest, dass Rechtschaffenheit letztlich den Sieg davontragen wird. Ungezügelt werden seine Äußerungen über die traditionellen Feinde – die Edomiter. Hauptsorge war ihm die Verderbtheit des eigenen Volkes, der unmäßige Reichtum der Besitzer an Grund und Boden, die Sauferei und Prunksucht, die Arroganz der schönen Frauen. Die grausame Herrschaft der Assyrer sah er als Strafe für den Lebenswandel des eigenen Volkes an. Er erhoffte eine neue Schöpfung und ein neues Davidisches Reich durch den Messias, begründet auf den Rest des Volkes, der nach der Katastrophe übrig bleiben wird – auf den heiligen Rest.

Mein Volk, deine Führer verführen dich
  und verwirren den Weg, den du gehen sollst!
Der HERR steht da zum Gericht
  und ist aufgetreten, sein Volk zu richten.

Der HERR geht ins Gericht mit den Ältesten seines Volks
und mit seinen Fürsten:
Ihr habt den Weinberg abgeweidet,
und was ihr den Armen geraubt, ist in eurem Haus.
Warum zertretet ihr mein Volk
und zerschlagt das Angesicht der Elenden?
spricht Gott, der HERR Zebaoth.
So hat der HERR gesprochen:
Weil die Töchter Zions stolz sind
und gehen mit aufgerecktem Halse,
mit lüsternen Augen,
trippeln daher und tänzeln
und haben kostbare Schuhe an ihren Füßen,
deshalb wird der Herr den Scheitel der Töchter Zions
kahl machen,
und der HERR wird ihre Schläfe entblößen.
Zu der Zeit wird der Herr den Schmuck an den kost-
baren Schuhen wegnehmen und die Stirnbänder, die
Spangen, die Ohrringe, die Armspangen, die Schleier,
die Hauben, die Schrittkettchen, die Gürtel, die Riechfläschchen,
die Amulette, die Fingerringe, die Nasenringe,
die Feierkleider, die Mäntel, die Tücher, die Täschchen,
die Spiegel, die Hemden, die Kopftücher, die Überwürfe.
Und es wird Gestank statt Wohlgeruch sein
und ein Strick statt eines Gürtels
und eine Glatze statt lockigen Haars
und statt des Prachtgewandes ein Sack,
Brandmal statt Schönheit.
Deine Männer werden durchs Schwert fallen
und deine Krieger im Kampf.
Und Zions Tore werden trauern und klagen,
und sie wird leer und einsam auf der Erde sitzen.
(Jesaja 3,12b–26)

Eines der ältesten poetischen Prophetenzeugnisse ist das Weinbergslied:

Mein Freund hatte einen Weinberg
auf einer fetten Höhe.
Und er grub ihn um und entsteinte ihn
und pflanzte darin edle Reben.
Er baute auch einen Turm darin
und grub eine Kelter
und wartete darauf, dass er gute Trauben brächte;
aber er brachte schlechte.
Nun richtet, ihr Bürger zu Jerusalem und ihr Männer Judas,
zwischen mir und meinem Weinberg!
Was sollte man noch mehr tun an meinem Weinberg,
das ich nicht getan habe an ihm?
Warum hat er denn schlechte Trauben gebracht,
während ich darauf wartete, dass er gute brächte?
Wohlan, ich will euch zeigen,
was ich mit meinem Weinberg tun will!
Sein Zaun soll weggenommen werden,
dass er verwüstet werde,
und seine Mauer soll eingerissen werden,
dass er zertreten werde.
Ich will wüst liegen lassen,
dass er nicht beschnitten noch gehackt werde,
sondern Disteln und Dornen darauf wachsen,
und will den Wolken gebieten,
dass sie nicht darauf regnen.
Des HERRN Zebaoth Weinberg aber ist das Haus Israel
und die Männer Judas seine Pflanzung, an der
sein Herz hing.
Er wartete auf Rechtsspruch, siehe, da war Rechtsbruch,
auf Gerechtigkeit, siehe, da war Geschrei
über Schlechtigkeit.
(Jesaja 5,1b–7)

Wie Unrecht und Lüge eine unheilige (Macht-)Allianz eingehen, geißelt der Prophet so:

Weh denen, die das Unrecht herbeiziehen mit Stricken der Lüge
und die Sünde mit Wagenseilen
und sprechen: Er lasse eilends und bald kommen sein Werk,
dass wir's sehen,
es nahe und treffe ein der Ratschluss des Heiligen Israels,
dass wir ihn kennen lernen!
Weh denen, die Böses gut und Gutes böse nennen,
die aus Finsternis Licht und aus Licht Finsternis machen,
die aus sauer süß und aus süß sauer machen!
Weh denen, die weise sind in ihren eigenen Augen
und halten sich selbst für klug!
Weh denen, die Helden sind, Wein zu saufen,
und wackere Männer, Rauschtrank zu mischen,
die den Schuldigen gerecht sprechen für Geschenke
und das Recht nehmen denen, die im Recht sind!
Darum, wie des Feuers Flamme Stroh verzehrt
und Stoppeln vergehen in der Flamme,
so wird ihre Wurzel verfaulen
und ihre Blüte auffliegen wie Staub.
Denn sie verachten die Weisung des HERRN Zebaoth
und lästern die Rede des Heiligen Israels.
(Jesaja 5,18–24)

Der Unheilsbotschaft folgt die Hoffnungsgeschichte:

Und es wird ein Reis hervorgehen aus dem Stamm Isais
und ein Zweig aus seiner Wurzel Frucht bringen.
Auf ihm wird ruhen der Geist des HERRN,
der Geist der Weisheit und des Verstandes,
der Geist des Rates und der Stärke,
der Geist der Erkenntnis und der Furcht des HERRN.

Und Wohlgefallen wird er haben
an der Furcht des HERRN.
Er wird nicht richten nach dem, was seine Augen sehen,
noch Urteil sprechen nach dem, was seine
Ohren hören,
sondern wird mit Gerechtigkeit richten die Armen
und rechtes Urteil sprechen den Elenden im Lande,
und er wird mit dem Stabe seines Mundes den
Gewalttätigen schlagen
und mit dem Odem seiner Lippen den Gottlosen töten.
Gerechtigkeit wird der Gurt seiner Lenden sein
und die Treue der Gurt seiner Hüften.
Da werden die Wölfe bei den Lämmern wohnen
und die Panther bei den Böcken lagern.
Ein kleiner Knabe wird Kälber und junge Löwen
und Mastvieh miteinander treiben.
Kühe und Bären werden zusammen weiden,
dass ihre Jungen beieinander liegen,
und Löwen werden Stroh fressen wie die Rinder.
Und ein Säugling wird spielen am Loch der Otter,
und ein entwöhntes Kind wird seine Hand
stecken in die Höhle der Natter.
Man wird nirgends Sünde tun noch freveln
auf meinem ganzen heiligen Berge;
denn das Land wird voll Erkenntnis des HERRN sein,
wie Wasser das Meer bedeckt.
Und es wird geschehen zu der Zeit,
dass das Reis aus der Wurzel Isais dasteht
als Zeichen für die Völker.
(Jesaja 11,1–10a)

Schroff neben erwärmenden und ermutigenden Zeilen stehen Prophetensprüche, die erschaudern lassen:

Siehe, der HERR macht die Erde leer und wüst
und wirft um, was auf ihr ist,
und zerstreut ihre Bewohner.
Und es geht dem Priester wie dem Volk,
dem Herrn wie dem Knecht,
der Frau wie der Magd,
dem Verkäufer wie dem Käufer,
dem Verleiher wie dem Borger,
dem Gläubiger wie dem Schuldner.
Die Erde wird leer und beraubt sein;
denn der Herr hat solches geredet.
Das Land verdorrt und verwelkt,
der Erdkreis verschmachtet und verwelkt,
die Höchsten des Volks auf Erden verschmachten.
Die Erde ist entweiht von ihren Bewohnern;
denn sie übertreten das Gesetz und ändern die Gebote
und brechen den ewigen Bund.
Darum frisst der Fluch die Erde,
und büßen müssen's, die darauf wohnen.
(Jesaja 24,1–6a)

Priester und Propheten sind toll von starkem Getränk,
sind vom Wein verwirrt.
Sie taumeln von starkem Getränk,
sie sind toll beim Weissagen
und wanken beim Rechtsprechen.
Denn alle Tische sind voll Gespei
und Unflat an allen Orten!
»Wen«, sagen sie, »will der denn Erkenntnis lehren?
Wem will er Offenbarung zu verstehen geben?
Denen, die entwöhnt sind von der Milch,
denen, die von der Brust abgesetzt sind?
Zawlazaw zawlazaw, kawlakaw kawlakaw,
hier ein wenig, da ein wenig!«

Jawohl, Gott wird einmal mit unverständlicher Sprache
    und mit einer fremden Zunge reden zu diesem Volk,
er, der zu ihnen gesagt hat:
    »Das ist die Ruhe; schaffet Ruhe den Müden,
und das ist die Erquickung!«
    Aber sie wollten nicht hören.
Darum soll so auch des HERRN Wort an sie ergehen:
    »Zawlazaw zawlazaw, kawlakaw kawlakaw,
    hier ein wenig, da ein wenig«,
dass sie hingehen und rücklings fallen,
    zerbrochen, verstrickt und gefangen werden.
(Jesaja 28,7–13)

So redet Jesaja in einer Versammlung betrunkener Priester und Propheten!

Aber er belässt es dabei nicht:

Saget den verzagten Herzen:
    Seid getrost, fürchtet euch nicht!
[...]
Dann werden die Augen der Blinden aufgetan
    und die Ohren der Tauben geöffnet werden.
Dann werden die Lahmen springen wie ein Hirsch,
    und die Zunge der Stummen wird frohlocken.
Denn es werden Wasser in der Wüste hervorbrechen
    und Ströme im dürren Lande.
Und wo es zuvor trocken gewesen ist,
    sollen Teiche stehen,
und wo es dürre gewesen ist,
    sollen Brunnquellen sein.
Wo zuvor die Schakale gelegen haben,
    soll Gras und Rohr und Schilf stehen.
Und es wird dort eine Bahn sein,
    die der heilige Weg heißen wird.

Kein Unreiner darf ihn betreten;
nur sie werden auf ihm gehen;
auch die Toren dürfen nicht darauf umherirren.
(Jesaja 35,4–8)

Mit Kapitel 40 beginnt ein neues Prophetenbuch, das auch unter dem Namen »Jesaja« geführt wird. Man nennt die Passagen von Kapitel 40–55 den *Deutero-Jesaja*, den »zweiten«. Worte aus der Zeit um 540 vor Christus.

Es ist das große Trostbuch für die 40 Jahre Exilierten in Babylon über ihren Weg durch die Wüste zurück nach Jerusalem. Dieser Prophet ist der konsequenteste Monotheist und geißelt spöttisch die babylonischen Kulte, mit denen sich Israel zu assimilieren versuchte.

Der HERR, der ewige Gott,
der die Enden der Erde geschaffen hat,
wird nicht müde noch matt,
sein Verstand ist unausforschlich.
Er gibt dem Müden Kraft
und Stärke genug dem Unvermögenden.
Männer werden müde und matt,
und Jünglinge straucheln und fallen;
aber *die auf den HERRN harren, kriegen neue Kraft,*
dass sie auffahren mit Flügeln wie Adler,
dass sie laufen und nicht matt werden,
dass sie wandeln und nicht müde werden.
(Jesaja 40,28b– 31)
Suchet den HERRN, solange er zu finden ist;
rufet ihn an, solange er nahe ist.
Der Gottlose lasse von seinem Wege
und der Übeltäter von seinen Gedanken
und bekehre sich zum HERRN, so wird er sich
seiner erbarmen,

und zu unserm Gott, denn bei ihm ist viel Vergebung.
Denn meine Gedanken sind nicht eure Gedanken,
und eure Wege sind nicht meine Wege, spricht der HERR,
sondern so viel der Himmel höher ist als die Erde,
so sind auch meine Wege höher als eure Wege
und meine Gedanken als eure Gedanken.
Denn gleichwie der Regen und Schnee vom Himmel fällt
und nicht wieder dahin zurückkehrt,
sondern feuchtet die Erde und macht sie fruchtbar
und lässt wachsen, dass sie gibt Samen, zu säen,
und Brot, zu essen,
so soll das Wort, das aus meinem Munde geht, auch sein:
Es wird nicht wieder leer zu mir zurückkommen,
sondern wird tun, was mir gefällt,
und ihm wird gelingen, wozu ich es sende.
Denn ihr sollt in Freuden ausziehen
und im Frieden geleitet werden.
Berge und Hügel sollen vor euch her frohlocken
mit Jauchzen
und alle Bäume auf dem Felde in die Hände klatschen.
Es sollen Zypressen statt Dornen wachsen
und Myrten statt Nesseln.
Und dem HERRN soll es zum Ruhm geschehen
und zum ewigen Zeichen, das nicht vergehen wird.
(Jesaja 55,6–13)

Dem folgt der dritte Prophet, der unter dem Namen Jesaja geführt wird. (*Trito-Jesaja* Kapitel 56–66, entstanden etwa um 500 v. Chr.)

Er wirkte nach der Zeit des Exils, also nach 539, als Kyros das Edikt erlassen hatte, dass die Israeliten aus Babylon zurückkehren können. Die Rückkehrer begannen sofort, die Stadt und den Tempel wieder aufzubauen.

Sein Buch geht wahrscheinlich auf mehrere Verfasser

zurück. Man kann ihn als Schüler des Deutero-Jesaja ansehen, der dem Volk Mut macht und gleichzeitig vor jeder erneuten Veräußerlichung des Ritus warnt.

Wo das Religiöse das Soziale einschließt, ist es erst richtiger »Ritus«.

Das ist aber ein Fasten, an dem ich Gefallen habe:
Lass los, die du mit Unrecht gebunden hast,
lass ledig, auf die du das Joch gelegt hast!
Gib frei, die du bedrückst,
reiß jedes Joch weg!
Brich dem Hungrigen dein Brot,
und die im Elend ohne Obdach sind, führe ins Haus!
Wenn du einen nackt siehst, so kleide ihn,
und entzieh dich nicht deinem Fleisch und Blut!
Dann wird dein Licht hervorbrechen wie die Morgenröte,
und deine Heilung wird schnell voranschreiten,
und deine Gerechtigkeit wird vor dir hergehen,
und die Herrlichkeit des HERRN wird deinen Zug beschließen.
Dann wirst du rufen, und der HERR wird dir antworten.
Wenn du schreist, wird er sagen: Siehe, hier bin ich.
Wenn du in deiner Mitte niemand unterjochst
und nicht mit Fingern zeigst und nicht übel redest,
sondern den Hungrigen dein Herz finden lässt
und den Elenden sättigst,
dann wird dein Licht in der Finsternis aufgehen,
und dein Dunkel wird sein wie der Mittag.
Und der HERR wird dich immerdar führen
und dich sättigen in der Dürre
und dein Gebein stärken.
Und du wirst sein wie ein bewässerter Garten
und wie eine Wasserquelle, der es nie an Wasser fehlt.
Und es soll durch dich wieder aufgebaut werden,

was lange wüst gelegen hat,
und du wirst wieder aufrichten,
was vorzeiten gegründet ward;
und du sollst heißen »Der die Lücken zumauert
und die Wege ausbessert, dass man da wohnen könne«.
(Jesaja 58,6–12)

Solider Ausgleich und Harmonie in und mit der Natur ergeben eine »neue Welt«, in der Glück für alle erlebbar wird:

Denn siehe, ich will einen neuen Himmel
und eine neue Erde schaffen,
dass man der vorigen nicht mehr gedenken
und sie nicht mehr zu Herzen nehmen wird.
Freuet euch und seid fröhlich immerdar
über das, was ich schaffe.
Denn siehe, ich will Jerusalem zur Wonne machen
und sein Volk zur Freude,
und ich will fröhlich sein über Jerusalem
und mich freuen über mein Volk.
Man soll in ihm nicht mehr hören die Stimme des Weinens
noch die Stimme des Klagens.
Es sollen keine Kinder mehr da sein, die nur einige Tage leben,
oder Alte, die ihre Jahre nicht erfüllen,
sondern als Knabe gilt, wer hundert Jahre alt stirbt,
und wer die hundert Jahre nicht erreicht, gilt als verflucht.
Sie werden Häuser bauen und bewohnen,
sie werden Weinberge pflanzen und ihre Früchte essen.
Sie sollen nicht bauen, was ein anderer bewohne,
und nicht pflanzen, was ein anderer esse.

Denn die Tage meines Volks werden sein
wie die Tage eines Baumes,
und ihrer Hände Werk
werden meine Auserwählten genießen.
Sie sollen nicht umsonst arbeiten
und keine Kinder für einen frühen Tod zeugen;
denn sie sind das Geschlecht der Gesegneten des HERRN,
und ihre Nachkommen sind bei ihnen.
Und es soll geschehen: ehe sie rufen, will ich antworten;
wenn sie noch reden, will ich hören.
Wolf und Schaf sollen beieinander weiden;
der Löwe wird Stroh fressen wie das Rind,
aber die Schlange muss Erde fressen.
Sie werden weder Bosheit noch Schaden tun
auf meinem ganzen heiligen Berge,
spricht der HERR.
(Jesaja 65,17–25)

Jeremia

Von ihm und seinem persönlichen Geschick wissen wir nicht nur am meisten, er hat auch die expressivsten Texte hinterlassen. Jeremia wirkte von 627 bis 587 v. Chr. Die schwersten Auseinandersetzungen führt er mit den so genannten falschen Propheten. Jeremia ist oft einsam und unglücklich. Er wird von den Angehörigen des eigenen Volkes angegriffen, körperlich gezüchtigt, in Verliese geworfen, muss sich mehrfach verstecken. Immer wieder versucht er, seinen Auftrag – Prophet für sein Volk zu sein – loszuwerden und *muss* doch reden. Vorbildhaft wurde seine Tempelrede, die den Grundkonflikt zwischen Ritus und Leben, zwischen Religion und Moral offen legt.

»Bessert euer Leben und euer Tun, so will ich bei euch wohnen an diesem Ort.

Verlasst euch nicht auf Lügenworte, wenn sie sagen: Hier ist des HERRN Tempel, hier ist des HERRN Tempel, hier ist des HERRN Tempel! Sondern bessert euer Leben und euer Tun, dass ihr recht handelt einer gegen den andern und keine Gewalt übt gegen Fremdlinge, Waisen und Witwen und nicht unschuldiges Blut vergießt an diesem Ort und nicht andern Göttern nachlauft zu eurem eigenen Schaden […]

Haltet ihr denn dies Haus, das nach meinem Namen genannt ist, für eine Räuberhöhle? Siehe, ich sehe es wohl, spricht der HERR.«

(Jeremia 7,3–6,11)

In einem dramatischen Zwiegespräch wird deutlich, vor welch eine übermenschliche Aufgabe er sich gestellt sieht, die er nur lösen kann, wenn sich sein Gott zu ihm stellt. Und immer wieder möchte er sich davon auch loslösen, so sehr, dass er geradezu sein Dasein verflucht.

Und des HERRN Wort geschah zu mir: Ich kannte dich, ehe ich dich im Mutterleibe bereitete, und sonderte dich aus, ehe du von der Mutter geboren wurdest, und bestellte dich zum Propheten für die Völker. Ich aber sprach: Ach, HERR HERR, ich tauge nicht zu predigen; denn ich bin zu jung. Der HERR sprach aber zu mir: Sage nicht: »Ich bin zu jung«, sondern du sollst gehen, wohin ich dich sende, und predigen alles, was ich dir gebiete. Fürchte dich nicht vor ihnen; denn ich bin bei dir und will dich erretten, spricht der HERR. Und der HERR streckte seine Hand aus und rührte meinen Mund an und sprach zu mir: Siehe, ich lege meine Worte in deinen Mund. Siehe, ich setze dich heute über Völker und Königreiche, dass du ausreißen und einreißen, zerstören und verderben sollst und bauen und pflanzen.

Und es geschah des HERRN Wort zu mir: Jeremia, was siehst du? Ich sprach: Ich sehe einen erwachenden Zweig. Und der HERR sprach zu mir: Du hast recht gesehen; denn ich will wachen über meinem Wort, dass ich's tue.

> Und es geschah des HERRN Wort zum zweitenmal zu mir: Was siehst du? Ich sprach: Ich sehe einen siedenden Kessel überkochen von Norden her. Und der HERR sprach zu mir: Von Norden her wird das Unheil losbrechen über alle, die im Lande wohnen.
> (Jeremia 1,4–14)

Eine Doppelbotschaft ist ihm aufgetragen: Zerstören *und* Bauen, Gerichtsandrohung *und* Heilsversprechen. Er zerbricht daran. Und er wird wieder aufgerichtet.

> Weh mir, meine Mutter, dass du mich geboren hast,
>   gegen den jedermann hadert und streitet im ganzen Lande!
> Hab ich doch weder auf Wucherzinsen ausgeliehen,
>   noch hat man mir geliehen,
>   und doch flucht mir jedermann.
> Ach HERR, du weißt es!
>   Gedenke an mich und nimm dich meiner an
>   und räche mich an meinen Verfolgern!
> Lass mich nicht hinweggerafft werden,
>   während du deinen Zorn über sie noch zurückhältst;
> denn du weißt,
>   dass ich um deinetwillen geschmäht werde.
> *Dein Wort ward meine Speise, sooft ich's empfing,*
>   *und dein Wort ist meines Herzens Freude und Trost;*
> *denn ich bin ja nach deinem Namen genannt,*
>   HERR, *Gott Zebaoth.*
> Ich habe mich nicht zu den Fröhlichen gesellt
>   noch mich mit ihnen gefreut,
> sondern saß einsam, gebeugt vor deiner Hand;
>   denn du hattest mich erfüllt mit Grimm.
> Warum währt doch mein Leiden so lange
>   und sind meine Wunden so schlimm,

dass sie niemand heilen kann?
Du bist mir geworden wie ein trügerischer Born,
der nicht mehr quellen will.
Darum spricht der HERR:
Wenn du dich zu mir hältst, so will ich mich zu dir halten,
und du sollst mein Prediger bleiben.
Und wenn du recht redest und nicht leichtfertig,
so sollst du mein Mund sein.
Sie sollen sich zu dir kehren,
doch du kehre dich nicht zu ihnen!
Denn ich mache dich für dies Volk
zur festen, ehernen Mauer.
Wenn sie auch wider dich streiten,
sollen sie dir doch nichts anhaben;
denn ich bin bei dir, dass ich dir helfe
und dich errette, spricht der HERR,
und ich will dich erretten aus der Hand der Bösen
und erlösen aus der Hand der Tyrannen.
(Jeremia 15,10.15–21)

Mitten in all seinem Elend preist er Gott und hört nicht auf, für sein störrisches Volk, für die Einsicht der Spötter, Verleumder, Lügner und Gewalttäter zu hoffen.

Gesegnet aber ist der Mann, der sich auf den HERRN verlässt
und dessen Zuversicht der HERR ist.
Der ist wie ein Baum, am Wasser gepflanzt,
der seine Wurzeln zum Bach hin streckt.
Denn obgleich die Hitze kommt, fürchtet er sich doch nicht,
sondern seine Blätter bleiben grün;
und er sorgt sich nicht, wenn ein dürres Jahr kommt,

sondern bringt ohne Aufhören Früchte.
Es ist das Herz ein trotzig und verzagt Ding;
wer kann es ergründen?
Ich, der HERR, kann das Herz ergründen
und die Nieren prüfen
und geben einem jeden nach seinem Tun,
nach den Früchten seiner Werke.
Wie ein Vogel, der sich über Eier setzt, die er nicht gelegt hat,
so ist, wer unrecht Gut sammelt;
denn er muss davon, wenn er's am wenigsten denkt,
und muss zuletzt noch Spott dazu haben.
(Jeremia 17,7–11)

Und doch behält er eine Hoffnung: dass der Gott aller Zeit den alten Bund erneuern wird.

Siehe, es kommt die Zeit, spricht der HERR, da will ich mit dem Hause Israel und mit dem Hause Juda einen neuen Bund schließen, nicht wie der Bund gewesen ist, den ich mit ihren Vätern schloss, als ich sie bei der Hand nahm, um sie aus Ägyptenland zu führen, ein Bund, den sie nicht gehalten haben, ob ich gleich ihr Herr war, spricht der HERR;
sondern *das soll der Bund sein, den ich mit dem Hause Israel schließen*
will nach dieser Zeit, spricht der HERR: Ich will mein Gesetz in ihr Herz geben und in ihren Sinn schreiben, und sie sollen mein Volk sein, und ich will ihr Gott sein. Und es wird keiner den andern noch ein Bruder den andern lehren und sagen: »Erkenne den
HERRN«, sondern sie sollen mich alle erkennen, beide, klein und groß, spricht der HERR; denn ich will ihnen ihre Missetat vergeben
und ihrer Sünde nimmermehr gedenken.
(Jeremia 31,31–34)

Es gibt ein gnädiges Vergessen und eine Wandlung, die ins Innerste reicht. Äußere Gebote taugen nicht, wenn sie nicht »ins Herz geschrieben« sind. (Es ist wie mit unserem Land und seinem guten Grundgesetz. Wo es nicht von den Bürger/-innen in tätiger Überzeugung getragen wird, bleibt unsere freiheitliche sozialstaatliche Demokratie auf tönernen Füßen.)

Jeremia gehörte zu den scharfen Kritikern einer Bündnis-Schaukel-Politik zwischen den damaligen rivalisierenden Großmächten. Israel und Juda werden zerrieben – bis es zur Deportation der Jerusalemer Oberschicht nach Babylon (597 v.u.Z.) kommt. Jahrzehnte Exil in Schmach. Jeremia war in Jerusalem verblieben und ist erst 586 in den großen Wirren verschollen.

Sein persönliches Schicksal ist uns unbekannt, aber sein Brief an die Exilierten hat eine große Wirkungsgeschichte – bis heute: keine Verweigerungshaltung im fremden Lande, sondern mutiger Überlebenswillen und Mitwirken am Wohl des Landes in der Fremde.

Dahinter steht die Überzeugung, dass Gott auch in der Fremde da ist und dass es Heimkehr gibt.

So spricht der HERR Zebaoth, der Gott Israels, zu den Weggeführten, die ich von Jerusalem nach Babel habe wegführen lassen: Baut Häuser und wohnt darin; pflanzt Gärten und esst ihre Früchte; nehmt euch Frauen und zeugt Söhne und Töchter; nehmt für eure Söhne Frauen, und gebt eure Töchter Männern, dass sie Söhne und Töchter gebären; mehret euch dort, dass ihr nicht weniger werdet. *Suchet der Stadt Bestes, dahin ich euch habe wegführen lassen, und betet für sie zum HERRN; denn wenn's ihr wohlgeht, so geht's auch euch wohl.*

Denn so spricht der HERR Zebaoth, der Gott Israels: Lasst euch durch die Propheten, die bei euch sind, und durch die Wahrsager nicht betrügen, und hört nicht auf die Träume, die sie träumen! Denn sie weissagen euch Lüge in meinem Namen. Ich habe sie nicht gesandt, spricht der HERR.

Denn so spricht der HERR: Wenn für Babel siebzig Jahre voll sind, so will ich euch heimsuchen und will mein gnädiges Wort an euch erfüllen, dass ich euch wieder an diesen Ort bringe. Denn *ich weiß wohl, was ich für Gedanken über euch habe, spricht der HERR: Gedanken des Friedens und nicht des Leides, dass ich euch gebe das Ende, des ihr wartet.* Und ihr werdet mich anrufen und hingehen und mich bitten, und ich will euch erhören. *Ihr werdet mich suchen und finden; denn wenn ihr mich von ganzem Herzen suchen werdet, so will ich mich von euch finden lassen*, spricht der HERR, und will eure Gefangenschaft wenden und euch sammeln aus allen Völkern und von allen Orten, wohin ich euch verstoßen habe, spricht der HERR, und will euch wieder an diesen Ort bringen, von wo ich euch habe wegführen lassen.

(Jeremia 29,4–14)

Hesekiel

Der Prophet Hesekiel (Ezechiel) gehörte zur ersten Gruppe der Verschleppten – also zur ersten Deportationswelle nach Babylonien 597 vor der Zeitrechnung.

Er kündigt das Gottesgericht über Jerusalem an – was 587/86 geschah. Sodann schlägt seine Prophetie in Heilserwartung um. Zunächst muss er falsche Hoffnungen zerstören: »Dahin ist unsere Hoffnung, es ist aus mit uns.« (Ezechiel 37,11)

Nur zerstreute Totengebeine und Gräber sind übrig geblieben. Aber der Lebensodem Gottes, der mit dem prophetischen Wort zu wehen beginnt, wird die Erstorbenen zu neuem Leben bringen. Diese Vision vom Gräberfeld, auf dem Gott die toten Gebeine zusammensammelt, wird einerseits Vorbild für die christliche Auferstehungshoffnung »Du Menschenkind, meinst du wohl, dass diese Gebeine wieder lebendig werden? Und ich sprach: ›HERR, mein Gott, du weißt es.‹« (Ezechiel 37,3) (Andererseits wurde das hier Beschriebene die grausige Wirklichkeit in den Lagern, in denen deutsch gesprochen wurde. Niemand war da, der die Gebeine sammelte und ihnen neues Leben einhauchte.)

Ezechiel berichtet von seiner dramatischen Berufung. Seine Thronwagenvision sollte für viele Maler Vorbild werden. Aus ihr stammen auch die geläufigen vier Symbole für die Evangelisten, also für den geflügelten Menschen Matthäus, für den Löwen Markus, für den Stier Lukas, für den Adler Johannes. Gleichzeitig symbolisiert dies die vier Himmelsrichtungen.

Die Berufungsgeschichte findet sich in Ezechiel 1,4–2,7. Ezechiel wird zu seinem Volk gesandt, aber sie alle sind »ein Haus des Widerspruchs«. Als Zeichenhandlung muss er die Buchrolle mit Klagen beschreiben und die »Klageschrift« sodann buchstäblich aufessen.

(Von daher stammt unsere Bezeichnung ›In-sich-Hineinfressen‹. Der Auftrag an ihn, wieder abzugeben, was er »Unverdauliches« in sich aufgenommen hat, macht deutlich, dass das, was man in sich hineingefressen hat, auch wieder raus will und raus muss, weil es sonst krank macht.)

Aber du, Menschenkind, höre, was ich dir sage, und widersprich nicht wie das Haus des Widerspruchs. Tu deinen Mund auf und iss, was ich dir geben werde. Und ich sah, und siehe, da war eine Hand gegen mich ausgestreckt, die hielt eine Schriftrolle. Die breitete sie aus vor mir, und sie war außen und innen beschrieben, und darin stand geschrieben Klage, Ach und Weh.

Und er sprach zu mir: Du Menschenkind, iss, was du vor dir hast! Iss diese Schriftrolle und geh hin und rede zum Hause Israel! Da tat ich meinen Mund auf, und er gab mir die Rolle zu essen und sprach zu mir: Du Menschenkind, du musst diese Schriftrolle, die ich dir gebe, in dich hineinessen und deinen Leib damit füllen. Da aß ich sie, und sie war in meinem Mund so süß wie Honig.

Und er sprach zu mir: Du Menschenkind, geh hin zum Hause Israel und verkündige ihnen meine Worte. Denn ich sende dich ja nicht zu einem Volk, das unbekannte Worte und eine fremde Sprache hat, sondern zum Hause Israel, nicht zu vielen Völkern, die unbekannte Worte und eine fremde Sprache haben, deren Worte du nicht verstehen könntest. Und wenn ich dich zu solchen sendete, würden *sie* dich gern hören. Aber das Haus Israel will *dich* nicht hören, denn sie wollen *mich* nicht hören; denn das ganze Haus Israel hat harte Stirnen und verstockte Herzen. Siehe, ich habe dein Angesicht so hart gemacht wie ihr Angesicht und deine Stirn so hart wie ihre Stirn. Ja, ich habe deine Stirn so hart wie einen Diamanten gemacht, der härter ist als ein Kieselstein. Darum fürchte dich nicht, entsetze dich auch nicht vor ihnen; denn sie sind ein Haus des Widerspruchs.

Und er sprach zu mir: Du Menschenkind, alle meine Worte, die ich dir sage, die fasse mit dem Herzen und nimm sie zu Ohren! Und geh hin zu den Weggeführten deines Volks und verkündige ihnen und sprich zu ihnen: »So spricht Gott der HERR!«, sie hören oder lassen es.

(Ezechiel 2,8–3,11)

Das Hirtenmotiv hat Ezechiel auf eindrückliche – und bis heute – weiterwirkende Weise entfaltet. Einerseits übt er scharfe Kritik an den Hirten, die sich selber weiden, und andererseits entfaltet er das Versprechen, dass ER selbst der Hirte sein wird.

Du Menschenkind, weissage gegen die Hirten Israels, weissage und sprich zu ihnen: So spricht Gott der HERR: Wehe den Hirten Israels, die sich selbst weiden! Sollen die Hirten nicht die Herde weiden? Aber ihr esst das Fett und kleidet euch mit der Wolle und schlachtet das Gemästete, aber die Schafe wollt ihr nicht weiden. Das Schwache stärkt ihr nicht, und das Kranke heilt ihr nicht, das Verwundete verbindet ihr nicht, das Verirrte holt ihr nicht zurück und das Verlorene sucht ihr nicht; das Starke aber tretet ihr nieder mit Gewalt. Und meine Schafe sind zerstreut, weil sie keinen Hirten haben, und sind allen wilden Tieren zum Fraß geworden und zerstreut. Sie irren umher auf allen Bergen und auf allen hohen Hügeln und sind über das ganze Land zerstreut, und niemand ist da, der nach ihnen fragt oder auf sie achtet. Darum hört, ihr Hirten, des HERRN Wort! So wahr ich lebe, spricht Gott der HERR: weil meine Schafe zum Raub geworden sind und meine Herde zum Fraß für alle wilden Tiere, weil sie keinen Hirten hatten und meine Hirten nach meiner Herde nicht fragten, sondern die Hirten sich selbst weideten, aber meine Schafe nicht weideten, darum, ihr Hirten, hört des HERRN Wort! So spricht Gott der HERR: Siehe, ich will an die Hirten und will meine Herde von ihren Händen fordern; ich will ein Ende damit machen, dass sie Hirten sind, und sie sollen nicht mehr sich selbst weiden. Ich will meine Schafe erretten aus ihrem Rachen, dass sie sie nicht mehr fressen sollen.

Denn so spricht Gott der HERR: Siehe, ich will mich meiner Herde selbst annehmen und sie suchen. Wie ein Hirte seine Schafe sucht, wenn sie von seiner Herde verirrt sind, so will ich meine Schafe suchen und will sie erretten von allen Orten, wohin sie zerstreut waren zur Zeit, als es trüb und finster war. Ich will sie aus allen Völkern herausführen und aus allen Ländern sammeln und will sie in ihr Land bringen und will sie weiden auf den Bergen Israels, in den Tälern und an allen Plätzen des Landes. Ich will sie auf die beste Weide führen, und auf den hohen Bergen in Israel sollen ihre Auen sein; da werden sie auf guten Auen lagern und fette Weide haben auf den Bergen Israels. Ich selbst will meine Schafe weiden, und ich will sie lagern lassen, spricht Gott der HERR. *Ich will das Verlorene wieder suchen und das Verirrte zurückbringen und das Verwundete verbinden und das Schwache stärken und, was fett und stark ist, behüten; ich will sie weiden, wie es recht ist.*

(Ezechiel 34,1–11.16)

Der Hirte sammelt die Verstreuten. Auch Ezechiel nimmt die Erwartung eines neuen Davids und eines neuen Jerusalem auf – einschließlich Rückführung der in die ganze Welt Verstreuten nach Israel.

Immer, wenn Juden litten und deportiert wurden, haben sie diese Schrift gelesen, – unüberbietbar in der Drastik und Realistik des Schreckens wie in der erwärmenden Hoffnung der Bilder vom neuen Heil.

Für alle großen Propheten ist eine Universalisierung des Handelns Gottes charakteristisch, die die Juden zu einem ganz eigenen Kosmopolitismus führte. Zugleich schärfen die Propheten einen strengen Monotheismus ein, insbesondere der so genannte Deutero-Jesaja (Jes. 40–55). (Nicht zufällig waren viele säkularisierte Juden Kommunisten, die die Welt als *eine Welt* sahen und deshalb alle sozialen, religiösen, kulturellen und rassischen Unterschiede und Barrieren niederreißen wollten.)

»Gott ist Herr der Welt« bedeutet hier nicht den Anspruch der Juden auf andere Völker, sondern bedeutet: Gott nimmt *alles* und *alle* in Anspruch, ist also Herr der Völker und auch Herr über die Völker. Seinen Ausdruck findet dies bei den Propheten in einer Vielzahl so genannter Völkersprüche. Sie richten sich an alle näheren oder ferneren Nachbarn Israels. Auch die gefürchteten Großmächte sind in Gottes Hand – und können zu Gottes Werkzeugen werden – vernichtend oder errettend.

Nebukadnezar kann Vollstrecker des Gerichts über Jerusalem werden, so wie Kyros der Retter sein kann, der das Volk aus der Knechtschaft, aus 40-jährigem babylonischem Exil, zurückziehen lässt.

Die Freude darüber besingt der Psalm: »Wenn der HERR die Gefangenen Zions erlösen wird, so werden wir sein wie die Träumenden. Dann wird unser Mund voll Lachens und unsre Zunge voll Rühmens sein.« (Psalm 126)

Amos

Amos ist Zeitgenosse von Jesaja, lebte also um 700 v. Chr. Er ist Schafzüchter, kommt von unten, gehört nicht zur »führenden Klasse«. Er benutzt bukolische Bilder, um das schreiende Unrecht zur Sprache zu bringen. So vergleicht er z. B. Frauen der vornehmen Gesellschaft mit »fetten Kühen«. Er geißelt Korruption und das Schlemmen der Reichen auf Kosten der Armen. Und wer Menschen schindet, der schändet Gott.

Höret dies Wort, ihr fetten Kühe,
die ihr auf dem Berge Samarias seid
und den Geringen Gewalt antut
und schindet die Armen
und sprecht zu euren Herren:
Bringt her, lasst uns saufen!
(Amos 4,1)

Getrieben ist der Prophet von der Sorge, Gott könnte sich völlig entziehen. So richtet er die Bitte Gottes an sein Volk, Gott zu *suchen*, dann würden sie leben.

Suchet das Gute und nicht das Böse,
auf dass ihr leben könnt,
so wird der HERR, der Gott Zebaoth, bei euch sein,
wie ihr rühmt.
Hasset das Böse und liebet das Gute,
richtet das Recht auf im Tor,
vielleicht wird der HERR, der Gott Zebaoth,
doch gnädig sein denen,
die von Joseph übrigbleiben,
(Amos 5, 14,15)

Den ritualisierten Gottesdienst lehnt Amos – als Mund Gottes – strikt ab:

Ich bin euren Feiertagen gram und verachte sie
    und mag eure Versammlungen nicht riechen.
Tu weg von mir das Geplärr deiner Lieder;
    denn ich mag dein Harfenspiel nicht hören!
Es ströme aber das Recht wie Wasser
    und die Gerechtigkeit wie ein nie versiegender Bach.
(Amos 5,21.23.24)

Das Schlimmste wäre für ihn, wenn Gott sich entzöge und nicht mehr finden ließe:

Siehe, es kommt die Zeit, spricht Gott der HERR,
    dass ich einen Hunger ins Land schicken werde,
nicht einen Hunger nach Brot oder Durst nach Wasser,
    sondern nach dem Wort des HERRN, es zu hören;
dass sie hin und her von einem Meer zum andern,
    von Norden nach Osten laufen
und des HERRN Wort suchen
    und doch nicht finden werden.
(Amos 8,11 f.)

Dies hat unmittelbar mit dem sozialen Verhalten zu tun. Er schärft ein:

Höret dies, die ihr die Armen unterdrückt
    und die Elenden im Lande zugrunde richtet
und sprecht: Wann will denn der Neumond ein Ende haben,
    dass wir Getreide verkaufen,
und der Sabbat,
    dass wir Korn feilhalten können
und das Maß verringern

und den Preis steigern
und die Waage fälschen,
damit wir die Armen um Geld
und die Geringen um ein Paar Schuhe
in unsere Gewalt bringen
und Spreu für Korn verkaufen?
(Amos 8,4–6)

Wer sich vor Augen führt, was internationaler Währungsfonds und Weltbank mit den Armen der Welt heute tun, spürt, wie hochaktuell in einem globalen Sinne geworden ist, was in einem lokalen Kontext – mit scharfem Auge, betrübtem Herzen, wachem Verstand und einer dennoch bleibenden Hoffnung – von Amos ausgesprochen wurde.

Denn Jahwe verspricht:

Zur selben Zeit will ich die zerfallene Hütte Davids
wieder aufrichten
und ihre Risse vermauern
und, was abgebrochen ist, wieder aufrichten
und will sie bauen, wie sie vorzeiten gewesen ist […]
(Amos 9,11)

Micha

Der Prophet Micha – sein Name bedeutet ›Wer ist Jahwe‹ – wirkte zur gleichen Zeit wie Jesaja, also um 700 v. Chr. Das Nordreich, also Jakob/Israel, wurde von den Syrern 733 erobert und Jerusalem 701 von den Assyrern belagert. Auch ihm geht es um den engen Zusammenhang zwischen Ritus und Gerechtigkeit. Bei Micha findet sich die Ursprungsfassung der Friedensvisionen, die auch bei Jesaja überliefert wird (Jesaja 2,2–5).

In den letzten Tagen aber wird der Berg,
darauf des HERRN Haus ist, fest stehen,
höher als alle Berge
und über die Hügel erhaben.
Und die Völker werden herzulaufen,
und viele Heiden werden hingehen und sagen:
Kommt, lasst uns hinauf zum Berge des HERRN gehen
und zum Hause des Gottes Jakobs,
dass er uns lehre seine Wege
und wir in seinen Pfaden wandeln!
Denn von Zion wird Weisung ausgehen
und des HERRN Wort von Jerusalem.
Er wird unter großen Völkern richten
und viele Heiden zurechtweisen in fernen Landen.
Sie werden ihre Schwerter zu Pflugscharen
und ihre Spieße zu Sicheln machen.
Es wird kein Volk wider das andere
das Schwert erheben,
und sie werden hinfort nicht mehr lernen,
Krieg zu führen.
Ein jeder wird unter seinem Weinstock
und Feigenbaum wohnen,
und niemand wird sie schrecken.
Denn der Mund des HERRN Zebaoth hat's geredet.
Ein jedes Volk wandelt im Namen seines Gottes,
aber wir wandeln im Namen des HERRN,
unseres Gottes, immer und ewiglich!
(Micha 4,1–5)

Dieser Hoffnungstext mit konkreter Handlungsrelevanz gehört zum globalen Vermächtnis der prophetischen Tradition. Im allgemeinen Bewusstsein ist *ein* Vers übrig geblieben: »Sie werden ihre Schwerter zu Pflugscharen umschmieden.« Diese Konzentration ist zugleich eine Verkürzung.

Schwerter werden »zu Pflugscharen«: Das wertvolle Eisen

wird nicht mehr benutzt werden, um zu töten, den Boden mit Blut zu tränken, sondern dient dazu, *Brotgetreide* aus der Erde hervorzubringen. Die Konversion soll endgültig sein, der ständige Wechsel von Kriegs- und Friedenszeiten soll aufhören. Und *genauso* sollen die Winzermesser immer Winzermesser bleiben, die den Wein schneiden und nicht zu Spießen geschmiedet werden, um den Feinden in den Leib getrieben zu werden. Brot statt Tod und Wein statt Blut. Brot und Wein werden geheiligt, wo der Friede-Fürst sein SCHALOM-Mahl austeilt, mitten in der Machtwelt des Imperators und Pilatus: »In der Nacht, da er verraten ward, nahm er das Brot [...] nahm er den Wein [...]«

Micha kündet von einer Konversion, die nicht wieder zurückgenommen wird. Dazu gehört unabdingbar, dass die Völker *alle* zusammenkommen, sie gelehrt werden und sich darüber belehren lassen, was es heißt, »auf *seinen* Pfaden zu wandeln«.

Es geht um internationale Rechtsprechung, um das Recht aller! Wenn kein Volk mehr gegen das andere das Schwert erhebt, brauchen auch die Völker keine Angst mehr zu haben; die Angst wird nicht wieder zur Rüstung führen. Sie werden nicht mehr lernen, wie man Krieg führt, sondern lernen, wie man Frieden bewahrt: gemeinsame Sicherheit zu beiderseitigem Vorteil. Kriegshandwerk wird kein seriöses Handwerk mehr sein. Dazu gehört unabdingbar die Gerechtigkeit. Wo jeder unter seinem Weinstock und Feigenbaum wohnt und nicht der eine der Knecht des anderen bleibt! Das wird eine Zeit sein, in der die Angst begraben und dieses Friedenslied gesungen wird.

Es geht um die Hardware und um die Software des Friedens, um den Zusammenhang von Gerechtigkeit und Frieden, von Lehre und Leben. Es geht nicht bloß um die Abwesenheit von Krieg, sondern um SCHALOM – das erfüllte, glückende, gesegnete, gerechte, umfassende Leben.

Das weltgeschichtlich bedeutsame Erbe der prophetischen Tradition lässt sich in diesem Text wiederfinden, nicht zuletzt in seinem universalistischen Grundton, der weder etwas Imperiales noch einen ideologischen oder religiösen Alleinvertretungsanspruch enthält. Wohl aber geht es um eine Verbindlichkeit, in der Schöpfer und Geschöpf und auch die Geschöpfe untereinander mit der Natur im Einklang zu leben lernen. Insofern gehören die traditionell in die Weihnachtsliturgie gestellten Jesaja-Texte in die Friedenstradition als einer messianischen Tradition. Sie haben mit ihrer kräftigen und zarten Poesie, mit ihrem Realitätssinn und ihrem Überschuss zeitübergreifende Faszination:

Das Volk, das im Finstern wandelt,
sieht ein großes Licht,
und über denen, die da wohnen im finstern Lande,
scheint es hell.
Du weckst lauten Jubel,
du machst groß die Freude.
Vor dir wird man sich freuen,
wie man sich freut in der Ernte,
wie man fröhlich ist,
wenn man Beute austeilt.
Denn du hast ihr drückendes Joch,
die Jochstange auf ihrer Schulter
und den Stecken ihres Treibers zerbrochen
wie am Tage Midians.
Denn jeder Stiefel, der mit Gedröhn dahergeht,
und jeder Mantel, durch Blut geschleift,
wird verbrannt und vom Feuer verzehrt.
Denn uns ist ein Kind geboren,
ein Sohn ist uns gegeben,
und die Herrschaft ruht auf seiner Schulter;
und er heißt Wunder-Rat, Gott-Held,

Ewig-Vater, Friede-Fürst;
auf dass seine Herrschaft groß werde und des Friedens kein Ende
auf dem Thron Davids und in seinem Königreich,
dass er's stärke und stütze durch Recht und Gerechtigkeit
von nun an bis in Ewigkeit.
Solches wird tun der Eifer des HERRN *Zebaoth.*
(Jesaja 9,1–6)

Martin Luther klagte 1528 in einem Brief: »Wir mühen uns jetzt ab, die Propheten ins Deutsche zu übersetzen, lieber Gott, welch großes und beschwerliches Werk, die hebräischen Schriftsteller zu zwingen, deutsch zu reden, die sich so sträuben, da sie ihre hebräische Sprache nicht verlassen und die fremde Sprache nachahmen wollen; wie wenn eine Nachtigall gezwungen würde, einem Kuckuck, dessen eintönigen Ruf sie verabscheut, nach zu singen und ihren eigenen lieblichen Gesang aufzugeben.«

Ihm ist diese Nachahmung vortrefflich geglückt.

Klageschreie und Loblieder

Die Psalmen als expressive Poesie

150 Hymnen umfasst die Sammlung, gegliedert in fünf Bücher (so wie die fünf Bücher Mose). »Von David« steht über vielen Psalmen. Dem König wird Dichterisches und ein Sinn für Macht zugeschrieben. Messianische Hoffnung knüpft sich an ihn, an seine Nachkommen und sein Friedensreich. Was Macht aus Menschen macht, lässt sich ebenso an ihm studieren.

Die in hunderten Jahren entstandenen Psalmen sind gesättigt mit Lebenserfahrung – voll individueller und kollektiver Höhen und Tiefen. Verdichtete Sprache, im Kultus angeeignet, führen sie immer wieder in existenzielles Nach- oder Miterleben. Wechsel von Ich-Sprache und Wir-Rede, sich überschlagende Sprache des Lobpreises, des Staunens über die Wunder des Lebens und: de profundis! – aus der Tiefe, aus den Tiefen, den trockenen Zisternen der Seele, aus dem Sumpf der Verzweiflung. Letzte Schreie, übergehend in Bitten, mündend in Vertrauen.

Das Vibrieren der Sprache im Lobpreis. Das Erzittern der Sprache im Elend. Für alles eine Adresse haben. Reden, Anredenkönnen des Unaussprechbaren, des Schöpfers der Welt, des Hirten meines Lebens. Du, schweige doch nicht! Entsinne dich meiner. Lass mich nicht abgleiten, nicht in die Grube fahren. Mein Schutz. Meine Burg. Mein Er-Retter.

Die Anfänge sind An-Rufe voller Expressivität:

– *Herr, hilf, die Heiligen haben abgenommen*

– *Herr, unser Herrscher, wie herrlich ist dein Name*

– *Mein Gott, mein Gott, warum hast du mich verlassen*
– *Der Herr ist mein Hirte*
– *Aus der Tiefe rufe ich.*
– *Der Herr ist mein Licht und mein Heil*
– *Herr, du erforschst mich*
– *Ich habe meine Augen auf*
– *Herr, du bist unsere Zuflucht für und für*
– *Lobe den Herrn, meine Seele.*

»Gebetbuch der Bibel«, sagt man. Gebet – das ist ein domestiziertes Sammelwort für die Existenzsprache des Glaubens, in aller Expressivität. Hier wird Glaube Fleisch und Blut. Hier fängt das Ringen an. Und das gesammelte Staunen. Da hört das Erörtern auf. Hier beginnt die Relation, die Beziehung. Du. Du. Du. Meine Adresse für alles. Filterlos reden. Alles loswerden. Eine Adresse haben für alles, was im Innersten aufs Äußerste bewegt – auch aller Zorn, Hass, alle Destruktion. Verzweiflungsfantasien. Täuschung. Hoffnung und Zuversicht wiederfindend. Alles bekommt Raum und Sprache. Kathartische Wirkung, keine moralische Einschränkung. Wer Feind ist, wird Feind genannt. Und die Seele wünscht ihn in den Abgrund. Und Gott, der Herr selbst, möge SEINE Sache gegen den Ruhmredigen, den Rachgierigen, den Spötter, den Frevler, den Lästerer richten.

Diese Gebete sind Gedichte, die das Unsagbare und Unbegreifliche ins Bild bringen, dem Geheimnis gleichnishaft Sprache geben. Herauslassen, was in mir steckt an überschäumender Freude und herzzerreißendem Schmerz, an Urvertrauen und an Grundzweifel.

Beten – das ist Singen und Flehen, Jauchzen und Jammern, Flüstern und Schreien, Danken und Protestieren.

Du musst nicht Dostojewski, Nietzsche und Benn, Beckett und Camus, Kafka, Kahlau oder Nelly Sachs lesen. Hier findest du schon alles. Kein Thema, das Menschen im

Innersten bewegt, im Äußersten (um)treibt, lässt dieses Buch aus. Selbstsinn und Gotteszweifel. Grundangst und Furcht vor (übermächtigen) Feinden und vor wilden Tieren. Vernichtungsfantasien und Ermordungsängste. Vergeltungsdrang und Vergebungsflehen. Einsam, verlassen und unverstanden sein. Selbstgerechtigkeit und stabiles Feindbild. Hassausbrüche und Liebeserklärungen. Hoffnungslosigkeit und Zukunftsgewissheit. Todesängste und Todessehnsüchte. Umfangen sein und umgarnt sein. Gelassenheit und Geborgenheit. Kindliches Staunen und erwachsene Reflexion. Traumbilder und Wachträume. Stolz und Dankbarkeit. Innerste Zerrissenheit und umfassendes Heilsein. Gerechtigkeits-, Friedens- und Ruhesehnsucht. Urvertrauen und Urängste. Schuldkomplexe und Gnadenglück. Begeisterung über die Sterne, die Töne, die Farben, die Bäume, die Bäche, die Blumen. Und das wunderbare Aufeinander-Abgestimmtsein aller Dinge. Gewissheit, dass es sich lohnt, gut zu sein. *Und* das Leiden an dem, der frevelt und frech mit seinem Glücke glänzt. Jammergesang und Jubelgeschrei. Der Mensch – gehängt zwischen Himmel und Erde. Gott, gibt es dich, für mich? Neben dem groß geschriebenen WARUM das DOCH und das DENNOCH, in dem du durchhältst, indem du an Gott festhältst und dich von Gott festgehalten weißt:

> Wenn mir gleich Leib und Seele verschmachtet,
> so bist du doch, Gott,
> alle Zeit meines Herzens Trost und mein Teil.

Gott ist dennoch Trost für alle, die reines Herzens sind, die der Sinnlosigkeit, der Ungerechtigkeit, der Frevelhaftigkeit widerstehen und widersprechen und *in* allem und *nach* allem sagen: Gott ist so gut zu mir. Im Lande bleiben. Redlich sein. Offen. Nicht da sitzen, wo die Spötter sitzen. Lust daran haben, zu erkennen und zu tun, was recht ist. Gewiss sein, dass ich dann bin wie »ein Baum, an den Wasserbächen gepflanzt«. Nicht verwelken, sondern Frucht tragen, verwurzelt sein, grün sein, schön sein, stark bleiben.

Alles ist Fügung, alles ist gut gefügt, und alles kann aus den Fugen geraten.

Und dennoch:

Er wird dich mit seinen Fittichen decken,
und Zuflucht wirst du haben unter seinen Flügeln.
Seine Wahrheit ist Schirm und Schild,
dass du nicht erschrecken musst vor dem Grauen
der Nacht,
[...]
Denn er hat seinen Engeln befohlen,
dass sie dich behüten auf allen deinen Wegen,
dass sie dich auf den Händen tragen
und du deinen Fuß nicht an einen Stein stoßest.
(Psalm 91, 4.5–11.12)

Die Psalmen liegen vor uns wie ein aufgeblättertes Buch der menschlichen Seele – die himmelwärts erhoben und abgrundtief erschüttert wird, bisweilen mit einer ungeschützten und moralisch nirgends gefilterten Wucht der Empfindung, der Sehnsucht, der Trauer, des Hasses, des Jubels. Sie reflektieren Urerfahrungen, die ins Unterbewusste dringen. Man muss nicht die historische Einzelheit verstehen, man wird im Innersten auf- und angerührt. Diese Texte helfen, Erfahrungen zu verarbeiten. Darin finde ich mich ausgedrückt. (Wird das Kathartische noch erlebbar, wo die Psalmen »christlich gereinigt« werden – also alle Feindverwünschungen getilgt, umgedeutet werden?)

Glauben heißt, sich dem Antlitz Gottes anzuvertrauen in einer Welt von Gewalt, Lüge, Heuchelei, Feindschaft, Gotteslästerung, Selbstüberhebung, Betrug. Gott möge zurechtbringen, was die Übeltäter durcheinanderbringen.

Wer darf Gott nahe sein? Wer Unrecht meidet. (Vergleiche Psalm 15)

> HERR, höre die gerechte Sache,
>   merk auf mein Schreien,
> vernimm mein Gebet,
>   von Lippen, die nicht trügen.
> Sprich du in meiner Sache;
>   deine Augen sehen, was recht ist.
> (Psalm 17,1.2)
> Im Treiben der Menschen bewahre ich mich
> vor gewaltsamen Wegen
>   durch das Wort deiner Lippen.
> (Psalm 17,4)
>   Errette mich […]
> vor den Leuten dieser Welt,
> die ihr Teil haben schon im Leben […]
> Ich aber will schauen dein Antlitz in Gerechtigkeit,
>   ich will satt werden, wenn ich erwache, an deinem
>   Bilde.
> (Psalm 17,13 b–14 a,15)

Diese Gebete sind selber große Literatur und haben das Denken des christlich-jüdischen Umkreises inzwischen 2000 Jahre geprägt. Ihre Entstehung reicht bis in die Zeit vor 3000 Jahren. Andererseits haben die Psalmen Literatur inspiriert, immer wieder und immer neu. Kein poetischer Text der abendländischen Kultur ist so oft übersetzt worden wie die Psalmen.

Wer weiß noch, was Psalm 8, Psalm 23, Psalm 39, Psalm 73, Psalm 85, Psalm 90, Psalm 103, Psalm 104, Psalm 121, Psalm 130, Psalm 139 evoziert?

Wenn du nur 10 Psalmanfänge in dir trägst, kannst du alles sagen, was wichtig ist – arm, wer das nicht mehr weiß.

Die Gebetssprache der Kirche, eine Liturgie, die bereinigt ist von aller Expressivität und Bildhaftigkeit, reduziert sich auf dogmatisch-saubere Hymnologie und summarische Fürbitten. Das Expressive schwindet in dem Maße, wie das Poetische eliminiert wird. Bisweilen mit dem Grund (oder Vorwand) besserer Verständlichkeit. Glaube ohne Poesie ist überhaupt nicht denkbar, weil Poesie das Geheimnis des Lebens selbst zur Sprache bringt. Dogmatik ist zu keiner Poesie fähig. (Dorothee Sölle spricht deshalb von der Theologie als Theopoesie.) Fast alle Psalmen geben eine Seelenbewegung sprachlich wieder. Das Loslösende im Aussprechen wird für den erfahrbar, der die Zeilen in sein Innerstes lässt und darin das Äußerste – zur Sprache gebracht – nachempfindet. Aus Tiefen ist es gekommen, in Tiefen will es reichen und den Beter wieder hoch-bringen.

150 Gebetslieder aus verschiedenen Sammlungen. Eine Ordnung lässt sich nach ganz unterschiedlichen Kriterien finden, ohne dass man einer den Vorzug geben könnte. Es lassen sich ursprüngliche Sammlungen herausfinden, wie David-Psalmen (3–41), elohistische Psalmen, die für Gott den Namen Elohim verwenden (42–83), Lobpsalmen (103 bis 118), Königspsalmen, Wallfahrtspsalmen.

Oder man teilt ein nach Lob- und Klagepsalmen des Einzelnen oder der Gemeinschaft, nach erzählenden und lehrhaft-bekenntnisartigen oder liturgischen Psalmen, nach Vertrauensliedern und Verzweiflungsschreien, Schöpfungs- und Segenspsalmen, Weisheitspsalmen und »Gott ist König«-Preisungen, Zions- und Wallfahrtslieder, Lieder aus liturgischen Sängerfamilien, wie Korah, Asaph und »von David«.

Das Ich des Beters kann durchaus auch ein gemeinschaftliches werden, wie das Wir von einem Einzelnen erfahren wird.

Durchgehend vermitteln die Psalmen eine Erfahrung:

Was »vor Gott« ausgesprochen wird, wird leichter, bis Klage in Lob, Aussichtslosigkeit in Zuversicht, Tränen in Freude, Unbegreiflichkeit in Dankbarkeit, Erregtheit in Gelassenheit, Verfolgungs- und Bedrohungsgefahr in Sicherheits- und Schutzgefühle überwechseln.

Bei vielen Psalmen lässt sich ein Entstehungsanlass rekonstruieren; entscheidend aber bleibt die existenzielle Übertragbarkeit für den Stoßseufzer des Einzelnen: »Ich wäre fast gestrauchelt mit meinen Füßen.« (Psalm 73,2) Und der Jammer des Volkes: »An den Wassern von Babylon saßen wir und weinten.« (Psalm 137) Ganz nahe beieinander liegen Betrübnis und Gewissheit, etwa in Psalm 42/43: »Was betrübst du dich, meine Seele, und bist so unruhig in mir? Harre auf Gott; denn ich werde ihm noch danken, dass er meines Angesichts Hilfe und mein Gott ist.« In allem scheint eines durch: das Vertrauen, dass alles in Ordnung kommt, dass alles dennoch seine gute Ordnung hat, dass der ferne Gott sich umwendet und wieder nahe ist und hilft, dass der Feind unterliegt und der Redliche obsiegt.

Beginnen wir mit Psalm 8:

HERR, unser Herrscher, wie herrlich ist dein Name
in allen Landen,
    der du zeigst deine Hoheit am Himmel!
Aus dem Munde der jungen Kinder und Säuglinge
hast du eine Macht zugerichtet um deiner Feinde willen,
    dass du vertilgest den Feind und den Rachgierigen.
Wenn ich sehe die Himmel, deiner Finger Werk,
    den Mond und die Sterne, die du bereitet hast:
was ist der Mensch, dass du seiner gedenkst
    und des Menschen Kind, dass du dich seiner
    annimmst?
Du hast ihn wenig niedriger gemacht als Gott,
    mit Ehre und Herrlichkeit hast du ihn gekrönt.

Du hast ihn zum Herrn gemacht über deiner Hände Werk,
alles hast du unter seine Füße getan:
Schafe und Rinder allzumal,
dazu auch die wilden Tiere,
die Vögel unter dem Himmel und die Fische im Meer
und alles, was die Meere durchzieht.
HERR, unser Herrscher,
wie herrlich ist dein Name in allen Landen!

Staunen und Verwunderung über die Weite des Firmamentes, über die Winzigkeit und gleichzeitig über die Größe des Menschen. Glanz und Elend seiner Existenz! Am Anfang und am Schluss der Ausruf: »Herr, unser Herrscher, wie herrlich ist dein Name in allen Landen.«

Wer einmal unter dem Firmament stand – am besten fernab aller Zivilisation –, den Himmel gesehen hat, das Staunen über die Lichter der Nacht, diese wunderbare und erschrekkende Unendlichkeit: Da stehst du kleiner Mensch und fragst, wieso interessiert sich Gott angesichts des Universums für die Staubkörnchen am Rande? »Wenig niedriger gemacht als ein Gott« erlebt er sich, wird Concreator in der Welt. Er ist Geschöpf, und er ist Mitschöpfer. Er, der Vergänglichkeit unterworfen, ist doch Herr über andere Schöpfung. Alles ist ihm anvertraut. Er ist Haushalter und Sachwalter der Dinge in der Welt, der Tiere auf der Erde, in der Luft, im Wasser. Von daher kommt das Bild von der »Krone der Schöpfung«, das Missverständnis seines Herrschens als Willkürakt. Es folgte und folgt jegliche Vernichtung. Es geht aber um Haushalterschaft, um Mitgeschöpflichkeit eines Mitschöpfers!

Das Wichtigste: Die Gestirne werden entgöttert. Sie sind geschaffen wie alles Geschaffene. Der Mensch ist ihnen nicht unterworfen. Er kann nur staunen, dass Gott ihn adelt, ihn zu seinem Partner macht. Die Hybris wohnt nicht weit weg. Er überhebt sich an seiner Macht, wird überheblich und verhebt sich, mit Folgen für das ganze Schöpfungsgefüge, den Oikos.

Wie nah und wie fern ist das Pathos dieses Psalms dem Pathos des Sophokles: »Vieles Gewaltige lebt, aber nichts ist gewaltiger als der Mensch!«

Und wie anders das Sturm-und-Drang-Gedicht, das zur ideologischen Schleuder gegen jeglichen Glauben, das Christentum zumal, gebraucht wurde: das goethische Prometheus-Gedicht. Der sich vergottende Mensch, der seine Zauberlehrlingsexistenz verleugnet. (Ganz anders als Goethe, der nicht zufällig diese beiden Gedichte nacheinander drucken ließ.) Herr sein heißt eben nicht (willkürlich) herrschen, sondern Verantwortung tragen für das, was einem anvertraut ist, worüber man Macht hat. Tiefe Ambivalenz. Die Macht muss sich Grenzen setzen. Um des Lebens willen. Klugheit, Weisheit, Besonnenheit. – Maßhalten eben.

Schließlich noch einen Satz zur poetischen Leistung Martin Luthers. Psalm 8 ist ein Beispiel gelungenster Lautmalerei, die den Inhalt unterstützt. »Herr, unser Herrscher, wie herrlich« und fährt fort »dein Name in allen Landen«. Welche Erhabenheit nach dem dreimaligen Herr, herrlich, Herrscher. Markerschütternd, wie J. S. Bach seine Johannes-Passion mit Psalm 8 anheben lässt. Da gibt es doch tatsächlich Religionsdiener, die um der Verständlichkeit willen »in allen Ländern« lesen. (Wenn Protestanten das Sprachgefühl abgeht, sollten sie besser wieder katholisch werden; da gibt es wenigstens Gewänder, Gerüche und eine über jeden Zweifel erhabene Institution Kirche von Rom.)

Gott zur Sprache zu bringen heißt, das Geheimnis der Welt auf eine wundervolle Weise zur Sprache zu bringen, bis in unseren Worten Gott selbst spricht:

Ein Tag sagt's dem andern,
    und eine Nacht tut's kund der andern,

ohne Sprache und ohne Worte;
unhörbar ist ihre Stimme.
Ihr Schall geht aus in alle Lande
und ihr Reden bis an die Enden der Welt.
(Psalm 19,3–5)

Das Beten wird zum »Gespräch meines Herzens vor DIR« (Psalm 19,15).

Dieses Gespräch des Herzens ist von einem so unerschütterlichen wie schmerzhaft erschütterbaren Grundvertrauen geprägt. Dies geht von folgenden Voraussetzungen aus:

– dass Gott selbst zur Sache des gerechten und lauteren Gottesfürchtigen steht, ihn bewahrt, errettet, erhebt, empfängt,
– dass die Frevler zur Rechenschaft gezogen werden im Gericht und schon spüren werden, was sie davon haben; es gibt einen Tun- und Ergehens-Zusammenhang,
– dass Gott hört, zuhört, dass er sich bewegen lässt und selber bewegt ist,
– dass es Vergebung gibt, und weil es Vergebung gibt, gibt es auch glaubwürdigen Neuanfang: »Lobe den Herrn, meine Seele, und vergiss nicht, was er dir Gutes getan hat.«

»So fern der Morgen ist vom Abend, so lässt er unsere Übertretungen von uns sein. So hoch der Himmel über der Erde ist, lässt er seine Gnade walten über denen, die ihn fürchten.« (Psalm 103, 11–12)

Und zugleich jenes schroffe, schier unüberbrückbare Nebeneinander von Psalm 22 und 23.

Psalm 22,1:

Mein Gott, mein Gott, warum hast du mich verlassen?
Ich schreie, aber meine Hilfe ist ferne.

Und Psalm 23,1:

Der Herr ist mein Hirte,
mir wird nichts mangeln.

Kaum ein Text der christlich-abendländischen Geschichte ist so voller Trost und erreicht in seinem Bildreichtum so das Unterbewusste. Die Verse dieses Psalms haben ihre Tragfähigkeit in Jahrhunderten erwiesen. Auch wenn man keine existenzielle Erfahrung mit dem Hirtendasein hat, so gibt es doch eine Ursehnsucht und eine Urerfahrung von Behütung. Der Hirte ist der Behüter des Lebensweges. (Auch die Frage an Kain nach seinem toten Bruder Abel, der ein Hirte war, heißt eigentlich: Soll ich meines Bruders Hirte/Hüter sein?)

Gott selbst wird als der bezeichnet, der durch die Höhen und Tiefen des Lebens, durch die Genuss- und die Durststrecken, durch Licht und Finsternis, durch Angst und Glück hindurchführt. Der Psalm verdichtet dies in poetischen Bildern hoher Faszinationskraft. Dieser Psalm verschweigt (sich) nichts. Es geht um das Geführtsein auch *durch* die Finsternis, nicht um die Bewahrung *vor* der Finsternis, sondern die Bewahrung *in* ihr. Der »Stab« und der »Stecken« deuten das Beschützen und das Zurückdrängen, den Angriff und die Abwehr an. Tisch, Öl und Wein: ein Festmahl. Und der Feind schaut von ferne zu. Nicht der Verfolger ist ihm auf dem Fuße, sondern Gutes und Barmherzigkeit *folgen* mir und gehen mir *voran*. Und ich bleibe in Gott zu Hause. Immerdar. Keine Interpretation vermag einzufangen, was den Zauber dieser Zeilen ausmacht. Alles, was wir heute leib-seelische Einheit nennen – die Urängste und die konkrete Furcht, den Hunger der Seele und den Hunger des Geistes, Orientierung und Orientierungslosigkeit, Tröstung und Trostlosigkeit – sind in sechs Versen eingefangen. Die Seele wird so erquickt, wie der Körper erquickt wird vom frischen Wasser. Der Lebensweg ist eine Straße mit einem Ziel, keine Sackgasse. Mitten in der Finsternis ist nicht die Angst der Begleiter, sondern die Zuversicht. Und dem Vergehenden wird nicht versprochen, dass er nicht vergehen würde, sondern dass »der Bleibende« bei ihm bleibt. Und: Es ist der Einzelne und die Einzelne, nicht die Herde, das Kollektiv, die Volks-Gemeinschaft, »die Kirche«; Glaube bewährt sich am Einzelnen und im Einzelnen. Im Letzten kann uns niemand etwas abnehmen. Auf dein eigenes Zeugnis kommt es an.

So wie der Psalm 23 Bilder findet für Vertrauen und Zuversicht, so findet der Psalm 22 Bilder letzter Angst und Verlorenheit. Abgründe klaffen auf.

Mein Gott, mein Gott, warum hast du mich verlassen?
  Ich schreie, aber meine Hilfe ist ferne.
Mein Gott, des Tages rufe ich, doch antwortest du nicht,
  und des Nachts, doch finde ich keine Ruhe.
  [...]
Unsere Väter hofften auf dich;
  und da sie hofften, halfst du ihnen heraus.
Zu dir schrien sie und wurden errettet,
  sie hofften auf dich und wurden nicht zuschanden.
Ich aber bin ein Wurm und kein Mensch,
  ein Spott der Leute und verachtet vom Volke.
  Alle, die mich sehen, verspotten mich,
    sperren das Maul auf und schütteln den Kopf:
  »Er klage es dem HERRN, der helfe ihm heraus
    und rette ihn, hat er Gefallen an ihm.«
(Psalm 22,2–9)

Auf dich bin ich geworfen von Mutterleib an,
  du bist mein Gott von meiner Mutter Schoß an.
Sei nicht ferne von mir, denn Angst ist nahe;
  denn es ist hier kein Helfer.
(Psalm 22,11.12)
Gewaltige Stiere haben mich umgeben,
  mächtige Büffel haben mich umringt.

Ihren Rachen sperren sie gegen mich auf
  wie ein brüllender und reißender Löwe.
Ich bin ausgeschüttet wie Wasser,
alle meine Knochen haben sich voneinander gelöst;
  mein Herz ist in meinem Leibe
  wie zerschmolzenes Wachs.
Meine Kräfte sind vertrocknet wie eine Scherbe,
und meine Zunge klebt mir am Gaumen,
  und du legst mich in des Todes Staub.
Denn Hunde haben mich umgeben,
und der Bösen Rotte hat mich umringt;
  sie haben meine Hände und Füße durchgraben.
Ich kann alle meine Knochen zählen;
  sie aber schauen zu und sehen auf mich herab.
Sie teilen meine Kleider unter sich
  und werfen das Los um mein Gewand.
Aber du, HERR, sei nicht ferne;
  meine Stärke, eile, mir zu helfen!
Errette meine Seele vom Schwert,
  mein Leben von den Hunden!
Hilf mir aus dem Rachen des Löwen
und vor den Hörnern wilder Stiere –
  du hast mich erhört!
(Psalm 22,13–22)

Wie ließe sich das Elend an Leib und Seele zutreffender und treffender beschreiben als in diesen Bildern? »Das Leid ist der Stachel des Atheismus«, schrieb Georg Büchner. Und dann kommt es zur Wende; weil der Mensch dies alles aussprechen kann, weil er eine Adresse hat, erlebt er den unerwarteten inneren Durchbruch: Du hast mich erhört. Durch Leiden hindurch, aus dem Leiden heraus findet der Beter dadurch, dass er IHM und sich, sich und IHM nichts verschweigt.

Motive dieses Psalms wurden in den Kreuzigungsberichten aufgegriffen. Das »Eli, Eli lama asabtani?«, die durchbohrten Hände und Füße am Kreuz, das Würfeln um das Gewand. Dass der Himmel leer ist und Leid, Sinnlosigkeit und Verzweifelung ohne Adresse sind, bringt der Dichter Dámaso Alonso so ins Bild:

Mensch,
trübsinniger Schrei,
o einsamer und trister
Schwätzer: Sagst du etwas? Hast du etwas
zu sagen? den Menschen oder den Himmeln?
Und ist nicht diese Bitternis
deines Schreis der lastende Alpdruck
des ewigen Monologs, des antwortlosen?

Alonso endet trost-los. Warum? Weil er keinen Dialogpartner findet. Also bleibt er antwortlos.

Ernst Eggimann hingegen sucht eine Richtung:

weil ich dich loben muss
wen loben muss
loben mit welchen worten
wende ich mein gesicht in irgendeiner richtung

wo die autobahn hervorschießt mir entgegen
mekka
wo der ameisenhaufen im benachbarten walde
sonnenaufgang
wo die atombomben gestapelt
golgatha
wo der irre über dich briefe versendet
ganges

wo die kinderschuhe das frauenhaar und die judenasche
jerusalem
wo immer du bist wende ich mein gesicht hin
weil ich dich loben muss wen loben

weil du mir fehlst
überall fehlst bist du überall
und ich rufe laut deinen namen weiter
als das endliche sich ständig ausdehnende gekrümmte all[2]

Die von starken Bildern überquellenden Psalmen lassen sich verstehen, ohne dass man die historischen Einzelheiten kennt. Aber wenn man um die Einzelheiten weiß, erschließt sich noch mehr. Ein Beispiel: Ohne je in Babylon gefangen gewesen zu sein, kann die Seele nachvollziehen, worum es geht. Der Zauber der Worte kann auf eine erlösende Weise einen Menschen ergreifen. 2000 Kilometer von Jerusalem entfernt, 40 Jahre lang ghettoisiert lebt die Oberschicht Jerusalems – während Jerusalem zerstört, entweiht ist: eine Trümmerwüste der Hoffnungslosigkeit. Die Babylonier zwingen die Exilierten zu singen, während sie weinen.

Denn die uns gefangen hielten,
hießen uns dort singen
und in unserm Heulen fröhlich sein:
»Singt uns ein Lied von Zion!«
(Psalm 137,3)

Welch letzte Schmach, welch letzter Hohn.

(Ihre Musik hören sie gern, diese verrohten KZ-Wächter, diese jiddischen Lieder, diese traurige Poesie, diesen hintergründigen Humor, diese unverwechselbare Innigkeit mit betörender Lebensfreude.)

40 Jahre Verbannung – und ein neuer Herrscher kommt. Und die Gefangenen sollten freikommen. Es ist nicht zu

glauben, man kann es nicht glauben, nach 40 Jahren »spes contra spem«.

Und so finden sich in Psalm 126 die Zeilen:

Wenn der HERR die Gefangenen Zions erlösen wird,
so werden wir sein wie die Träumenden.
Dann wird unser Mund voll Lachens
und unsre Zunge voll Rühmens sein.
Dann wird man sagen unter den Heiden:
Der HERR hat Großes an ihnen getan!

Wenn das Wunderbare geschehen wird, dann wird das Lachen von innen und außen kommen, und die anderen – gerade die Unterdrücker – werden sagen, dass Gott sie erlöst hat.

Nun setzt der Psalm auf eine andere, zweite Zeitebene und beschreibt den Vorgang als einen im Moment geschehenen.

Der HERR *hat* Großes an uns getan;
des sind wir fröhlich.
(Psalm 126,3)

Also, das Große ist geschehen, sie sehen es als SEINE Führung und Fügung an und sind einfach fröhlich. Vergessen sind alle Tränen, alle Erniedrigung, alle Beleidigung, alle Sehnsucht, alle Verzweiflung.

Dann kommt in Vers 4 eine ganz andere Perspektive hinzu. Nun wird der Psalm plötzlich aus der Perspektive der Zurückgebliebenen in Jerusalem gesungen, die darauf warten, dass die anderen Jerusalemer aus Babel zurückkehren und sie gemeinsam Jerusalem – die hoch gelobte Stadt – wieder aufbauen.

HERR, bringe zurück unsre Gefangenen,
wie du die Bäche wiederbringst im Südland.
(Psalm 126,4)

So unglaublich es immer wieder ist, dass das völlig ausgedörrte Flussbett wieder voll strömenden, reißenden, lebensspendenden Wassers ist, *so* unwahrscheinlich ist es, dass die

Gefangenen nach 40 Jahren doch noch zurückkehren. Es ist wie das Frühlingserwachen: Plötzlich, nach der langen Dürre, der tristen Verödung, nach einer Zeit sengendster Hitze, des Verdorrens jedes Halmes. »Mittagsland« heißt es: Zenit der Sonne, Südland, Wüstenland.

In den Versen 5 und 6 wird der Wechsel von Freude und Leid beschrieben, anknüpfend an die Erfahrung beim Säen und beim Ernten.

Die mit Tränen säen,
werden mit Freuden ernten.
Sie gehen hin und weinen
und streuen ihren Samen
und kommen mit Freuden
und bringen ihre Garben.
(Psalm 126,5.6)

Mit Tränen des Hungers geben sie ihr letztes *Brot*getreide und lassen es zu *Saat*getreide werden, darauf wartend, dass aus dem Saatgetreide wieder Brotgetreide werde und der Hunger ein Ende habe. Mit Tränen wird gesät und mit Freuden wird geerntet. Unter Tränen wird der Same ausgestreut. Man kommt im innersten Jammer vom Felde und kommt mit größtem Glück wieder zurück. Dazwischen liegen Monate der Geduld und Entbehrung.

Ein Naturbild wird mit einem Geschichtsereignis verglichen. Gleichzeitig sind es Ereignisse, die sich im Innersten des Menschen abspielen. Ein Psalm der allerhöchsten Poesie, der ein Mensch fähig ist. Und die Verse sind doch ganz geerdet.

Die *Erlösung* aus der Gefangenschaft wird zum Ur-Symbol, genauso wie die *Hoffnung* auf diese Erlösung und der lange *Weg* durch die Wüste, ehe es das Land gibt, in dem das Volk wieder sein *Zuhause* findet.

Wer hört da nicht die Vertonung der Psalmverse in Johannes Brahms' »Deutschem Requiem« mit?

Psalm 85 knüpft an die vollzogene Befreiung aus Babel an:

HERR, der du bist vormals gnädig gewesen deinem Lande
und hast erlöst die Gefangenen Jakobs;
der du die Missetat vormals vergeben hast deinem Volk
und alle seine Sünde bedeckt hast.
Der du vormals hast all deinen Zorn fahren lassen
und dich abgewandt von der Glut deines Zorns:
hilf uns, Gott, unser Heiland,
und lass ab von deiner Ungnade über uns!
Willst du denn ewiglich über uns zürnen
und deinen Zorn walten lassen für und für?
Willst du uns denn nicht wieder erquicken,
dass dein Volk sich über dich freuen kann?
HERR, erweise uns deine Gnade
und gib uns dein Heil!
Könnte ich doch hören,
was Gott der HERR redet,
dass er Frieden zusagte seinem Volk und seinen Heiligen,
damit sie nicht in Torheit geraten.
Doch ist ja seine Hilfe nahe denen, die ihn fürchten,
dass in unserm Lande Ehre wohne;
dass Güte und Treue einander begegnen,
Gerechtigkeit und Friede sich küssen;
dass Treue auf der Erde wachse
und Gerechtigkeit vom Himmel schaue;
dass uns auch der HERR Gutes tue;
und unser Land seine Frucht gebe;
dass Gerechtigkeit vor ihm her gehe
und seinen Schritten folge.

Du, sei doch uns *wieder* gnädig und zürne nicht über uns. Und lass uns Lebensfreude wiederfinden.

Und dann beklagt der Beter »Hörunfähigkeit« des Einzelnen und des Volkes, das immer wieder in Torheit gerät. Sodann mündet die Bitte in Zuversicht:

Güte und Barmherzigkeit. Treue und Redlichkeit. Gerechtigkeit und Recht. Friede und Brot. Alles gehört zusammen! Dass das Land nicht nur seine Frucht gibt, sondern dass die Frucht auch in Gerechtigkeit geteilt werde, damit Frieden sei. Eine ganze Gesellschaftstheorie in Form eines poetischen Gebets. Kein Friede ohne Gerechtigkeit. Und keine Gerechtigkeit ohne Frieden.

Wie die ganze Schöpfung durch ihr Dasein den Schöpfer lobt – die Engel, die Gestirne, das Wetter, die Fische und Würmer, die Könige und die Jungfrauen –, erzählt Psalm 148!

Lobet im Himmel den HERRN,
    lobet ihn in der Höhe!
Lobet ihn, alle seine Engel,
    lobet ihn, all sein Heer!
Lobet ihn, Sonne und Mond,
lobet ihn, alle leuchtenden Sterne!
Lobet ihn, ihr Himmel aller Himmel
    und ihr Wasser über dem Himmel!
Die sollen loben den Namen des HERRN;
denn er gebot, da wurden sie geschaffen.
Er lässt sie bestehen für immer und ewig;
    er gab eine Ordnung, die dürfen sie nicht
    überschreiten.
Lobet den HERRN auf Erden,
    ihr großen Fische und alle Tiefen des Meeres,
Feuer, Hagel, Schnee und Nebel,
    Sturmwinde, die sein Wort ausrichten,
ihr Berge und alle Hügel,
    fruchttragende Bäume und alle Zedern,
ihr Tiere und alles Vieh,
    Gewürm und Vögel,
ihr Könige auf Erden und alle Völker,
    Fürsten und alle Richter auf Erden,

Jünglinge und Jungfrauen,
Alte mit den Jungen!
Die sollen loben den Namen des HERRN;
denn sein Name allein ist hoch,
seine Herrlichkeit reicht, so weit Himmel und Erde ist.
Er erhöht die Macht seines Volkes.
Alle seine Heiligen sollen loben,
die Kinder Israel, das Volk, das ihm dient.
(Psalm 148)

In einer selbstverständlichen Weise freut sich die belebte und die unbelebte Natur, sodass Jesaja schreibt: »und alle Bäume auf dem Felde sollen in die Hände klatschen« (Jesaja 55,12). Oder es heißt: »Der Himmel freue sich, und die Erde sei fröhlich.« (Psalm 96,11)

Bert Brecht schreibt als ein Nachgeborener – nach Verdun.

Der Nachgeborene
Ich gestehe es: ich
Habe keine Hoffnung.
Die Blinden reden von einem Ausweg. Ich
Sehe.
Wenn die Irrtümer verbraucht sind
Sitzt als letzter Gesellschafter
Uns das Nichts gegenüber.

Kann man nach allem, was im 20. Jahrhundert geschehen ist, noch so unbefangen fröhlich und hoffnungsvoll das Leben preisen? Entsprechend formuliert er in seinem großen Dankchoral – genüsslich! – eine Negation, abgedruckt in der »Hauspostille«. Brecht hatte schon sehr früh bekannt, dass er gelernt habe »bei Luther in der Lyrik und Pamphlet«.

Den großen Psalm 148 nimmt Brecht in all seinen Elementen negativ auf, bleibt deutlich an seine Vorlage gebunden.

Großer Dankchoral

Lobet die Nacht und die Finsternis, die euch umfangen!
Kommet zuhauf
Schaut in den Himmel hinauf:
Schon ist der Tag euch vergangen.

Lobet das Gras und die Tiere;
die neben euch leben und
sterben!
Sehet, wie ihr
Lebet das Gras und das Tier
Und es muss auch mit euch sterben.

Lobet den Baum, der aus Aas aufwächst jauchzend zum Himmel!
Lobet das Aas
Lobet den Baum, der es fraß
Aber auch lobet den Himmel.

Lobet von Herzen das schlechte Gedächtnis des Himmels!
Und dass er nicht
Weiß euren Nam' noch Gesicht
Niemand weiß, dass ihr noch da seid.

Lobet die Kälte, die Finsternis und das Verderben!
Schauet hinan:
Es kommet nicht auf euch an
Und ihr könnt unbesorgt sterben.

Schließlich sei der Psalm 1 mit zwei literarischen Adaptionen bedacht. Da wird der *rechtschaffene Mensch*, der sich darum sorgt, die Ordnungen der Welt und die Anordnungen Gottes in der Ordnung dieser Welt zu erkennen, ihnen nachzusinnen,

Tag und Nacht, also auf der Suche nach dem »richtigen Weg«, zu bleiben, mit einem *Baum* verglichen, der an einer Wasserquelle steht und nicht verdorrt, während die anderen, die Spötter und Frevler, vertrocknen und verworfen werden.

Wohl dem, der nicht wandelt im Rat der Gottlosen
noch tritt auf den Weg der Sünder
noch sitzt, wo die Spötter sitzen,
sondern hat Lust am Gesetz des HERRN
und sinnt über seinem Gesetz Tag und Nacht!
Der ist wie ein Baum, gepflanzt an den Wasserbächen,
der seine Frucht bringt zu seiner Zeit,
und seine Blätter verwelken nicht.
Und was er macht, das gerät wohl.
Aber so sind die Gottlosen nicht,
sondern wie Spreu, die der Wind verstreut.
Darum bestehen die Gottlosen nicht im Gericht
noch die Sünder in der Gemeinde der Gerechten.
Denn *der HERR kennt den Weg der Gerechten,*
aber der Gottlosen Weg vergeht.

Als sich in meiner kleinen Heimatstadt Werben an der Elbe Leute um einen Brunnen stritten und sich an Luther als Schlichter wandten, schenkte er ihnen eine Bibel, einen wunderschönen alten Folianten, und schrieb eine Widmung hinein (1545): »Ein hart merklich Wort ist das, dass außer Gottes Wort alle Menschenlehre sogar verdammt sind, dass sie heißen der Gottlosen Rat, der Sünder Weg, der Spötter Sitz und Gott nichts von ihnen wissen will. Auch wir sind Spreuen, die der Wind verweht. So doch Rat, Weg, Sitz, schöne herrliche Namen sind und gleißen zur Verführung der Welt. ›Vergeblich dienen sie mir mit Menschengeboten, ihr Herz ist ferne von mir.‹« Ein hart merklich Wort für Leute, die um einen Wasserbrunnen streiten!

Immer wieder hat man versucht, diesen Psalm zu übertragen, und kehrt doch immer wieder zurück zur ursprünglichen Poesie des Textes, mit all seiner Sperrigkeit. Ernesto Cardenals Übertragung ist geradezu bestürzend aktuell.

> Selig der Mensch, der den Parolen der Partei nicht folgt
> und an ihren Versammlungen nicht teilnimmt,
> der nicht mit Gangstern an einem Tisch sitzt
> noch mit Generälen im Kriegsgericht.
> Selig der Mensch, der seinem Bruder nicht nachspioniert
> und seinen Schulkameraden nicht denunziert.
> Selig der Mensch, der nicht liest, was die Börse berichtet,
> und nicht zuhört, was der Werbefunk sagt,
> der ihren Schlagworten misstraut.
> Er wird sein wie ein Baum, gepflanzt an einer Quelle.

Arnold Stadler, ein Büchnerpreisträger, hat im Inselverlag eine Psalmübertragung herausgebracht und sie bereits in sechster Auflage verkauft. Sie trägt den Titel: »Die Menschen lügen. Alle.«

> Wunderbar der Mann,
> der nicht aufs Volk hört,
> den Leuten nicht nach dem Maul redet
> und am Stammtisch bei denen herumsitzt,
> die immer alles besser wissen.
> Das ist ein Mann, der nichts als Freude hat
> am Herrn, der ihm den Weg weist,
> Tag und Nacht.
>
> Er wird ein Baum sein,
> direkt am Wasser.
> Er wird zur rechten Zeit seine Früchte
> tragen.

Seine Blätter werden nicht welken.
Wo er steht, steht's gut um ihn.

Dagegen die Vergeblichen:
Sie sind nichts als Spreu,
vom Wind verweht.
Daher werden die Abwegigen nicht stehen
in der Reihe der Aufrechten, beim Gerichtstermin,
von wegen jene, die ganz abgekommen sind,
wenn Richttag ist.
Denn den Weg der Aufrechten richtet
und weist der Herr,
der Weg der Verirrten hingegen
führt von selbst zum Abgrund.[3]

Stadler hat Umschreibungen für die sperrigen Worte »Gottlose« und »Sünder« gefunden. Er nennt sie die Vergeblichen, die Abwegigen, die Verirrten. Seine Übertragung kommt dem Geist des Psalms sehr nahe und hat nicht den anbiedernden Ton, den viele Gebrauchslyrik im protestantischen Raum der letzten 30 Jahre anwehte.

»Nachtherbergen für die Wegwunden« nannte Nelly Sachs die Psalmen. Es lohnt sich, die Herbergen aufzusuchen, auch heute.

Epilog nach dem 11. September 2001

Die Psalmen sind voll von archaischem Denken. Als ich im Sommer 2001 den ganzen Psalter gelesen hatte, war ich einerseits erschüttert und erschlagen von der Expressivität und der poetischen Kraft dieses Buches. Er spielt all das durch, was die Seele eines Menschen durchmacht, der seine Seele nicht getötet hat. Und zugleich durchweht diese Psalmen ein Schema von Gerechten und Ungerechten, Frommen und Sündern, Friedlichen und Lügnern, Gottlosen und

Gerechten. Der Rachewunsch gegenüber den Feinden tritt unverblümt, unvermittelt und unzensiert hervor, meistens so, dass die eigenen Feinde die Feinde Gottes sind und Gott sie möglichst vernichten möge, sodass dann die eigenen Vernichtungswünsche, mit höchster Autorität versehen, auch selber im Namen Gottes ausgeführt werden können. Ein archaisches Denken, über das inzwischen – nach etwa 3000 Jahren – ein bisschen zivilisatorisch-christlicher Firnis gezogen ist. Nicht mehr.

Nach dem 11. September 2001 wird deutlich, wie stark dieses Gut-Böse-Schema die Welt durch eine fanatische Terrortat wieder auf dieses Schema gebracht hat, dem auch der mächtigste Mann der Welt mit seinem texanischen Welthorizont und seiner bigotten Frömmigkeit frönt. »Ausräuchern« will er die Feinde, einen »Kreuzzug« führen, die gerechte Sache zu Ende führen. Schließlich geht es gegen die »Achse des Bösen«.

Einen beträchtlichen Teil der Psalmen kann der texanische Jäger auf seine Mühlen schütten:

Du bringst die Lügner um;
dem HERRN sind ein Greuel die Blutgierigen und Falschen.
(Psalm 5,7)

Es sollen alle meine Feinde zuschanden werden und sehr erschrecken;
sie sollen umkehren und zuschanden werden plötzlich.
(Psalm 6,11)

Doch sich selber hat er tödliche Waffen gerüstet
und feurige Pfeile bereitet.
Siehe, er hat Böses im Sinn,
mit Unrecht ist er schwanger und wird Lüge gebären.

Er hat eine Grube gegraben und ausgehöhlt –
und ist in die Grube gefallen, die er gemacht hat.
Sein Unrecht wird auf seinen Kopf kommen
und sein Frevel auf seinen Scheitel fallen.
(Psalm 7,14ff.)

Wer denkt da nicht unmittelbar an Kandahar und Osama Bin Laden?

HERR, führe meine Sache wider meine Widersacher,
bekämpfe, die mich bekämpfen!
Unversehens soll ihn Unheil überfallen;
sein Netz, das er gestellt hat, fange ihn selber,
zum eigenen Unheil stürze er hinein.
(Psalm 35,1.8)
Sein Mund ist voll Fluchens, voll Lug und Trug;
seine Zunge richtet Mühsal und Unheil an.
Er sitzt und lauert in den Höfen [...]
Er lauert im Verborgenen wie ein Löwe im Dickicht.
(Psalm 10,7.9)
Ich will meinen Feinden nachjagen und sie ergreifen
und nicht umkehren, bis ich sie umgebracht habe.
Ich will sie zerschmettern, dass sie nicht mehr aufstehen können;
sie müssen unter meine Füße fallen.
[...]
Du treibst meine Feinde in die Flucht,
dass ich vernichte, die mich hassen.
[...]
Ich will sie zerstoßen zu Staub vor dem Winde,
ich werfe sie weg wie Unrat auf die Gassen.
(Vergleiche Psalm 18,38–43)

Hinter solchen Wünschen verbirgt sich das Gefühl eigener Schwäche, das Erlebnis, auf der Seite der Unterlegenen zu sein – und die Sehnsucht nach dem Eingreifen Gottes auf der Seite dessen, der glaubt, dass ER der Herr ist: für die Armen, ein Schutz in der Zeit der Not, ein Fels, eine Burg, ein Erretter, Berg meines Heils, die Lebenskraft schlechthin.

ER, der Richter über alle Völker, möge für Recht sorgen und sich dem Einzelnen in seiner Not zuwenden:

Herr, sei mir gnädig, denn ich bin schwach;
heile mich, HERR, denn meine Gebeine sind erschrocken
und meine Seele ist sehr erschrocken.
Ach du, HERR, wie lange!
(Psalm 6,3–4)

Das Schema ist klar: Der Gerechte steht bei dem Herrn der Gerechtigkeit, und auf der anderen Seite finden sich die Übeltäter. Genau dieses Denken hat Jesus mit seinen Grenzüberschreitungen und mit der Abwehr aller Selbstgerechtigkeit überwunden. Für dieses Werk der Versöhnung ist er genauso gekreuzigt worden, wie Paulus der Prozess gemacht wurde, weil er sich weigerte, sich den vorgegebenen Schlachtordnungen unterzuordnen. »Uns ist gegeben das Amt, das die Versöhnung predigt«, schreibt Paulus im 2. Brief an die Korinther. Erfahrene Versöhnung wird zur selber praktizierten – oder sie bleibt ein religiöser Raub.

Es gibt durchaus einen kathartischen Effekt des Hassgebets – sofern es reinigt vom Destruktiven und *nicht* zur Vorbereitung und Munitionierung von neuem Hass oder praktisch ausgeübter Vernichtung wird.

Die Sinnspitze der Psalmen für Konfliktbereinigung liegt indes in der Bitte, dass »Gerechtigkeit und Friede sich küssen« (Psalm 85,11 b).

Am Anfang der Stall, am Ende der Galgen

Der Lebensweg eines Wanderpredigers

Das Kind Jesus ist populär. Wegen Weihnachten. Krippenidylle. Hirtenromantik. Königlicher Besuch beim »holden Knaben im lockigen Haar«.

Was wäre Deutschland ohne Weihnachten, ohne deutsche Weihnachten. Und ohne die drei Weisen aus dem Morgenlande gäb's zum Heiligen Abend keine Geschenke, wer auch immer geboren wäre. Aber die drei *Weisen* gab es nicht, schon gar nicht *drei*. Was da erzählt wird, stimmt nicht. Aber es hat eine Wahrheit. Eine Geschichte, tausendfach ausgeschmückt, spricht zu uns, regt alle Fantasie an, hat guten Sinn, lieber Kaspar, lieber Melchior, lieber Balthasar. Doch *erst* die armen Hirten, *dann* ihr reichen Herren!

Zwei Geschichten, ein Kind. Bei Matthäus keine Hirten, bei Lukas keine Weisen, bei Markus kommt gar niemand. Und Johannes wird ganz abstrakt. »Am Anfang war das Wort. Und das Wort wurde Mensch.« Auch dem Apostel Paulus, der das Christentum nach ganz Europa brachte, scheint man nichts von Weihnachten in Bethlehem erzählt zu haben. So wichtig theologisch Karfreitag, Ostern und Pfingsten sein mögen – was wäre unser Christentum ohne die Weihnachtsidylle? Die Botschaft und das Geschick des Jesus aus Nazareth hängen eng zusammen. Er wurde von einem Verkündiger zu einem Verkündigten.

Später wird auch von einem Wanderprediger erzählt, einem im Kloster geläuterten Zimmermannssohn ohne jede philosophische Bildung, einem Wunderrabbi, der für seinen Anspruch, »der Menschensohn« zu sein, zum Tode verurteilt wird. In einem Komplott zwischen den Juden und der römischen Besatzungsmacht geht er zugrunde. Wenn es um den Bergprediger geht, gar um den, der ganze Hingabe erwartet, eine Nachfolge, die das Leben kosten kann, werden es schon bedeutend weniger, die etwas von ihm wissen wollen.

Das lässt sich nicht verrummeln und nicht verrubeln:

Geht und verkündet:
Nahe ist das Reich der Himmel.
Heilt – die Kranken.
Weckt – die Toten auf.
Reinigt – die Aussätzigen.
Jagt die Geister davon.
Ihr seid Schafe
und ich schicke euch unter die Wölfe.
Nein, fürchtet sie nicht!
Entdeckt werden wird: das Versteck.
Bekannt werden wird:
das Geheimnis
Was ich in der Dunkelheit sage,
zu euch, sagt es am hellen Tag
und schreit, was euch ins Ohr geflüstert wurde
herab von den Dächern.
(So aufgeschrieben in der Aussendungsrede Matthäus 10.)

Am Anfang ein Stall; am Ende ein Galgen.

Aber es ist nicht zu Ende mit ihm. Diese Aussendungsrede versteht nur, wer sich anreden läßt. Ja, ihr seid gemeint! Kirchensteuern zahlen ist ja nicht schlecht, aber das ist es nicht. Ihr seid es und seid es nicht, die den Ruf hören. Widersteht und widersprecht und vertraut! *Vor* dem Imperativ steht bei Jesus immer ein Indikativ. Bei ihm jedenfalls steht vor jedem Sollen ein Sein: du bist geliebt. Also liebe! Macht es wirklich einen Unterschied, ob es heißt »Du sollst, denn du kannst«, oder ob es heißt »Du kannst, denn du sollst«? Alles, was er sagt, lässt sich auf *eine* Lebensmaxime reduzieren: Gott ist dir gut. Trotz allem. Gott liebt diese Welt. Trotz allem. Jesus ist der Gutmensch schlechthin, der das Böse kennt und überwindet. Er lebt auf das Reich Gottes hin, in Frieden und Gerechtigkeit.

»Mein Jesus«, sage ich zuerst. Ich verhalte mich zu ihm. Ich habe meine Geschichte mit ihm, von seiner Geschichte hörend über den garstigen Graben der Geschichte hinweg, übertönt von kirchlichen Überlieferungen und Konzilien, im Hall von Domen, über den Scheiterhaufen der Ketzer, unter den Leuchtfeuern der Hoffnung, bezaubert von der Klarheit und Einfachheit seiner Worte.

Jesus nehme ich so wörtlich wie möglich. Ich nehme seine Worte beim Wort. Ich erprobe ihre Tragfähigkeit. Dabei versinke ich und tauche wieder auf. Ich bleibe leer, und ich werde ganz erfüllt. Ich finde Jesus wunderbar naiv und bestürzend hellsichtig. Er zeigt mir die Welt. Er kann so gut zeigen, was ich übersehe, nicht sehen kann, nicht sehen will.

Viele Gesichter hat er für mich, schon im Neuen Testament, dann übermalt und übertüncht von den Jahrhunderten. Viele Sichtweisen finden sich auf seinem Bild, Interpretationen, auch Missverständnisse, gewollte, damit er sich besser einfüge. Ihn zu verstehen hieße ja, die Welt nicht so lassen zu können, wie sie ist. In den Missverständnissen seiner ersten Anhänger entdecke ich meine eigenen Missverständnisse. Mein Nicht-Verstehen-Wollen führt zu einem Nicht-Verstehen-Können.

Hinter den vielen Gesichtern wird für mich immer wieder das Antlitz dessen sichtbar, den er »Vater« nannte. Ich habe es nun aufgegeben, alle Schichten zu unterscheiden, alle Bilder nebeneinander zu ordnen, alle Stile zu bewerten.

Theologie als Sezierwissenschaft hat mich immer mehr

verwirrt, je mehr sie freigelegt und geordnet hat. Ich versuche, das Verschiedene zusammen zu sehen. Ich prüfe, ob aus dem Vielen nicht doch noch ein Ganzes wird. Immer wieder hebt sich mir anderes hervor. So begleitet Jesus meine Lebensgeschichte. Natürlich ist er mir bisweilen auch ganz gleichgültig. Unentbehrlich ist er mir geworden beim Erkennen der »Zeichen der Zeit«, der Zeichen meiner Zeit.

Scheitern können, ohne verzweifeln zu müssen! Das ist es, was mich an ihm besticht in einer Zeit, da die Schatten lang werden. Ich akzeptiere, dass andere anderes an ihm hervorheben, auch weil sie die Welt – durch ihn! – anders sehen. In allem sehe ich Annäherungsversuche. Irrtümer und Irrwege sind nicht ausgeschlossen, auch nicht in der Bibel. Die Unterscheidungen und Unterschiede rechtfertigen indes die kirchlichen Spaltungen nicht, finde ich. Vielbedeutend ist er für mich in dem, was er für mich ist und in dem, was er mir sagt. Vielbedeutend, aber nicht mehrdeutig. Jesus wird umstritten bleiben. Es wäre geradezu schlimm um uns, wenn es ruhig um ihn würde. Aber streiten um ihn heißt streiten wie er. Sonst geht es nicht mehr um *ihn*.

Ob ich ihn vor mir habe, erkenne ich an einer Geste, die für mich seine Grundgeste ist: an der geöffneten Hand, an den ausgebreiteten Armen mit den durchbohrten Händen, inmitten der Faust-Welt. Sein Lehren wird einladend, sein Drohen besänftigend, sein Erheben segnend, sein Austeilen sättigend, seine Berührung heilend, sein Zupacken aufhebend, sein Empfangen schenkend.

»Leben in seiner ganzen Fülle« – das ist er für mich, das stellt er in seiner ganzen Vielfalt dar: der Lehrer des Matthäus, der Wundertäter des Markus, der Sozialtherapeut des Lukas, der große Liebende des Johannes, der Hohepriester im Hebräerbrief, der Versöhner bei Paulus, das Lamm in der Offenbarung, der enttäuschende König, der zurechtweisende Freund, der unverstandene Bruder, der sanfte Revolutionär, der fremde Weggefährte. Titel um Titel fände ich für ihn – viele Hoheitstitel für seine Erniedrigung –, für ihn, der keinen Titel braucht, um wer zu sein.

Er hat eine Größe, die mich nicht klein macht. (Vergleiche Lukas 9)

»Mein Jesus« hängt als Torso an der Wand, ohne Arme, Beinstummel, rechtsseitig wurmzerfressen bis zur Hüfte, klaffende Wunden, den Kopf zur Seite geneigt, halboffener Mund, abgebrochene Nase, geschlossene Augen – so hängt er an der Wand des Raumes, in dem wir Gottesdienst feiern. Ich sehe ihn jeden Tag, ich gehe jeden Tag an ihm vorüber, ich habe mich noch nicht an ihn gewöhnt. Ich hoffe, dass ich mich nie an ihn gewöhne.

Sein Körper ragt als Schrei in die Welt.

2003 n. Chr., so zählen wir, als ob er die vollzogene Wende der Zeit sei. Und da hängt er als der vermoderte, aufgerissene, abgerissene, abgehackte Holzkörper. Ich muss anders zählen, wenn ich ihn ansehe: 58 n. A., 58 nach Auschwitz, 58 n. H., 58 nach Hiroshima, 58 Jahre danach, der geschundene, verbrannte, verstümmelte Menschensohn. Es ist abschreckend, wie er zugerichtet ist. Die Folgen unserer Abschreckung sehe ich an ihm voraus. Das unbefleckte Lamm, ein verstümmelter Leichnam. So hängt er an der Wand, vorweggenommene Apokalypse.

Ich sehe den Unansehnlichen an. Dieses Stück Holz spricht mich an. Das geht nicht, das ist unerträglich, das ist eine Zumutung, sagen viele. Und ich kann sie verstehen. In der Tat: eine Zumutung, ein Skandal, keine gute Lösung für unsere Wand, keine gute Lösung. Ein Eichenkreuz, neu und unversehrt und glatt, trägt den Torso.

Es macht ihn erträglicher, jedenfalls optisch.

Ich sehe an ihm etwas, das mich ganz tief berührt:

der geneigte Kopf ist zugeneigt, mir zugeneigt.

Jesus ist für mich Zuneigung, letzte Zuneigung, Zuneigung noch im Letzten …

Der Erbarmungswürdige erbarmt sich. (Vergleiche Jesaja 53)

»Mein Jesus« schreibt in den Sand, in die Geschichte, die mich am meisten bewegt. Sie gilt als »unecht«.

Sie hat ein Sternchen in meiner Bibel. Sie steht in eckigen Klammern. Sie ist von anderer Hand. Schon sehr früh wurde sie verschieden eingeordnet. Nirgends passt sie richtig hin. Sie passt nicht in unsere Ordnungen. So kann diese Geschichte nur unecht sein, historisch wie ideologisch. Eine Frau, eine Ehebrecherin, wird vor ihn geschleppt. Sie hat sowieso keine Chance mehr, und er soll auch keine haben. Wo kämen wir hin mit einer Liebe ohne Ordnung. Jesus, zum Richter bestellt, zum Vollstrecker geschriebener Gesetze, schweigt, bückt sich, schreibt in den Sand. Er gibt Bedenkzeit. Sie aber denken, er brauche Bedenkzeit. Sie fragen ihn nochmals nach seinem Urteil. Sie bedrängen ihn. Wird er gegen die Autorität des Gesetzes antreten? Kraft welcher Autorität? Der Fall liegt klar. Es gilt, nur zu bestätigen, was ohnehin geschehen wird: Steinigung.

Da richtet er sich auf, richtet seinen Blick nicht auf die Beschuldigte, sondern auf die Beschuldiger. Es soll Recht sprechen, wer selber gerecht ist. Es soll Schuld sühnen, wer selber ohne Schuld ist. Und dann bückt er sich wieder, schreibt in den Sand. Er prüft nicht, er überprüft nicht, er richtet nicht. Jeder soll sich selber prüfen, ohne überprüft zu werden. Jeder soll in sich gehen können, ohne Angst vor Entblößung haben zu müssen. Und alle gehen sie in sich und gehen, beschämt und erleichtert. Sie brauchen kein Urteil mehr zu fällen, es fällt kein Stein, auch nicht auf sie selbst.

Dieser Jesus beschämt mich.

Dieser Jesus erleichtert mich.

Er macht mich frei davon, andere zu verurteilen. Selten genug.

Er lässt mich meinen Schatten annehmen. Selten genug.

Mein Jesus malt in den Sand und haut nicht in Stein.

Immer wieder verweht, verwischt, vergessen in mir, was er mir sagen will.

In den Sand geschrieben, in den Wind geredet: Durchzugsgewissen. (Vergleiche Johannes 8)

»Mein Jesus« – unbeachtet noch immer, wie ihn Schwester Jelisaweta in Solschenizyns »Krebsstation« beschreibt.

Eine fleißige Pflegerin mit klugem Gesicht, die unter die Betten kriecht, um den Boden aufzuwischen, die Spucknäpfe ausleert und blitzend sauber putzt, die nicht schimpft, die alles, was einer Schwester zu schwer, unhandlich oder unsauber ist, herbei- und wieder fortträgt: Jelisaweta Anatoljewna, die verbannte Frau auf der Krebsstation.

»Und je selbstverständlicher sie ihre Arbeit erledigt, desto weniger wurde sie auf der Station beachtet. Schon 2000 Jahre lang Augen haben, bedeutet noch nicht, sehen zu können. Aber ein schweres Leben schärft das Auge.«

Je selbstverständlicher, desto weniger beachtet: so begreife ich Jesus, so sehe und übersehe ich sein Bild im Bild von Menschen, die sich bücken, in Menschen, die ein erkennendes, ein liebendes Auge haben. (Vergleiche Johannes 13)

Sokrates, Buddha, Konfuzius, Jesus gelten dem Philosophen Karl Jaspers als die vier maßgebenden Menschen. Sie sind sich fern, sie sind sich nah. Ihre Wahrheiten haben sie gelebt, bereit, dafür zu leiden. Sie kennen den Menschen und geben ihn doch nicht auf. Ihre Weisheit und ihre Hoffnung überdauerte die Zeit, in der sie lebten. »Der Stall, der Zimmermannssohn, der Schwärmer unter kleinen Leuten, der Galgen am Ende – das ist aus geschichtlichem Stoff, nicht aus dem goldenen, den die Sage liebt«, schreibt Ernst Bloch in »Das Prinzip Hoffnung«.

Was wir historisch zweifelsfrei über Jesus aus Nazareth wissen, ist wenig. Seine aufgeschriebene Lebensgeschichte ist bereits Teil seiner Wirkungsgeschichte, beginnend mit den vier so genannten Evangelisten: Matthäus, Markus, Lukas und Johannes. Wir finden in fast jeder Kirche ihre Symbole: Engel, Löwe, Stier, Adler. Die Übereinstimmungen bei den ersten dreien sind so groß, dass man sie »Synoptiker« nennt, also die, die man »zusammensehen« kann. Ihre Evangelien sind nach 70 unserer Zeitrechnung – nach der Zerstörung des Jerusalemer Tempels – entstanden, das Johannes-Evangelium etwa 100 unserer Zeitrechnung.

Ihre Lebensberichte sind Zeugnisse über Jesus Christus, *den* Jesus aus Nazareth, der für die Gemeinde Christus (der Gesalbte), der Herr (der Kyrios) geworden ist. Unsere Zeitrechnung ist eine nachträglich bestimmte Zeit »post Christum natum«, Beginn einer neuen Zeit, Beginn der eigentlichen Zeit. Das Zeichen, mit dem sich Christen – besonders zur Zeit der römischen Christenverfolgungen – zu erkennen gaben, war ein Fisch, ICHTYS. Darin steckt das erste Bekenntnis: Jesus ist Christus, ist der Sohn Gottes, ist der Retter. Das wird mit dem Fischsymbol ausgedrückt.

Das ganze Problem zwischen »Historie« und »Geschichte« bündelt sich in einigen überprüfbaren Fakten: Jesus ist im Jahre 4 »vor Christus« geboren. Er kam nicht in Bethlehem, sondern in Nazareth zur Welt. Seine Mutter war keine Heilige, keine »unbefleckte« Gottesmutter, sondern eine einfache Frau, deren Mann Joseph hieß und dort Zimmermann war. Jesus hatte Geschwister. Es kamen keine drei Weisen aus dem Morgenlande, die sich etwa noch vorher bei König Herodes nach ihm erkundigt hätten. Auch ein systematischer Kindsmord an Neugeborenen fand zu jener Zeit nicht statt. Maria und Joseph sind mit dem Neugeborenen nicht nach Ägypten geflüchtet. Ein besonderer Stern hat nicht über einem Schafstall gestanden.

Und doch hat alles einen Sinn und tiefe Wahrheit! Eine Geschichte wird erzählt, nicht Historie dokumentiert. Der junge Brecht hat eines der schönsten Weihnachtsgedichte verfasst:

Die gute Nacht

Der Tag, vor dem der große Christ
Zur Welt geboren worden ist
War hart und wüst und ohne Vernunft.
Seine Eltern, ohne Unterkunft
Fürchteten sich vor seiner Geburt
Die gegen Abend erwartet wurde.
Denn seine Geburt fiel in die kalte Zeit.
Aber sie verlief zur Zufriedenheit.
Der Stall, den sie doch noch gefunden hatten
War warm und mit Moos zwischen seinen Latten
Und mit Kreide war auf die Tür gemalt
Dass *der* Stall bewohnt war und bezahlt.
So wurde es doch noch eine gute Nacht
Auch das Heu war wärmer, als sie gedacht.
Ochs und Esel waren dabei
Damit alles in der Ordnung sei.

Eine Krippe gab einen kleinen Tisch
Und der Hausknecht brachte ihnen heimlich einen Fisch.
(Denn es musste bei der Geburt des großen Christ
Alles heimlich gehen und mit List.)
Doch der Fisch war ausgezeichnet und reichte durchaus
Und Maria lachte ihren Mann wegen seiner Besorgnis aus
Denn am Abend legte sich sogar der Wind
Und war nicht mehr so kalt, wie die Winde sonst sind.

Aber bei Nacht war er fast wie ein Föhn.
Und der Stall war warm und das Kind war sehr schön.
Und es fehlte schon fast gar nichts mehr
Da kamen auch noch die Dreikönig daher!

Maria und Joseph waren zufrieden sehr.
Sie legten sich zufrieden zum Ruhm
Mehr konnte die Welt für den Christ nicht tun.

Jesus ist nicht drei Tage nach der Leichenstarre wiederbelebt worden und aus dem Grabe auferstanden, um nach 40 Tagen die Schwerkraft zu verlieren und in den blauen Himmel aufzusteigen. Er hat sich weder ins Nichts aufgelöst, noch sitzt er nun zur rechten Gottes auf der Herrscher- und Richterbank im Himmel der Schwerelosigkeit.

Jesus selbst wusste nicht, dass er »der Sohn Gottes« ist. Er entzog sich den Versuchen, ihn zu vergöttlichen. Er gehörte zum Schülerkreis des Johannes, den man »den Täufer« genannt hat, der möglicherweise zu der Essenersekte gehörte, die am Toten Meer ihr asketisches »Kloster«-Leben führte. Dort hat er in einem religiösen Bußorden die Schriftauslegung gelernt und wirkte zunächst als ein Schüler des Johannes, der in prophetischer Tradition stand und als »Prediger in der Wüste« charakterisiert wird. Bei seiner Taufe durch Johannes erfolgte eine Berufung, eine Art Berufungsvision, eine Stimme kam vom Himmel: »Dies ist mein lieber Sohn. Den sollt ihr hören.«

Jesus scharte eine Gruppe von 12 berufenen Jüngern um sich. Sie stammten aus dem einfachen Volk, keiner aus der Oberschicht. Nicht gebildet waren sie, aber lebenserfahren. Jesus bediente sich für seine Botschaft einer einfachen Gleichnissprache, deren Stoff jedermann verständlich war. Er verdichtete seine Erkenntnisse zu Sprüchen, die zu Spruchsammlungen zusammengetragen oder an Ereignisse bzw. Gleichnisse als Interpretamente angehängt wurden. Er wirkte Wunder, die nicht zuerst als Demonstrationswunder seiner göttlichen Kraft gedacht waren, sondern Hilfshandlungen für Hungernde, seelisch und körperlich Kranke und für tragisch Verstorbene.

Er wandte sich in besonderer Weise den sozial, religiös und politisch Ausgegrenzten, Verfemten, Verlorenen, Übersehenen, Gemiedenen zu. Gegen alle religiösen Vorschriften ging er zu denen »ganz unten«, ließ sich von einer Hure die Füße salben, berührte Pestkranke, kehrte bei Kollaborateuren ein.

In prophetischer Tradition geißelt er Rechthaberei, Heuchelei und Veräußerlichung der Religion. Wie den Propheten ging es ihm um die »Beschneidung der Herzen«, nicht bloß um den Ritus der Penis-Vorhautbeschneidung. Er nahm keine Rücksicht – auch nicht auf sich selber. Was ihn drängte: zu sagen, was ist; zu zeigen, was übersehen wird; zu hören, was überhört wird.

Er wurde in Gespräche mit Pharisäern und Schriftgelehrten verwickelt. Man sprach ihm mehrere Hoheitstitel zu, denen er sich entzog.

Mit seinen Jüngern zog er über Land, führte Lehrgespräche und lebte in ungesicherter kommunitärer Gemeinschaft.

In einem Komplott zwischen Synedrion, der obersten jüdischen Verwaltungs- und Gerichtsbehörde, und römischer Besatzungsmacht wurde er zum einen wegen Gotteslästerung und zum anderen wegen Anstiftung zum Aufruhr zum Tode verurteilt.

Er war wie ein Volksheld gefeiert worden, sodann verraten, verhaftet, verhöhnt, verurteilt, gefoltert, gekreuzigt. Zwischen »Hosianna!« und »Kreuzige!« liegen wenige Tage; vermutlich haben beides dieselben Leute geschrieen.

Die ihn betrauern und nach jüdischem Ritus einbalsamieren wollen, finden ein leeres Grab vor. Sie haben – ebenso wie die sich aus Angst eingeschlossenen Jünger – eine Vision, in der ihnen der Gekreuzigte und zu Grabe Gelegte »als Auferstandener« begegnet. Sie hören die Botschaft, dass er nicht im Reich der Toten geblieben, sondern von Gott auferweckt ist und mit ihnen sein wird, sie ermutigt, seine Botschaft (seine Sache!) weiterzutragen, – zunächst zurück in den galiläischen Alltag, sodann in die ganze Welt. Der so genannte Sendungsbefehl oder »Missionsbefehl« (Matthäus 28,18–20; Markus 16,15) wird zum Ausgangspunkt einer Weltbewegung, die für viele Christen der Frühzeit Martyrium bedeutet, später als Staatsreligion auch mörderische Intoleranz einschloss.

Die vier Jesus-Erzählungen – subsumiert unter dem Wort ›Evangelien‹ = gute Nachrichten – sind literarisch gestaltete Tendenzschriften, die das Leben des historischen Jesus erzählend deuten: vom Ende am Kreuz und vom Neuanfang zu Ostern her interpretieren sie sein Leben, seine Worte und Taten und machen so den Verkünder der Botschaft zum Gegenstand der Verkündigung.

Dabei setzen sie unterschiedliche Akzente, verarbeiten verschiedene Quellen, stellen ihr ›Material‹ in spezifische theologische Zusammenhänge. Sie bedienen sich dafür mehrerer literarischer Stilmittel. Sie entwickeln eine ganz eigene Theologie: Matthäus ist judenchristlich orientiert, Johannes beinahe judenfeindlich, Lukas sozial-therapeutisch.

Man muss allerdings davon ausgehen, dass keiner von ihnen selber historischer Zeuge der berichteten Geschehnisse gewesen ist.

Ich weise noch einmal darauf hin: Der Älteste – Markus – weiß von keiner wunderbaren Geburt. Bei ihm fehlt die Weihnachtsgeschichte, die das Christentum volkstümlich gemacht hat. Er beginnt mit der Botschaft Johannes des Täufers. Man hat sein Evangelium als eine »Passionsgeschichte mit ausführlicher Einleitung« bezeichnet.

Matthäus und Lukas verfügen neben einem möglichen »Ur-Markus« über Quellenmaterial, das wir die Logienquelle, die Spruch- oder Reden-Quelle, nennen. Daraus wurde die Bergpredigt bei Matthäus (Kapitel 5–7) bzw. die Feldrede bei Lukas (Kapitel 11) oder die Aussendungsrede (Matthäus 10) komponiert. Bei Johannes nehmen die Abschiedsreden größeren Raum ein (13,31–16,33).

Zum einen wird die Lebensgeschichte – von der Geburtsgeschichte bis zu den Auferstehungsberichten – verschieden akzentuiert überliefert, zum anderen finden sich darin Lehrgespräche, Streitgespräche, Sprüche, Spruchsammlungen, Wundergeschichten und Gleichnisse.

Die Kernbotschaft, die auf den historischen Jesus mit einiger Wahrscheinlichkeit rückführbar ist, lässt sich in groben Zügen so zusammenfassen:

- Das »*Reich Gottes*« – als das Ende der bisherigen Welt- und Machtverhältnisse – ist nahe. Die Basileia tou Theou, die Königsherrschaft Gottes in Gerechtigkeit und Frieden ist nahe!

  Es kommt das Ende dieser Welt, die Welt kommt zu ihrem Ziel.
- Darum: *Kehrt um*! Ändert all euren Wandel und vertraut nicht den Sicherungen, die bisher gelten. Macht euch in all eurem Denken und Tun für diese neue Wirklichkeit bereit.
- Habt unbedingtes *Vertrauen*! Der unnahbare und unaussprechbare Gott wird zum Urwort des Vertrauens: Gott ist der ABBA, der ganz und gar Väterliche und: Der ganz Ferne – unser Vater »in den Himmeln« – ist zugleich der ganz Nahe. Seid ohne Lebensangst, ohne Lebenssorge! Denn ER weiß, was ihr braucht!
- Ihr seid doch *Geliebte*! Seid Menschen der Liebe! Ihr wisst selber, wie viel Liebe ihr braucht. So habt Liebe mit ganzem Herzen, mit allem Denken, Fühlen und Tun.

Das »neue Gesetz« ist das Gesetz der Liebe. Und die Liebe selbst ist des Gesetzes Erfüllung! Die Liebe steht über allen Einzelgesetzen; sie setzt auf den Einzelnen, in Freiheit zu entscheiden, was jetzt das Richtige, das Angemessene und Zuträgliche ist.

Gottes- und Menschenliebe sind unlösbar aufeinander bezogen. Sich selbst zu lieben, Ja zu sich selbst zu sagen, ist Voraussetzung für Nächstenliebe.

- Seid *wach* und seid wachsam – besonders für alle, die unten sind, die am Rande sind, die ausgestoßen sind. Lebt schon heute die neue Gemeinschaft in Warmherzigkeit und Mit-Menschlichkeit. Macht euch frei von aller Verhärtung der Herzen. Übt Barmherzigkeit. Stiftet Frieden, einen Frieden, der sich auch auf den Feind richtet.
- Das *Leben* findet im Tode kein Ende, weil es bei Gott aufgehoben ist und die neue Welt Gottes – in Gericht und Gnade – unser aller Zukunft ist.

Die vier Evangelisten entfalten diese Kernbotschaft in einer je spezifischen theologischen und literarischen Form. Später hat die Kirche durch ihre Lehrentscheidungen auf Konzilien daraus einen dogmatischen Christus herauskristallisiert, ein ausgeklügeltes Lehrgebäude entwickelt, wobei die Vielfältigkeit der Lebenszeugnisse der Evangelien auf den Leisten von kirchlichen (römischen) Dogmen geschlagen wurden. Das früheste und bis heute wirkende altkirchliche »Symbol« ist das so genannte Apostolikum, das den Glauben *an* etwas festschreibt, also den Akkusativ dem Dativ vorordnet.

»Ich glaube an […]« statt »Ich glaube ihm«.

An die Stelle des Grundvertrauens tritt ein »Für wahr halten, dass …«

In einem ganz hohen Ton beginnt der Evangelist Johannes. Er knüpft an den Anfang der Schrift an: »Am Anfang schuf Gott Himmel und Erde« (Genesis 1,1). Und

Gott schafft durch das schöpferische Wort. Er ruft das Sein ins Dasein. Sein erstes schöpferisches Wort ist das Wort: »Es werde Licht! Und es ward Licht.« (Genesis 1,3) Sodann scheidet er das Licht von der Finsternis. So kommt es zur ersten Einteilung in Tag und Nacht, zur ersten Strukturierung der Schöpfung, zur ersten klaren Unterscheidung. Für dieses »Schaffen«, dieses schöpferische Tun schlechthin, benutzt der Verfasser im Hebräischen nur dieses *eine* Wort, das für kein anderes Schaffen eingesetzt wird. Und »Wort« und »Ding« sind im Hebräischen dasselbe Wort.

Johannes knüpft an diesen »Anfang der Welt« an. Für ihn ist Jesus von Nazareth von Anfang an schon da, weil er bei Gott von Ewigkeit her gewissermaßen beschlossene Sache ist. Der Sohn und der Vater sind eins. Jesus ist der, den Gott sendet, um in der Finsternis Licht zu schaffen und *den* Menschen Licht zu bringen, die in der Finsternis sind. Er sieht in Jesus den Präexistenten, der nun gekommen ist. Ein erneutes schöpferisches Wort Gottes: Das Wort wurde Mensch, der Ewige kommt ins Zeitliche, der Unsterbliche ins Sterbliche.

Genial hat dies Luther aus dem Griechischen so übersetzt:

Im Anfang war das Wort, und das Wort war bei Gott, und Gott war das Wort. Dasselbe war im Anfang bei Gott. Alle Dinge sind durch dasselbe gemacht, und ohne dasselbe ist nichts gemacht, was gemacht ist. In ihm war das Leben, und das Leben war das Licht der Menschen. Und das Licht scheint in der Finsternis, und die Finsternis hat's nicht ergriffen.

Das war das wahre Licht, das alle Menschen erleuchtet, die in diese Welt kommen. Er war in der Welt, und die Welt ist durch ihn gemacht; aber die Welt erkannte ihn nicht. Er kam in sein Eigentum; und die Seinen nahmen ihn nicht auf.

Und das Wort ward Fleisch und wohnte unter uns, und wir sahen seine Herrlichkeit, eine Herrlichkeit als des eingeborenen Sohnes vom Vater, voller Gnade und Wahrheit.

(Johannes 1, 1–5, 9–11.14)

Diese Passage aus dem Johannes-Evangelium ist meist nur noch in ihrer Verkürzung auf den ersten Satz »Im Anfang war das Wort« bekannt – nämlich aus dem »Studierzimmer« des Faust bei Goethe.

Wir sehnen uns nach Offenbarung,
die nirgends würdiger und schöner brennt
als in dem Neuen Testament.
Mich drängt es, den Grundtext aufzuschlagen,
mit redlichem Gefühl einmal
das heilige Original
in mein geliebtes Deutsch zu übertragen.

Geschrieben steht: »Im Anfang war das Wort!«
Hier stock ich schon!
Wer hilft mir weiter fort?
Ich kann das Wort so hoch unmöglich schätzen,
ich muss es anders übersetzen…

Im Goethe'schen Verständnis liegen Wort und Tat auseinander. Im biblischen Verständnis sind Wort und Tat eins. Und es geht im biblischen Text um das *Tatwort* Gottes, das schöpferische Wort Gottes, und um sein Wort an diese verlorene, in Finsternis störrisch verharrende Welt. Sie sieht nicht, sie nimmt nicht an und nicht auf.

Was der Johannes-Prolog theologisch verdichtet, was Luther mit sprachlicher Meisterschaft übersetzt, das führt Walter Jens in seiner Übersetzung so weiter, dass das Erratische des Textes hörbar wird. Bei Luther dominiert das Musikalische.

Am Anfang: ER.
Am Anfang: Das Wort.
Und Das Wort war bei Gott.
Und was Gott war, war ER.

ER. Am Anfang bei Gott.
Durch Das Wort
Wurde alles.
Nichts, was ist,
ist ohne IHN.
Er: das Leben.
Er: Das Licht
für die Menschen.
Das Licht in der Nacht:
nicht überwältigt
von der Finsternis.
Das Wort
war die Wahrheit.
ER
war das Licht,
das jedermann leuchtet.
ER
war in der Welt,
die Welt ist durch IHN geworden,
aber sie erkannte IHN nicht.
ER
kam zu den Seinen
ins Eigene kam ER,
aber die Seinen nahmen IHN nicht auf.
Doch die IHN aufnahmen –
ihnen gab ER die Macht,
Kinder Gottes zu sein.
Ihnen, die nicht aus Blut und Gier und Lust,
sondern von Gott gezeugt sind.
ER aber, Das Wort,
ER wurde Fleisch:
Mensch unter Menschen
war ER bei uns.
Wir sahen IHN in seiner Herrlichkeit,

dem Licht des einzigen Sohnes,
vom Vater her leuchtend,
erfüllt von Gnade und Wahrheit.«

Ein großer, ein tiefer, ein unergründlicher Text, eine »philosophische Weihnachtsgeschichte«. Fürs Kindergemüt schrieb Lukas seine Geschichte »Es begab sich aber zu der Zeit […]« (Lukas 2,1–21)

Mit den so genannten Abschiedsreden hat Johannes ein zweites literarisches Meisterstück mit tiefer theologischer Substanz, psychologischer Einfühlungsgabe und literarischer Kraft hinterlassen – einen Abschied als Vermächtnis und Trost:

»Liebe Kinder,

ich bin noch eine kleine Weile bei euch. Ihr werdet mich suchen. […] Wo ich hingehe, da könnt ihr nicht hinkommen.

Ein neues Gebot gebe ich euch, dass ihr euch untereinander liebt, wie ich euch geliebt habe, damit auch ihr einander lieb habt. Daran wird jedermann erkennen, dass ihr meine Jünger seid, wenn ihr Liebe untereinander habt.

Ich will euch nicht als Waisen zurücklassen; ich komme zu euch. Es ist noch eine kleine Zeit, dann wird mich die Welt nicht mehr sehen. Ihr aber sollt mich sehen, denn *ich lebe, und ihr sollt auch leben.*

Aber der Tröster, der heilige Geist, den mein Vater senden wird in meinem Namen, der wird euch alles lehren und euch an alles erinnern, was ich euch gesagt habe.

Den Frieden lasse ich euch, meinen Frieden gebe ich euch. Nicht gebe ich euch, wie die Welt gibt. Euer Herz erschrecke nicht und fürchte sich nicht.

Wie mich mein Vater liebt, so liebe ich euch auch. Bleibet in meiner Liebe!

Das ist mein Gebot, dass ihr euch untereinander liebt, wie ich euch liebe. Niemand hat größere Liebe als die, dass er sein Leben lässt für seine Freunde. Ihr seid meine Freunde, wenn ihr tut, was ich euch gebiete.

Siehe, es kommt die Stunde und ist schon gekommen, dass ihr zerstreut werdet, ein jeder in das Seine, und mich allein lasst. Aber ich bin nicht allein, denn der Vater ist bei mir. Das habe ich mit euch geredet, dass ihr in mir Frieden habet. *In der Welt habt ihr Angst; aber seid getrost, ich habe die Welt überwunden.*« (Johannes, Kapitel 13–16)

Sätze tiefer Einfühlung, die sich vom aktuellen Anlass des Abschieds von einem wohltuenden Freund, großen Liebenden und verehrten Lehrenden ablösen lassen. ER weiß im Innersten, dass er die Verurteilung vor sich hat. Er wird eine schmerzliche Leerstelle hinterlassen. Er lebt in ihnen, bei ihnen: Liebe, Freundschaft, Beistand und Trost wirken über den Tod hinaus.

(*Ein* Satz aus diesen Abschiedsreden ist vielfach mißbraucht worden, er steht auch auf unzähligen Kriegerdenkmälern des Ersten Weltkrieges: »Niemand hat größere Liebe als die, dass er sein Leben lässt für seine Freunde.« Es ist nationalistische Volk-Vaterland-Gehorsams-Ideologie, die Verbrechen und Verführung, Leid und Trauer verklärt.)

Ein häufig literarisch bearbeitetes Stück aus dem Johannes-Evangelium ist der Dialog zwischen Jesus, dem von den Juden bereits verurteilten »Gotteslästerer«, und Pilatus, dem römischen Prokurator mit Anwallungen von Mitleid und schlechtem Gewissen.

Da heißt es:

Pilatus rief Jesus und sprach zu ihm: Bist du der König der Juden? Jesus antwortete: Sagst du das von dir aus, oder haben dir's andere über mich gesagt? Pilatus antwortete: Bin ich ein Jude? Dein Volk und die Hohenpriester haben dich mir überantwortet: Was hast du getan?

Jesus antwortete: *Mein Reich ist nicht von dieser Welt.* Wäre mein Reich von dieser Welt, meine Diener würden darum kämpfen, dass ich den Juden nicht überantwortet würde; nun aber ist mein Reich nicht von dieser Welt. Da fragte ihn Pilatus: So bist du dennoch ein König? Jesus antwortete: Du sagst es, *ich bin ein König. Ich bin dazu geboren und in die Welt gekommen, dass ich die Wahrheit bezeugen soll. Wer aus der Wahrheit ist, der hört meine Stimme.* Spricht Pilatus zu ihm: Was ist Wahrheit?

(Johannes 18, 28–19, 16)

Der Evangelist Johannes berichtet davon, dass Pilatus von seinem Amnestierecht Gebrauch machen will und dem Volk einen Verurteilten – entweder den Räuber Barabbas (wahrscheinlich einen radikal-religiösen Aufständischen) oder Jesus freizulassen. Als die Meute schreit »Barabbas«, lässt er Jesus foltern und führt den Gefolterten dem Volke vor, um darzutun, dass er nichts aus ihm hatte ›herausschlagen‹ können, und um ihr Mitleid zu erregen. Bei der Folter wird ihm eine Dornenkrone aufgesetzt. Er wird in ein Purpurkleid gehüllt und vor die Menge gestellt. Pilatus sagt: Ecce homo! Sehet, welch ein Mensch!

Danach kommt es erneut zu einem Dialog zwischen Pilatus und Jesus. Jesus gibt ihm keine Antwort. Und Pilatus spricht zu ihm:

Redest du nicht mit mir? Weißt du nicht, dass ich Macht habe, dich loszugeben, und Macht habe, dich zu kreuzigen? Jesus antwortete: Du hättest keine Macht über mich, wenn sie dir nicht von oben her gegeben wäre.

(Johannes 19,10)

Diese Geschichte hat im Abendland die Dichotomie zwischen Gottesreich und Menschenreich, Kaisertum und Papsttum begleitet. Sie hat gleichzeitig einen tiefsitzenden, langwährenden und *phasisch* wiederkehrenden verbrecherischen Antijudaismus und Antisemitismus begünstigt. Es sind Juden, die da brüllen: »Kreuzige! Kreuzige!« Sie weigern sich, ihn freizugeben. Sie drohen gar dem Pilatus mit dem Kaiser, falls er Jesus freiließe. Die Unterjochten drohen dem römischen Prokurator mit seinem eigenen Kaiser. So jedenfalls konzipiert Johannes den Justizskandal und gibt so dem Judenhass »christliches« Futter.

Diese Passagen wurden von Dichtern bis in unsere Zeit nachgestaltet und gedeutet.

Wer die Bearbeitung des Johannes-Textes in Michail Bulgakows Roman »Der Meister und Margarita« und in Tschingis Aitmatows Roman »Die Richtstatt« liest und wieder zum Ursprungstext zurückkommt, spürt, dass selbst solche meisterhaften Weiterführungen nicht alle Konnotationen der sprachlich verdichteten Ursprungsform einfangen können.

Diese wiederum ist kaum ablösbar von einer geradezu genialen Übersetzung durch Martin Luther, der dem im jeweiligen Text dominierenden Gestus sprachliche Form gab. Daher nimmt es nicht wunder, dass Bertolt Brecht in seiner Selbstbefragung unter dem Titel »Wo ich gelernt habe« schreibt: bei »Luther in der Lyrik und im Pamphlet«.[4]

Brecht entfaltet dies praktisch an einem Satz Lutherscher Übersetzung: »[…] die Sprache sollte ganz dem Gestus der sprechenden Person folgen. Ich will ein Beispiel geben. Der Satz der Bibel ›Reiße das Auge aus, das dich ärgert‹ hat einen Gestus unterlegt, den des Befehls. Aber er ist doch nicht rein gestisch ausgedrückt, da das ›das dich ärgert‹ eigentlich noch einen anderen Gestus hat, der nicht zum Ausdruck kommt, nämlich den einer Begründung. Rein gestisch ausgedrückt, heißt der Satz (und Luther, der dem Volk aufs Maul sah, formt ihn auch so): ›Wenn dich dein Auge ärgert: reiß es aus!‹. Man sieht wohl auf den ersten Blick, dass diese Formulierung gestisch viel reicher und reiner ist.«[5]

Ich füge hinzu, dass Luther in seiner Übersetzung auch die Gedankenfolge umkehrt und mit dem »Auge, das dich ärgert« beginnt und dann den Doppelpunkt anfügt: »Reiß es aus!«

Die ganze Sperrigkeit eines solchen Ansinnens, solchen Befehls wird auf diese Weise umso schärfer erkennbar.

Zu den mit großer Meisterschaft erzählten biblischen Geschichten gehören die von den Emmaus-Jüngern (Lukas 24), von Rembrandt wie von Schmidt-Rottluff bildnerisch genial ›nachgezeichnet‹. Zwei über den Verlust ihres Lehrers und Freundes Verzweifelte gehen von Jerusalem in das kleine Dorf Emmaus und unterhalten sich über all das, was sie erlebt haben. Sie versuchen, erzählend zu verarbeiten, wessen Tod sie zu beklagen haben und was sie mit ihm erlebt hatten, der ans Kreuz genagelt wurde – ein für sie endgültiges Aus. Es geht darin um ihren eigenen Lebensentwurf während ihres gemeinsamen Abschieds vom Ort des Geschehens – von Jerusalem. Sie sind ohne Ziel losgegangen. Einfach weg! Und sie sind unterwegs, ohne zu wissen, wohin. Es gibt keinen Rückweg. Nur weg! Und da gesellt sich ein Dritter zu ihnen – ein Unbekannter. Er hört zu. Er fragt und fragt nach. Sie erzählen ihm. Und dann heißt es:

»Und sie kamen nahe an das Dorf, wo sie hingingen. Und er stellte sich, als wollte er weitergehen. Und sie nötigten ihn und sprachen: *Bleibe bei uns; denn es will Abend werden, und der Tag hat sich geneigt*. Und er ging hinein, bei ihnen zu bleiben.

Und es geschah, da er mit ihnen zu Tisch saß, nahm er das Brot, dankte, brach's und gab's ihnen. Da wurden ihre Augen geöffnet, und sie erkannten ihn. Und er verschwand vor ihnen. Und sie sprachen untereinander: Brannte nicht unser Herz in uns, als er mit uns redete auf dem Wege und uns die Schrift öffnete?«

(Lukas 24, 28–32)

So übersetzt Luther. Diesen Text kann man auch so ins heutige Alltagsdeutsch übersetzen und ihm damit alles nehmen, was in ihm mitschwingt!

»Unterdessen gelangten sie in die Nähe des Dorfes, wo sie hinwollten. Jesus tat so, als ob er im Sinn habe, weiterzuwandern. Aber sie baten ihn ganz dringend zu sich: Bleib doch bei uns! Die Sonne steht schon im Westen, und es geht auf den Abend zu. So kehrte er bei ihnen ein und blieb. Als er mit ihnen beim Essen ausruhte, nahm er das Brot in die Hand, dankte Gott, zerbrach es und gab es ihnen weiter. Da gingen ihnen die Augen auf, und sie erkannten Jesus. Doch Jesus selbst wurde für sie unsichtbar. Darauf sagten sie zueinander: Wurde uns nicht das Herz heiß, als er unterwegs zu uns redete und uns die Schriften erklärte?«[6] Hier wird mit der Absicht, mehr Verständlichkeit durch mehr Alltäglichkeit zu erreichen, die Banalität zum Prinzip. Solche Sprache ist nicht mehr in Musik übersetzbar. Holprigkeit der Verständlichkeit – ohne Hinter-Sinn.

Der Doppelsinn der Geschichte ist aus dem Text eliminiert. Es geht um die Banalität von ›bleib doch noch ein bisschen‹. Und der Abend ist nur das Ende eines Tages, während in Luthers Übersetzung »der Tag hat sich geneigt – und es will Abend werden« die ganze Hintergründigkeit der Vorstellung vom Abend des Tages *und* vom Abend der Welt enthalten ist. Noch stärker wird der Unterschied bei der Übersetzung der Szene des Abendessens deutlich. Bei Luther heißt es: »Und es geschah, als er mit ihnen zu Tisch saß, nahm er das Brot, dankte, brach's und gab's ihnen.«

Nahm, dankte, brach's, gab's.

In der neueren Übersetzung heißt es: »Als er mit ihnen beim Essen ausruhte, nahm er das Brot in die Hand, dankte, zerbrach es und gab es ihnen weiter.«

›Das Brot brechen‹ und ›ein Brot zerbrechen‹ – welch ein Unterschied!

Die Evangelisten sind allesamt Schriftsteller. Sie sind nicht Zeugen des Geschehens, sondern geben Zeugnis von einem Geschehen. Der Duktus der Erzählung ist nüchtern.

Sie gestalten das ihnen überlieferte Material, ordnen und ordnen eigenständig zueinander.

Das Land, in dem Jesus lebte, bekommt klare Konturen – wie nebenbei: die Wüste und der See Genezareth, die Fischer beim Flicken der Netze, dümpelnde Boote, vergebliche Arbeit, ein plötzlicher Sturm schlägt Wasser in die Schiffe. Von Motten und Würmern ist die Rede, von Huren und Dieben, Säufern und Fressern, Blinden und Lahmen, Besessenen und einem jungen Mann aus gutem Hause, frommen Eiferern und bösartigen Spöttern, gleichgültigen Zeugen und gegeißelten Anhängern, von Kindern und Gaunern, von einem Volk, das ihn jammert, und einem Volk, das zum Mob wird.

Nicht ohne Komik wird erzählt, wie der nackte Jüngling bei der Verfolgung sein Hemd fallen lässt oder wie der gelähmte Mann von den Trägern durch das Dach des Hauses gehievt wird, wie der kleinwüchsige Zöllner Zachäus auf einen Baum steigt, um auf sich aufmerksam zu machen, wie die bösen Geister ausfahren und auf ihre Bitte hin nicht in die Hölle, sondern in die Säue fahren, um sich dann kollektiv in den See zu stürzen, wie die erschrockenen Sauhirten in die Stadt rennen und erzählen, was sie erlebt haben, und man daraufhin Jesus bittet, die Gegend zu verlassen. Solch ein Mann ist kein Wirtschaftsfaktor, kein Standortmagnet.

Eine Mutter bittet, auf Knien, für ihre Söhne um eine steile himmlische Karriere, was andere Jünger wütend macht, die selber Stellvertreterposten scharf im Auge haben. Und sie alle geben damit Jesus eine Vorlage, ihnen zu erklären, wie er zur Macht steht.

»Ihr wisst, die als Herrscher gelten, halten ihre Völker nieder, und ihre Mächtigen tun ihnen Gewalt an. Aber so ist es unter euch nicht; sondern wer groß sein will unter euch, der soll euer Diener sein; und wer unter euch der Erste sein will, der soll aller Knecht sein. Denn auch *der Menschensohn ist nicht gekommen, dass er sich dienen lasse, sondern dass er diene und sein Leben gebe als Lösegeld für viele.«*

(Markus 10, 42–45)

Immer wieder Erzählungen, in denen Missverständnisse aufgedeckt werden, Lehrgespräche unterwegs, die Anlässe im Alltag findend, nicht in abstrahierender Büchergelehrsamkeit, sondern in glühender Mittagshitze, auf stürmischer See, an einem einsamen Brunnen, am Ufer des Sees, während einer Hochzeitsfeier oder am Sabbat in einer Synagoge. Da kommt der Mann mit der verdorrten Hand, und Jesus schert sich nicht um den Sabbat, sondern lässt sich rühren von dem, der Hilfe braucht, und rührt ihn – ihn heilend – an. Am heiligen Sabbat.

Wer die Geschichten und die Anlässe zu diesen Geschichten nach den Zeugnissen der vier Evangelisten durchginge, würde zu dem Ergebnis kommen, dass alle Fragen, um die es im Menschengeschick und in der Menschengeschichte geht, angesprochen sind. Ihre Mehrschichtigkeit macht ihren Reichtum wie ihre Missdeutbarkeit aus. In den Geschichten steckt stets *mehr* als das Problem, auf das sie gemäß unserer Wirkungsgeschichte hinauslaufen. Insofern sind sie immer wieder *neu* zu lesen, ohne dass wir davon absehen können, dass sie eine Wirkungsgeschichte hinter sich haben, von der wir nicht mehr abstrahieren können. Und unser Vor-Verständnis macht häufig überhaupt ein Verstehen möglich.

Ich nenne Beispiele: In der Versuchungsgeschichte geht es um Macht und Autorität, Hunger und Unterwerfung und um das Spiel mit dem Risiko des Lebens. In der Begegnung mit dem reichen Jüngling und seinem Bedürfnis, erlöst zu werden, geht es um die Selbstversklavung an das, was Menschen haben können. Bei der Frage, ob man dem Kaiser Steuern zahlen soll oder nicht, geht es um die Frage nach Gehorsam und Widerstand. In dem Konflikt um das verweigerte Gastrecht für die Jünger in Samaria geht es um die

Berechtigung von Rache und um die Frage nach der Schuld *aller*, wenn kollektiv gelitten wird.

Als Jesus vor Pilatus steht, geht es bei der Frage nach Wahrheit auch darum, wer von uns sich die Hände in Unschuld waschen kann. Bei der Bitte um die Teilhabe an der göttlichen Macht bei den Söhnen des Zebedäus geht es um die Frage nach der »guten Macht« und den »alten Mitteln«. Bei einem Streit um das Erbe geht es um die Frage, was die Seele satt macht. Bei der nächtlichen Begegnung zwischen Jesus und Nikodemus geht es darum, ob jemand je aus seiner Haut kann und neu werden kann. Beim Gleichnis von den klugen und törichten Jungfrauen geht es um die Frage, ob es ein endgültiges Zuspät gibt. Bei dem Gleichnis von den anvertrauten Zentnern geht es darum, wie wir mit unseren unterschiedlichen Gaben wuchern, zugleich um die Chance von Armen gegenüber Reichen. Beim Gleichnis vom Weltgericht geht es um die Solidarität einer Gesellschaftsformation *und* um die Barmherzigkeit aller Einzelnen.

Darum geht es. Und es geht immer um *noch viel mehr*. Wer Ohren hat, der höre!

Jesus entzieht sich den ihn vergöttlichenden Unterwerfungsabsichten seiner Anhänger und weist sie auf Gott, den er »unseren himmlischen Vater« nennt, in großer Vertrautheit, ja Zutraulichkeit und doch festhaltend an seiner Unverfügbarkeit, Souveränität, einer alle Menschensatzungen überschreitenden Autorität.

Die Evangelien beschreiben einen Mann, der von ganz unten kam, ganz unten blieb, nach ganz unten gestoßen wurde und »den da ganz oben« für sich reklamierte: Gott soll geerdet *werden* und geerdet *bleiben*.

Ihn jammern die Kranken, die Hungernden, die Verlorenen. Ihn jammert die Herde, die keinen Hirten hat. Er weint über das verstockte Jerusalem. Ihn hungert, dürstet und friert. Er wird wütend (Luther übersetzt: unwillig). Und er redet gut zu, spricht Mut zu: »Seid getrost, ich bin's; fürchtet euch nicht!«

Er zieht sich zurück und entzieht sich. Er setzt sich ein und setzt sich aus. Er kämpft mit seiner Enttäuschung. Immer wieder scheint alles umsonst: »Was bekümmert ihr euch doch, dass ihr kein Brot habt? Versteht ihr noch nicht, und begreifet ihr noch nicht? Habt ihr noch ein verhärtetes Herz in euch? Habt Augen und seht nicht, habt Ohren und höret nicht? [...]« (Markus 8, 17–18)

Jesus erlebt Feindschaft, Verachtung, das Lächeln derer, die im Besitz von Macht, Geld und Geltung sind. Alle nehmen sie an ihm Ärgernis. »Ein Prophet gilt nirgends weniger als in seinem Vaterland und bei seinen Verwandten und in seinem Hause.« (Markus 6,4)

Er wird in Streit verwickelt. Er soll als Gesetzesbrecher und Aufrührer überführt werden. Er wird denunziert. Er bringt die religiösen und politischen Sicherungssysteme durcheinander. Denn der Mensch ist nicht um des Gesetzes, sondern das Gesetz um des Menschen willen gemacht, sagt er.

Er fordert Selbstvertrauen, Verzicht auf alle Rück-Versicherung, Loslassen und Gelassenheit, Leidensbereitschaft und zuerst und zuletzt: Zuversicht, Vertrauen, Wage-Mut. Denn es gibt Beistand für die, die die Wahrheit wagen. Aber die Wahrheit ist nicht billig, weil es um keine billigen Wahrheiten geht. So sendet er sie aus – die zwölf.

Wer dies liest, dem wird klar, dass es sich um eine Zusammenstellung von Jesusworten aus der nachösterlichen Situation handelt.

Die Gemeinde wird bereits verfolgt, da hört sie, was er ihnen zumutet und zutraut:

»Fürchtet euch nicht vor den Menschen.
Sie töten den Leib.

Aber die Seele töten
Können sie nicht.
Der aber Seele und Leib vernichten kann
In der Hölle:
Den sollt ihr fürchten.

Es stürzt kein Spatz auf die Erde herab,
wenn euer Vater nicht will:
Und zwei Spatzen
Kauft man für einen einzigen Pfennig!
Ihr aber seid mehr wert
als alle Spatzen zusammen!
Was soll euch geschehen,
da selbst die Haare gezählt sind,
auf eurem Haupt?
Nein, fürchtet euch nicht!

Wer sein Leben gewinnen will,
wird es verlieren,
doch wer es, um meinetwillen, verliert,
wird es gewinnen.

Wer euch aufnimmt,
nimmt mich auf.
Wer mich aufnimmt,
nimmt den auf,
der mich gesandt hat.
(Matthäus 10 nach der Übersetzung von Walter Jens)

Das sind Steilvorlagen: Wer euch aufnimmt, nimmt mich, den Menschensohn, auf. Und wer den Menschensohn aufnimmt, nimmt Gott selbst auf. Gott bei den Menschen zu Gast! Gott in der Gestalt der Geringsten bei den Menschen zu Gast.

Dieses Motiv wird eindringlich entfaltet in einem der drei so genannten Endzeitgleichnisse bei Matthäus im 25. Kapitel:

»Ich bin durstig gewesen, und ihr habt mir zu trinken gegeben. Ich bin ein Fremder gewesen, und ihr habt mich aufgenommen. Ich bin nackt gewesen, und ihr habt mich gekleidet. Ich bin krank gewesen, und ihr habt mich besucht. Ich bin im Gefängnis gewesen, und ihr seid zu mir gekommen.

Was ihr getan habt einem von diesen meinen geringsten Brüdern, das habt ihr mir getan.«

Diese Redeweise ist unmissverständlich und direkt, einfach und hintergründig, einleuchtend und begreiflich, voller Zumutung und voll Mut machendem Pathos.

Hier wechselt die Perspektive zwischen Nähe und Distanz zu Jesus und den Jüngern; sie sind ganz der Wirklichkeit ausgesetzt und ihr zugleich ganz enthoben, erleben irdische Nähe und himmlische Ferne! Der Auferstandene weist auf den Gemarterten hin. Einerseits singen Engel vom Himmel – und andererseits liegt da einer im Stall. Hier ein Wunderzeichen in den Wolken – und dort Tränen, Todesschreie, der Jammer der Frau unter dem Kreuz. Unendlich oft abgebildet in der »Kreuzigungsgruppe« in unseren Kirchen, aufgehängt in der Vierung.

Es bleibt bei allem, was ganz *offenbar* wird, etwas, das ganz verborgen bleibt. Ganz gewöhnliche Leute werden zu Zeugen des Außergewöhnlichen. Im ganz Alltäglichen vollzieht sich das ganz Besondere.

Die Evangelisten beschreiben einen Mann, der zwischen den Jahren 1 und 33 lebte; aber sie berichten nur von etwa zwei Jahren seines Lebens, zugleich antizipieren sie sein weiteres Geschick. Sie schildern hautnahe Berührungen, wie etwa Maria aus Magdala ihn salbt, wie Judas ihn küsst, die Soldaten ihn peitschen und wie er gleichzeitig der ganz andere, der ganz ungewöhnliche, der ganz außergewöhnliche

Mensch bleibt. Das dauernde Wechselspiel von »Leben mitten in der Welt« und »Entrückung«: Joseph ist der Vater, und er ist doch nicht Vater. Maria ist eine normale Frau aus Nazareth. Und Jesus – ein normal Pubertierender – bleibt einfach zurück in Jerusalem. Mit großer Sorge suchen die Eltern und finden ihn dann im Tempel sitzend, mitten unter den Lehrern, wie er ihnen zuhört und sie fragt. Als Vater und Mutter ihm sagen, dass sie ihn mit Schmerzen gesucht hätten, antwortet er ihnen: »Ihr? Mich gesucht? Wisst ihr denn nicht, dass ich im Hause meines Vaters sein muss?« Aber die Eltern verstanden nicht, was er sagte.

In ganz knapper Form: Nähe und Entrückung ins Bild gebracht, denn unmittelbar darauf geht er mit ihnen wieder nach Nazareth und ist ihnen gehorsam. Vorerst. Dann geht er den ihm vorbestimmten Weg – als sich bei seiner Begegnung mit Johannes über dem Jordan der Himmel auftut und eine Stimme hörbar wird: »Du bist mein lieber Sohn« (Markus 1,11).

Jesus zelebriert die Liturgien des Alltags, die Liturgien im Alltag. Und das Erhabene ist nicht das feierlich-steif Zelebrierte, sondern das unmittelbar sinnlich Erlebte: wie aus Dankbarkeit im Teilen des Wenigen in einer aufeinander abgestimmten Gemeinschaft von Menschen der Hunger gestillt wird, der Hunger nach Brot und der Hunger nach Leben! Voller Symbolik, voller geheimnisvoller Sinnbezüge ist das ganz Alltägliche. Es verweist zugleich über den Tag, über den Einzelvorgang hinaus.

Bethlehem – das heißt »Haus des Brotes«. Da wird er geboren, ER, der Brot bricht und teilt und sagt: »Ich bin das Brot des Lebens.« Der Alltag wird geheiligt – aber es geht um mehr als um die platte Oberfläche aller Dinge.

Diese Dialektik von Göttlichkeit und Menschlichkeit setzt sich in der gesamten theologischen, künstlerischen und literarischen Wirkungsgeschichte fort. Der vollkommene Mensch ist der geschändete Mensch. Diese Spannung wird in der Gotik dadurch vor Augen gestellt, dass der ganz und gar Unbefleckte, ästhetisch Vollkommene, weil moralisch Reine, am Kreuz hängt.

Und die vier Symbole der Evangelisten (wie sie Ezechiel in seiner sog. Thronwagenvision gesehen hat) zieren die vier Enden des Kreuzes. Der Vollkommene am Kreuz! Vollkommene Schöpfung Gottes wird der Bösartigkeit des Menschen ausgeliefert, am lebendigen Leibe ans Kreuz genagelt. Er liefert sich aus, mit Demutsgeste wird er abgebildet, jenem angedeuteten S in der Körperform der gotischen Kunst.

Der Gemarterte wird erst wieder sichtbar in aller Drastik und Dramatik im Grünewald'schen Isenheimer Altar. Ecce homo! Der Gemarterte. Der Pestkranke.

Ostern nicht denkbar ohne Karfreitag. Langer Konflikt der Theologien und der Kirche: Die Prunk- und Machtkirche mit vergoldeten Kreuzen und dem entrückten Pantokrator in kostbarstem Mosaik, präsentiert und repräsentiert die Theologia Triumphans und den Triumph der Kirche! Mächtigstes Symbol nach der Hagia Sophia: der Petersdom in Rom. Was hat das noch mit dem armen Jesus aus Nazareth und dem Fischer Petrus zu tun?

Ihr gegenüber steht die Theologia Crucis: der Christus von Karfreitag her, der Christus als leidender Gottesknecht (Jesaja 53), der Gerechte, der sich schinden lässt und sich für andere hingibt. Daraufhin eine Kirche, deren »Schatz« die Armen sind.

Da wird von Karfreitag her auf Ostern hin gedacht – und im Osterereignis immer auch auf Karfreitag verwiesen. Der Auferstandene ist nicht ohne seine Nägelmale denkbar. Sein Machtwort ist sein Wort der Liebe, nicht die erhobene Faust, sondern die ausgebreiteten Arme. Der Protest des Protestantismus beruht letztlich in dieser Reklamation der Menschlichkeit Gottes und seiner Zugewandtheit zu diesem

Leben, gipfelnd in seinem Leiden am Karfreitag. Reformation ist der stete Protest gegen eine Kirche, die sich zusammen mit ihren Repräsentanten selbst vergottet und sich zur Heilsmittlerin verklärt, wo doch der Vermittler des Heils allein der *Jesus* ist, der zum *Christus* wurde.

Luther fasst diese Dialektik in den Satz: »Wahrer Gott *und* wahrer Mensch«. Und so der Mensch: Gerechter *und* Sünder!

Die Ostkirchen und die römisch-katholische Kirche repräsentieren eine eschatologische (jenseitige) Hoffnung, wo in den prächtigen Kirchen ein Vorschein des himmlischen Jerusalem ebenso erlebbar werden soll wie im feierlichen Hochamt mit allem Sinnenschmaus!

In allen Evangelien findet sich schöpferische Anverwandlung von Tradition. Was die Evangelisten aufschreiben, ist historisch schwer belegbar. Sie interpretieren, was sie gehört haben, in *seinem* Sinne. Mit allem Widersprüchlichen. Lukas als Arzt sieht Jesus als jenen, der sich den Verlorenen zuwendet, diese aufsucht und einlädt: im Gleichnis vom verlorenen Sohn (das eigentlich das »Gleichnis vom liebenden Vater« heißen muss) oder im »Gleichnis vom verlorenen Groschen, vom verlorenen Schaf, vom großen Abendmahl« – jener Einladung an die, die sonst nirgendwo Zugang bekommen: »Geh schnell hinaus auf die Straßen und Gassen der Stadt und führe die Armen, Verkrüppelten, Blinden und Lahmen herein. […] Geh hinaus auf die Landstraßen und an die Zäune und nötige sie hereinzukommen, dass mein Haus voll werde.« Die sich als die »Würdigen« – die Würdenträger für die Empfänge von lauter Wichtigtuern aller Zeiten – verstehen, erwiesen sich als taub für seine Einladung. (Vergleiche Lukas 14, 21b – 23)

Die Evangelisten haben es vermocht, auf eine unnachahmliche, je eigene Weise das Erhabene und das Alltägliche ineinander zu verweben, das Geschehen zu erklären und zugleich das Geheimnis zu belassen, im historisch Abgeschlossenen das geschichtlich Offene zu zeigen, im Konkreten das zu Abstrahierende zu erahnen und zu entdecken.

Wer nur das Erhabene sieht, verliert Jesu Menschlichkeit und wird sakral. Wer nur das Alltägliche sieht, verliert seine Transzendenz und wird banal. Wer keine Linien zu erkennen vermag, wird verwirrt sein. Aber wer aus dieser Überlieferung ein System machen will, verliert seine Lebenswahrheit – und die ist voller Widersprüche und Brüche, ein Wechselspiel von Verborgenem und Offenbarem, von Zweifel und Gewissheit, von Gericht und Gnade.

Du kommst diesen vier großen Zeugnissen der Weltgeschichte dann nahe, wenn du erspürst, was diese wunderlichen Berichte von dir wollen, wozu sie dich herausfordern, ermutigen und ermuntern. Am ehesten begreifst du es, wenn du es Maria gleich tust, von der es bei Lukas am Schluss der Weihnachtsgeschichte heißt: »Maria aber behielt alle diese Worte und bewegte sie in ihrem Herzen.« (Lukas 2,19)

Das Wort wurde Mensch. Der Mensch wurde Wort. Das Wort wurde Form, die Form trug den Inhalt. Und alles kann so wahr wie schön wie gut sein. »Gut und schön« ist Gott.

»Friede sei mit euch!« und »Fürchtet euch nicht!« – das sind die Worte, die bei Jesu Geburt ertönen, für die verschreckten Hirten des Nachts. Und das sind die Worte für die verschreckten Jünger nach der Hinrichtung, als er ihnen erscheint und sie begreifen: Der ist nicht totzukriegen. Der lebt. Den hat Gott für uns zum Zeichen gesetzt. Als sie das begreifen, gehen sie los und werden zu Zeugen, in alle Welt, in alle Zeit, mit allen Konsequenzen. Mit einem Nähe- und Beistandsversprechen: »Siehe, ich bin bei euch alle Tage, bis ans Ende der Welt.«

Der Mensch im Widerspruch

Die Briefe des Apostels Paulus

Dreizehn Briefe werden dem Zeltmacher Paulus aus Tarsus zugeschrieben. Sie sind Teil der Heiligen Schrift der Christen geworden: Briefe nicht an einen bestimmten Einzelnen, sondern an mehrere Gemeinden. Er lässt sie versiegeln und persönlich überbringen. In den Gemeinden in Korinth oder Thessalonich wird man sie vorgelesen und sicher auch besprochen haben. Aber hat es Antworten gegeben? Wenn ja, von wem und welchen Inhalts? Oder blieben es Briefe ohne Antwort, war der Absender vielleicht gar nicht auf eine Antwort aus? Eines ist sicher: Die Briefe erhoben nicht den Anspruch, als Grundlagendokumente in die Geschichte des Christentums einzugehen – durch Aufnahme in den Kanon der Heiligen Schrift, die später Neues Testament heißen sollte.

Die Christen, zunächst eine »jüdische Sekte«, sehen sich in Kontinuität zu den Juden und deren Heiligen Schriften. Sie glauben, dass Jesus aus Nazareth der Christus, der Gesalbte ist.

Paulus schreibt konkret, kaum mit einem Ewigkeitsanspruch. Aber er schreibt als jemand, der sich ganz gewiss ist, dass der Geist Gottes ihn erfüllt, zumal er eine Berufung durch Christus selbst vorzuweisen hat, eine Berufung, der er sich nicht entziehen kann und nicht entziehen will. Er spricht deshalb mit einer prophetischen Unbedingtheit.

Die Briefe des Paulus haben Geschichte gemacht. Wessen Briefe bekommen schon den Rang höchster Autorität: Gottes Wort in den Worten des Paulus! Dabei ist der Vorgang höchst profan. Da wirbt einer in Palästina, Kleinasien und in Griechenland dafür, dass alle Menschen begreifen: In der Welt ist etwas neu geworden. Er gründet Gemeinden und reagiert auf Nachrichten aus diesen Gemeinden: mit Briefen.

Vergegenwärtigen wir uns etwas über die menschliche Briefkultur: Briefe teilen anderen etwas über den Absender mit. Sie erzählen Erfahrungen und Erlebnisse, Hoffnungen und Befürchtungen, Träume und Alpträume. Sie berühren Intimes und Intimstes – und sie können nüchtern, kalt und formal sein. Immer sind sie Ausdruck einer bestimmten Beziehung, und diese Beziehung drückt sich in der Form und im Inhalt des Briefes aus. Briefe tragen zur Selbstklärung bei.

Sie enthalten gute Wünsche, Ermahnungen und Ermunterungen.

Sie wollen Konflikte klären helfen und eine gemeinsame Zukunft eröffnen oder: den Abbruch besiegeln.

Und Briefe werden »Episteln«. (Dieser Ausdruck kommt daher, dass die Epistellesungen in der Kirche meistens Ermahnungen enthielten – was im Übrigen der Grundhaltung des Apostels Paulus nicht entspricht.)

Abgesehen von Behörden- oder Diplomatenbriefen haben Briefe immer etwas Persönliches, geradezu Konfessorisches. Sie verraten etwas über die Intensität, die Nähe oder Ferne zwischen Absender und Empfänger. Wir unterscheiden ganze Gattungen von Briefen: etwa Liebesbriefe, Bittbriefe, Versöhnungsbriefe, Brandbriefe, Geburtstagsbriefe, Drohbriefe, Scheidungsbriefe, Einladungsbriefe, Ablassbriefe, anonyme, öffentliche, fiktive Briefe …

Die letzten Briefe Martin Luthers an seine Käte enthalten seine ganze Theologie: das – mit deftigem Humor gewürzte – unerschütterbare Gott-Vertrauen. Auf das theologische

Denken des letzten halben Jahrhunderts – insbesondere die Verbindung zwischen persönlicher Existenz und Theologie – hat eine Briefsammlung gewirkt. Briefe, aus dem Gefängnis an einen Freund geschrieben, von Dietrich Bonhoeffer an Eberhard Bethge, herausgegeben unter dem Titel »Widerstand und Ergebung«. Authentizität bringt die Autorität – gerade das Persönliche wird das Übertragbare, nicht das Abstrakte. Das Persönliche ist etwas anderes als das Private!

Mir scheint, eine adäquate Redeform des Glaubens ist der Brief – nicht die theologische Dogmatik, nicht die abstrakte Erörterung, nicht der Katechismus. Es ist die Anrede, die persönliche Redeweise, wo einer mit Namen angesprochen wird und mit einer Grußform am Schluss verabschiedet wird. Briefe sagen nicht nur etwas von Menschen, Briefe sind wie Menschen – einmalig. Und jeder Mensch ist ein Brief. Jeder trägt eine Botschaft mit sich, eine einmalige. Und es liegt in der Natur des Menschen, sich mitzuteilen, einem anderen etwas mitzuteilen. Ein Brief bringt eine Sache mit einer Person (oder mit mehreren Personen) zusammen, wobei der Absender etwas *von* sich selber oder gar *sich* selber ganz zeigt – oder aber sich im Gegenteil so verbirgt, dass das Unausgesprochene beredt wird. Schon Anrede und Schlussformel sagen fast alles über die Beziehung von Absender und Adressat.

»Am Anfang war das Wort. Und das Wort wurde Mensch.« So beginnt der berühmte Prolog im Johannes-Evangelium. Das Wort, der Logos, das Abstraktum wurde Mensch. Man könnte dem Sinne nach auch so übersetzen: »Das Wort wurde Beziehung.« »Das Wort wurde Kommunikation.« »Das Wort wurde Anrede.« »Das Wort erschien in einem Du.«

Insofern ist der jahrhundertelange Versuch der Theologen, aus den Briefen des Apostels Paulus eine theologische

Lehre herauszudestillieren, zwar verständlich, ist aber stets substanziell viel weniger als das, was die Briefe an komplexer Wirklichkeit transportieren. Theologie als Brief! Paulus selbst schrieb im 2. Korintherbrief, Kapitel 3, Vers 2:

»Ihr seid unser Brief, in unser Herz geschrieben, erkannt und gelesen von allen Menschen!

Ist doch offenbar geworden, dass ihr ein Brief Christi seid, durch unsern Dienst zubereitet, geschrieben nicht mit Tinte, sondern mit dem Geist des lebendigen Gottes, nicht auf steinerne Tafeln, sondern auf fleischerne Tafeln, nämlich eure Herzen. …

Denn der Buchstabe tötet, aber der Geist macht lebendig.«

Paulus versteht sich als ein »Haushalter über Gottes Geheimnisse« (1. Korinther 4,1) und weiß, dass wir den »Schatz in irdenen Gefäßen« haben. (2. Korinther 4,7) Wohlgemerkt: Er sagt nicht: Wir haben ihn *nur* in irdenen Gefäßen, sondern wir haben ihn in irdenen Gefäßen – in der ganzen Zerbrechlichkeit, Ambivalenz und Alltäglichkeit.

So kann er denn einschärfen:

»Trachtet nicht nach hohen Dingen, sondern haltet euch herunter zu den geringen. Haltet euch nicht selbst für klug.« (Römer 12, 16b)

Der Mensch ist wichtig genommen, aber er soll sich nicht (zu) wichtig nehmen. Durchgängig in seinen Briefen die Mahnung: sich nicht aufzuplustern, nicht mehr von sich zu halten, als es sich gebührt, nicht zänkisch die Autorität zu betonen oder mit einer bestimmten Begabung zu prahlen. Jeder tue das Seine – das, was ihm zugewiesen ist, wo seine Begabung liegt. (Im Deutschen wird dieser innere Zusammenhang wunderbar klar: In dem Wort »Begabung« steckt die Gabe – das, was einem Menschen mitgegeben ist –, von der er lebt und aus der er etwas machen kann.) Niemand rühme sich selbst, und er personalisiere die Botschaft nicht auf bestimmte Autoritäten, ob auf Paulus, Apollos, Petrus.

Einen anderen Grund kann und soll niemand legen als

den, der gelegt ist: Jesus Christus. Und genau dies ist es, wogegen auch Martin Luther polemisierte: gegen Aufplusterungen des Papsttums und die Selbstbeweihräucherung der Kirche, dieser ecclesia triumphans, die sich von Christus selbst ganz entfernt und in all ihrem Pomp an dessen Stelle tritt. Als sich einige »lutherisch« nennen wollten, schrieb Luther: »Was nennt ihr euch nach mir altem stinkendem Madensack.« Paulus hatte an die Korinther geschrieben:

»Niemand betrüge sich selbst. Welcher sich unter euch meint, weise zu sein in dieser Welt, der werde ein Narr, dass er weise werde.« (1. Korinther 3,18)

Schließlich ist Gott in die Niedrigkeit einer Krippe gekommen und seine Erhöhung heißt Kreuz. Gott selbst tut das, was »vor der Welt« eine Torheit ist.

Paulus schrieb Briefe, ganz konkret in ihren Bezügen, ganz grundsätzlich in ihren Aussagen.

Was Paulus immer wieder im Innersten anficht, ist der unerquickliche Rangstreit, der sich in der christlichen Gemeinde sehr früh einstellt. Angesichts dieses jämmerlichen Streites kommt er zu grundsätzlichen Aussagen.

»Nicht über das hinaus, was geschrieben steht!, damit sich keiner für den einen gegen den andern aufblase. Denn wer gibt dir einen Vorrang? Was hast du, das du nicht empfangen hast? Wenn du es aber empfangen hast, was rühmst du dich dann, als hättest du es nicht empfangen? [...] Denn ich denke, Gott hat uns Apostel als die Allergeringsten dargestellt, wie zum Tode Verurteilte. Denn wir sind ein Schauspiel geworden der Welt und den Engeln und den Menschen. Wir sind Narren um Christi willen, ihr aber seid klug in Christus; wir schwach, ihr aber stark; ihr herrlich, wir aber verachtet. Bis auf diese Stunde leiden wir Hunger und Durst und Blöße und werden geschlagen und haben keine feste Bleibe und mühen uns ab mit unsrer Hände Arbeit. Man schmäht uns, so segnen wir; man verfolgt uns, so dulden wir's; man verlästert uns, so reden wir freundlich. Wir sind geworden wie der

Abschaum der Menschheit, jedermanns Kehricht, bis heute.« (1. Korinther 4,6.7.9–13)

So schreibt Paulus an seine geliebte Gemeinde in der großen griechischen Hafenstadt Korinth. Sie blasen sich auf, diese Korinther. Es gibt Machtkämpfe, Ehrabschneidungen, Verleumdungen, Klatsch und Tratsch, Spaltung, Irrlehren, selbsternannte Heilsbringer.

Bitter kann er werden. Er bedient sich des Mittels der Ironie in geistlichen Dingen. Aber die Bornierten verstehen niemals die Ironie. (Selbstgewisse sind an Dummheit nicht zu übertreffen, weil sie zu einer Selbstdistanz nie in der Lage sind. Außerdem sind sie von keines Gedankens Blässe angekränkelt. Die Dummheit ist pausbäckig. Für sie ist eben »alles klar«; Gewissen, ja Gewissenszweifel wären für sie nur eine Störung der Verdauung.)

Einen »Narren in Christo« nennt er sich – er ist ein Aufgerissener, ein in der Tiefe Verletzter, einer, dem ewig Misstrauen begegnet, dem seine Vergangenheit ewig vorgerechnet wird, einer, dem man den Neidknüppel ins Gesicht wirft, ein Epileptiker, ein Fallsüchtiger, rhetorisch ganz und gar nicht glänzend, wahrscheinlich gar ein Stotterer. Und er sucht doch Klarheit und Wahrheit, Nähe und Harmonie.

Seine Sprache gibt die Schärfe seines Denkens, die Widersprüche dieser Welt und die Widersprüche in jedem Einzelnen wieder – zusammen mit seinem Gemütszustand.

Bisweilen hastet er mit seinen Worten über seine Sätze, in Wortkaskaden, zu Gegensatzpaaren gesteigert. Ungewollt verfeinert er das Kunstmittel des Anakoluths, der abgebrochenen Rede, wo Gedanken nicht zu Ende geführt werden, sondern vom Leser ergänzt werden müssen; weil er nicht viele Worte brauchen kann, weil sie ihn nur stören könnten, um zur Sinnspitze vorzudringen.

Immer wieder stellt er rhetorisch erscheinende Fragen, vor allem die Frage: »Was sollen wir nun hierzu sagen?« Und dann kommt er zur gesammelten Antwort: »Das sollen wir dazu sagen.« Nirgendwann will er überreden mit menschlicher Weisheit oder geschickter Rhetorik, sondern alles solle geschehen »in Erweisung des Geistes und der Kraft« (1. Korinther 2,4). Was soll sich erweisen durch ihn? Dass er ein Mitarbeiter ist, nicht mehr und nicht weniger. (Mitarbeiter! – Welche Worte in unserer Sprache sind nicht missbrauchbar?)

Paulus sah den ganzen Jammer und die ganze Jämmerlichkeit des Menschen und auch der christlichen Gemeinden. Dennoch schrieb er kühn:

»Ist jemand in Christus, so ist er eine neue Kreatur; das Alte ist vergangen, siehe, Neues ist geworden.« (2. Korinther 5,17)

Und wer da erneuert ist, soll das Neue leben, als ein zum zweiten Mal geborener Mensch. Solche Erneuerung zu anderen tragen, also ein Botschafter der Versöhnung an Christi Statt sein, nämlich als einer, der Versöhnung erlebt hat – und das mitten in einer Welt von Nachrechnern und Aufrechnern, einer Welt von Hartherzigkeit, Rache, Vergeltung, Herrschsucht und Rechthaberei zu wagen.

Wer Versöhnung erfahren hat, soll nun bestehen – als ein Mithelfer an der Sache Christi. Wir Menschen sollen die Gnade Gottes nicht vergeblich, nicht umsonst empfangen haben. Und er will, dass die Missionare in allen Dingen sich als Diener Gottes verstehen:

»... in großer Geduld, in Trübsalen, in Nöten, in Ängsten, in Schlägen, in Gefängnissen, in Verfolgungen, in Mühen, im Wachen, im Fasten, in Lauterkeit, in Erkenntnis, in Langmut, in Freundlichkeit, im heiligen Geist, in ungefärbter Liebe, in dem Wort der Wahrheit, in der Kraft Gottes, mit den Waffen der Gerechtigkeit zur Rechten und zur Linken, in Ehre und Schande; in bösen Gerüchten und guten Gerüchten; als Verführer und doch wahrhaftig; als die Unbekannten, und doch bekannt; als die Sterbenden und siehe, wir leben; als die Gezüchtigten, und doch nicht getötet; als die Traurigen, aber allezeit fröhlich; als die Armen, aber die doch viele reich machen; als die nichts haben, und doch alles haben.« (2. Korinther 6,4–9)

Nachdem Paulus seine ganze Existenznot und seine Enttäuschung ausgedrückt hat, kann er sofort fortfahren und denen, mit denen er im Streit liegt, sagen: »[...] unser Mund hat sich euch gegenüber aufgetan, unser Herz ist weit geworden. Eng ist nicht der Raum, den ihr in uns habt; eng aber ist's in euren Herzen.«

Und er bittet sie inständig: »[...] macht auch ihr euer Herz weit.« (2. Korinther 6,11–12)

Nachträglich betrachtet, ist es ein Glücksfall, dass die Bibel kein theologisches System bietet, sondern Erfahrungsberichte in aller Vielfältigkeit und Widersprüchlichkeit: Dahinter ist fast immer ein konkreter Mensch – mit allen seinen Begabungen und Begrenzungen – zu spüren.

Theologie gibt es im eigentlichen Sinne nur als theologische Existenz. Ein Gedanke, eine Erleuchtung, eine Eingebung kommt aus einem inspirierten Gemüt, bricht aus ihm heraus, sammelt sich, *kommt* zur Sprache und *wird* zur Sprache.

Paulus – das ist die farbigste, die sperrigste, die umstrittenste, zugleich die geistvollste, tiefgründigste und sprachgewaltigste, die gebildeteste, die mutigste und die verzücktfröhlichste Figur der frühen Christenheit.

Was hat denn Petrus geleistet, der mit dem Schlüssel und dem unmittelbaren Erbanspruch? Auf ihn wollte Christus seine Kirche bauen. Das Papsttum glaubt bis heute, das gälte den Päpsten allen in apostolischer Sukzession. Petrus verspricht vollmundig »uneingeschränkte Solidarität«, selbst wenn alle abfallen sollten – er nicht.

Dann schläft er im Garten Gethsemane ein, wie die anderen auch. Bei der Gefangennahme Jesu zückt er das Schwert zur Verteidigung, weil er den Beistand himmlischer Heerscharen erwartet. Dann aber verleugnet er dreimal. Kreatürliche Angst – um die eigene Haut. Sehr menschlich. Nur, warum musste er den Mund so voll nehmen? Auf diesen Petrus baut sich die katholische Kirche – auf den Paulus die protestantische. Der eine wird dargestellt mit dem Schlüssel, mit dem er das Reich Gottes aufschließt, und der andere mit dem Schwert, mit dem er die Geister scheidet.

Paulus ist der Mann der scharfen Unterscheidungen. Der große Exeget des Neuen Testaments, Ernst Käsemann, hat im Sinne des Apostels Paulus die Theologie als die Fähigkeit bezeichnet, »die Geister zu unterscheiden« (1. Korinther 12,10).

Der Widerspruch im Menschen zwischen dem inneren Wissen dessen, was gut und richtig ist, ist das eine (Syneidesis – das Mitwissen des Menschen mit sich selbst und die Fähigkeit, zu beurteilen, was er tut, also Gewissen hat). Das andere ist der konkrete Lebenswiderspruch oder – besser gesagt – der Riss in seinem Leben: diese schicksalhafte, diese bewusste Kehrtwendung.

Das Stigma der Vergangenheit bleibt, ob bei dem U-Boot-Kommandanten des Ersten Weltkrieges und entschiedenen Pazifisten seit seiner KZ-Zeit in Dachau Martin Niemöller, beim Helden des Sechstage-Krieges General Rabin, der genauso zum Friedensnobelpreisträger wurde wie der einstige Vater der sowjetischen Atombombe Andrej Sacharow.

Es gibt Wendebiografien, die sind so erschütternd wie überzeugend. Und es gibt andere, die sind geradezu schäbig.

Paulus, zunächst orthodoxer, also rechtgläubiger fundamentalistischer Jude, Eiferer für ein Judentum unter Jerusalemer Führung, das Abweichler verfolgt. Er bewirbt sich geradezu darum, nach Damaskus zu ziehen, um Jesusanhänger ausfindig zu machen, sie gefesselt nach Jerusalem zu schleppen, damit ihnen dort – vor dem Synedrion – der Prozess gemacht werden könne. Auf der Verfolgungs-Reise ereilt es ihn: ein grelles Licht vom Himmel, ihn blendend. Er fällt auf die Erde und hört eine Stimme: Saul, Saul, was verfolgst du mich? – Wer bist du? – Ich bin Jesus, den du verfolgst, steh auf und geh.

Die Gefährten – erstarrt. Sie hörten die Stimme, aber sie sehen nichts. Paulus steht auf, tut seine Augen auf und »er sieht nichts«. Der Verfolger muss geführt werden, findet Aufnahme in der christlichen Gemeinde in Damaskus. Ananias wird berufen, Paulus zu sagen, wozu er fortan berufen ist. »… dieser ist mein auserwähltes Werkzeug, dass er meinen Name trage vor Heiden und vor Könige und vor das Volk Israel. Ich will ihm zeigen, wie viel er leiden muss, um meines Namens willen.«

Ananias legt ihm die Hand auf und sagt: »Lieber Bruder Saul … und sogleich fiel es von seinen Augen wie Schuppen, und er wurde wieder sehend.« (Apostelgeschichte 9,15 ff.)

Paulus lässt sich taufen – und wird der Sehende, der sehr klar Sehende, erfüllt mit dem heiligen Geist. Viele wissen noch, noch sehr lange, wer er gewesen war: Misstrauen bleibt. Und er wirbt mit ganzem Einsatz für Jesus – wie es heißt – »mit Freimut«. Nun wird der Verfolger der Verfolgte – von seinen jüdischen Glaubensbrüdern –, muss in einem Korb von der Stadtmauer heruntergelassen werden, damit diejenigen Fundamentalisten ihn nicht umbringen, in deren Auftrag er selber die Christen umbringen wollte. Er taucht in Cäsarea unter, streitet mit Gebildeten (also griechisch gebildeten Juden), bleibt bis zu seinem Lebensende unentwegt unterwegs – der Missionar Europas. Seine Spur verliert sich in Rom, wohin er zum Prozess gebracht worden war. Oder kam er doch noch nach Spanien? Wir wissen es nicht. Was wir von ihm wissen, erschließen wir aus seinen Briefen. Dazu kommt die biografische Belletristik des Lukas – gut erzählt, schönes katechetisches Material, historisch von bedingtem Wert. Aber was heißt hier: historisch von Wert?

Was ist gewonnen, wenn das Damaskus-Erlebnis auf einen epileptischen Anfall zurückgeführt wird? Wenn Tiefenpsychologen sich daran machten, die Kehrtwendung eines orthodoxen Juden zu erklären, ihn auf eine typische Renegatenpsychologie zu reduzieren? Wie viel Erkenntnis gewinnt man, wenn man auch nur einem einzigen Satz nachsinnt!!

Der dort auf die Erde gefallene Paulus, geblendet von einem himmlischen Licht und im Mark getroffen von einer Stimme, steht wieder auf von der Erde, »und als er seine Augen auftat, sah er nichts« (Apostelgeschichte 9,8).

Der Neu-Sehende ist zunächst der ganz Erblindete. Meister Eckhart, der große Mystiker des Mittelalters, hat diesen Satz in einem vierfachen Sinne ausgelegt: »Mich dünkt, dass dies Wörtlein vierfachen Sinn habe. Der eine Sinn ist dieser: Als er aufstand von der Erde, sah er mit offenen Augen nichts, und dieses Nichts war Gott: denn als er Gott sah, das nennt er ein Nichts. Der zweite Sinn: Als er aufstand, da sah er *nichts als* Gott. Der dritte: In allen Dingen sah er nichts als Gott. Der vierte: Als er Gott sah, da sah er alle Dinge als ein Nichts.«[7]

»›Paulus stand auf von der Erde, und mit offenen Augen sah er nichts.‹ Ich kann nicht sehen, was Eins ist. Er sah nichts: das war Gott. Gott ist ein Nichts, und Gott ist ein Etwas. Was etwas ist, das ist auch nichts. Was Gott ist, das ist er ganz. Daher sagt der erleuchtete Dionysius, wo immer er von Gott schreibt: Er ist (ein) Über-Sein, er ist (ein) Über-Leben, er ist (ein) Über-Licht. Er legt ihm weder dies noch das bei, und er deutet (damit) an, dass er (irgend etwas) ich weiß nicht was sei, das gar weit darüber hinaus liege. Siehst du irgend etwas oder fällt irgend etwas in dein Erkennen, so ist das Gott nicht; eben deshalb nicht, weil er weder dies noch das ist. Wer sagt, Gott sei hier oder dort, dem glaubet nicht. Das Licht, das Gott ist, das leuchtet in der Finsternis (Joh. 1,5). Gott ist ein wahres Licht: wer das sehen soll, der muss blind sein und muss Gott von allem Etwas fern halten.«[8]

»›Als er nichts sah, da sah er Gott.‹ Das Licht, das Gott ist, fließt aus und verfinstert alles (andere) Licht. In jenem Licht, in dem Paulus da sah, in dem sah er Gott, sonst nichts. Daher sagt Job: ›Er gebietet der Sonne, dass sie nicht scheine, und hat die Sterne unter sich verschlossen wie unter einem Siegel‹ (Job. 9,7). Dadurch, dass er von jenem Licht umfangen war, sah er sonst nichts; denn alles, was zu seiner Seele gehörte, war bekümmert und beschäftigt mit dem Lichte, das Gott ist, sodass er sonst nichts wahrzunehmen vermochte. Und das ist uns eine gute Lehre; denn, wenn wir uns um Gott bekümmern, so sind wir wenig von außen her bekümmert.«[9]

Wer so nachdenkt, der entdeckt den tiefen Sinn, den Tiefsinn der Schrift!

Der Dramatik der Bekehrung, wie es die Apostelgeschichte 9 erzählt, entspricht die Dramatik des Streites mit den Jerusalemer Juden-Christen, die meinten, auch die Christen müssten erst Juden werden durch Beschneidung, ehe sie Christen werden könnten, und müssten sich dem Gesetz Moses auch äußerlich unterwerfen. Paulus geht es nicht um äußere Zeichen, sondern um innere Veränderung. Er spricht gar von der »Beschneidung der Herzen«. Dann kommt es zum ersten Konzil – oder sagen wir: »Parteitag«, der mit einem Kompromiss endet. Sie entschließen sich, dass die gleiche Botschaft in unterschiedlicher Weise, also adressatenbezogen, weitergetragen wird. Man muss nicht über den Umweg eines gesetzestreuen Juden, der sogar deren Speisegebote einhält, zum Christen werden.

Die Eintracht trügt; man geht sich aus dem Wege – man geht verschiedene Wege. Aber man weiß wenigstens, dass man denselben Christus verkündigt, der *größer* ist als die Unterschiede der Gemeindetradition oder Kirchen.

Paulus bleibt der Hinzugekommene, der Jesus, den Meister der zwölf Jünger, nicht leiblich erlebt hat und vielleicht gar keine Geschichte von ihm kennt. Aber das Leben Jesu interessiert ihn nicht; ihn interessiert der lebendige Christus, der zum befreienden Herrn für das Leben wird. Und so geht es ihm auch nicht um Imitatio Christi, nicht darum, so zu sein oder so zu leben wie dieser großartige Mensch, der Wanderprediger aus Nazareth, Wundertäter, Geschichtenerzähler, friedfertiger Mensch durch und durch, sondern darum, *in* ihm zu sein, *von* ihm bestimmt zu sein – befreit und verpflichtet, nicht verpflichtet und verängstigt!

Lebenslang wehrt er sich gegen zwei Missverständnisse: erstens gegen das moralische. Christ würde man durch die Einhaltung einer bestimmten Summe moralischer Vorschriften, die mit einem abrechenbaren Ergebnis zu einem gnädigen göttlichen Richterspruch führt. Dagegen hält er: Der Mensch ist *vor* allem in seinem Tun ein ›Begnadeter‹ und soll als ›Begnadeter‹ nun handeln, aber: mit einer freien Sicht auf die Dinge, wissend, dass er nicht schuldlos leben kann, aber Schuld abladen kann, sich nicht rechtfertigen muss.

Und das zweite Missverständnis ist das religiöse, gegen das er sich wehrt. Der Mensch könne durch Riten, durch das Befolgen diverser religiöser Vorschriften – wie Beschneidung, Speisegebote oder irgendwelche Opfer – Gott nahe kommen. Ihm geht es um den Existenzwechsel, um die Veränderung, ja die Erneuerung des Denkens, um eine Befreiung der ganzen Person und nicht um religiöse Verengung oder Überhöhung des Religiösen.

Er hält konsequent am Monotheismus fest: Das Subjekt ist Gott, der seinen Sohn gesandt hat, der *in* ihm und *durch* ihn wirkt, *in* der Kraft seines Geistes weiterwirkt. Dieser

Geist ist der von Christus bestimmte Geist, der Menschen kräftigt, gründet, ergreift, erfüllt, verwandelt.

Es scheint, als ob er aus Konflikten überhaupt nicht herauskommt: ob um seine eigene Person, ob im fortgesetzten Rangstreit der Jünger, der besonders vom Petrus-Kreis in Jerusalem ausgeht, ob um die Frage nach der jüdischen Abkunft (ob also die Christengemeinde nur eine Spielart des *Judentums* ist, oder ob in Christus nicht *alle Völker* erlöst werden – also in Christus der kosmische Erlösungswillen Gottes begegnet). Er hat zu kämpfen mit den Dionysoskulten, mit den Gnostikern (wir würden heute sagen: Esoterikern), mit den Geistverzückten (vergleichbar den Pfingstlern), mit den Traditionalisten (wir würden sagen: Nostalgikern und jeglichen Verklärern der Vergangenheit). Und er ist ein Unruhestifter, der der römischen Administration stets ein Dorn im Auge ist.

Verpetzt von den Juden an die Römer, wird ihm der Prozess gemacht, jahrelang.

Seine Person muss eine hohe Faszinationskraft gehabt haben, die gar dazu führt, dass ein Gelähmter wieder gehen kann und die Leute nun sogleich ihn und seinen Gefährten Barnabas als »Merkur und Jupiter« anbeten wollen. (Wie viele sind in solchen Fällen davor gefeit, solches Ansinnen anzunehmen? Wer ist schon bereit, wenn er Macht ausüben und ausbauen kann, Huldigungen und Schmeicheleien zurückzuweisen?)

Und als er eine Frau von einem Wahrsagegeist befreit, macht er sich sofort diejenigen zu Feinden, die an dem Wahrsagegeist einer besessenen Frau ihr Geld verdienen. Er und seine Begleiter werden sofort denunziert: Sie würden Aufruhr in die Stadt bringen, also die Geschäftsbeziehungen – auch die unsauberen – durcheinanderbringen. Law-and-Order-Ideologien führen stets zu diktatorischen Maßnahmen; so werden sie vorsichtshalber ins Gefängnis geworfen.

Im Gefängnis beten und singen sie so, dass es die anderen Gefangenen hören.

»Plötzlich aber geschah ein großes Erdbeben, sodass die Grundmauern des Gefängnisses wankten. Und sogleich öffneten sich alle Türen, und von allen fielen die Fessel ab.« (Apostelgeschichte 16,25–26)

Der Kerkermeister fährt aus dem Schlaf und sieht die Gefängnistore offen und will sich selber töten, denn er würde verantwortlich gemacht werden, wenn die Gefangenen geflohen sind. Aber die Gefangenen haben das Gefängnis nicht verlassen. Es gibt eine andere Freiheit als die, ein Gefängnis zu verlassen.

Um die Botschaft an den Kerkermeister geht es: Der Kerkermeister wäscht ihnen die Striemen ab, wird gläubig, lässt sich taufen.

Als den Behörden bekannt wird, dass sie einen schwerwiegenden juristischen Formfehler begangen haben, wollen sie die Sache vertuschen und Paulus und Silas heimlich ziehen lassen; diese aber bestehen darauf, dass die Verantwortlichen selber kommen, ihren Irrtum offenbaren und sie vor aller Augen freilassen.

Darauf folgt, nach der schmückenden Erzählung Lukas' in Apostelgeschichte 17, die berühmteste und vielleicht folgenreichste Geschichte: Paulus geht auf den Areopag – dort, wo die Gelehrten der damaligen Welt zusammentreffen und miteinander streiten und um die Wahrheit ringen, insbesondere die beiden damals bestimmenden philosophischen Schulen der Epikuräer und der Stoiker, aber auch Anhänger kleinerer und größerer Religionsgemeinschaften.

Auf dem Areopag sind sie alle versammelt, die Götterstatuen aller Glaubensrichtungen – und aus Angst, *ein* Gott könnte vergessen sein und dies den Menschen übel nehmen, haben sie »dem unbekannten Gott« auch noch einen Altar gebaut. Das ist der Anknüpfungspunkt für Paulus: Dieser euch unbekannte Gott – das ist der eigentliche Gott: Ursprung und Ziel aller Dinge, der Sehnsuchtsort all derer, die da suchen, der aber keiner Statuen und keiner religiösen Riten bedarf. Paulus verfährt nach dem Muster »Anknüpfung und Widerspruch«. Die Stoiker meinen, dass alle Menschen in Gott leben, weben und sind und dass wir Menschen göttlichen Geschlechts seien. Aber das lässt sich – nach Paulus – nicht in Götterstatuen ausdrücken. Gott habe sich in einem Mann manifestiert, der auf Erden gelebt hat, der gestorben und wieder auferstanden ist und der den Erdkreis richten werde mit Gerechtigkeit.

Zustimmung erntet er, Kopfschütteln – und Nachdenklichkeit. Einige sagen, sie wollten ihn noch ein anderes Mal hören. Diese Bewährungsprobe des Paulus auf dem Areopag hatte Konsequenzen für das Christentum, das sich in den folgenden Jahrhunderten dem Dialog mit der Philosophie und mit anderen Religionen stellte. Immer dann, wenn es den Dialog verweigerte, brannte die Welt: Kreuzzüge, Reconquista, Scheiterhaufen, Dreißigjähriger Krieg. (Was heißt das heute im »Kampf der Kulturen« und bei »enduring freedom«?)

Paulus hat als erster Christ mit seiner hellenistischen Bildung – aus jüdischer Tradition – gearbeitet, Argumentation und Bekenntnis zusammengehalten, nicht bloß erwogen, sondern auch entschieden, aber vor der Entscheidung stand und steht das Erwägen.

Über allem bleibt das JA Gottes zum Menschen. In Christus. Unser Wort ist nicht ein JA und NEIN zugleich. Jesus war nicht JA und NEIN, »sondern es war JA in ihm«, heißt es zu Beginn des 2. Korintherbriefes (2. Korinther 1,15–22).

Über eines kann man sich nicht genug wundern: Wie konnte einer, der nach der Kreuzigung Jesu zum Christen wurde, nicht nur nachträglich in den Rang eines Apostels kommen, sondern mit seinen Briefen gar kanonischen Rang erlangen? Briefe wurden heilige Schrift, Wort Gottes!

Nicht einmal alle sind »echt«, sondern werden ihm zugeschrieben, bereits aus Verehrung für seine Person. Das als Fälschung zu deuten wäre unangebracht, weil dies ein damals allgemein übliches Stilmittel war.

Die Evangelien wurden sämtlich erst nach dem Tode des Paulus schriftlich fixiert.

Sein erster Brief an die Thessalonicher stammt aus dem Jahre 51, die Evangelienberichte stammen erst aus den Jahren nach 70, das Johannes-Evangelium entstand gar noch später.

Berufen worden ist Paulus etwa ein Jahr nach dem Tode Jesu. Ihm war das Faktum der Menschwerdung, das Faktum der Kreuzigung und der Glaube an die Auferstehung das Entscheidende. Er hört die Stimme des erhöhten Christus, nicht die Stimme eines durch die Lande ziehenden Wanderpredigers und Rabbis. Die konkrete Geschichte und die einzelnen Geschichten interessieren ihn nicht – oder wenig. Er schaut nicht zurück auf das Leben Jesu, seine Lehrpredigten und Wundertaten, sondern er erwartet die Wiederkunft des von Gott zu neuem Leben Erweckten – und dies bald. Nur aus diesem Grunde akzeptiert er auch die römische Macht, ja, er rät den Sklaven, in ihrem Stande zu bleiben, denn diese Welt vergeht:

»Die Nacht ist vorgerückt, der Tag aber nahe herbeigekommen. So lasst uns ablegen die Werke der Finsternis und anlegen die Waffen des Lichts. Lasst uns ehrbar leben wie am Tage, nicht in Fressen und Saufen […]

Den Schwachen im Glauben nehmt an und streitet nicht über Meinungen. […]

Ein jeder sei in seiner Meinung gewiss.

Denn das Reich Gottes ist nicht Essen und Trinken, sondern Gerechtigkeit und Friede und Freude in dem heiligen Geist.«

(Römer 13,12ff.; 14,1.5b.17)

Als er gefoltert wird, beruft er sich darauf, dass er römischer Bürger sei, also auch nicht ohne Urteil festgehalten werden dürfe. Er besteht darauf, dass er das Bürgerrecht nicht gekauft habe, sondern römisch geboren sei. Er beruft sich also auf das weltliche Recht vor den Römern und wird wie Jesus wiederum vor den Hohen Rat gestellt. Und er wehrt sich (in der Überlieferung des Lukas) mit folgenden Worten:

»Ihr Männer, liebe Brüder, ich habe mein Leben mit gutem Gewissen vor Gott geführt, bis auf diesen Tag.

Der Hohepriester Ananias aber befahl denen, die um ihn standen, ihn auf den Mund zu schlagen. Da sprach Paulus zu ihm: Gott wird dich schlagen, du getünchte Wand! Sitzt du da und richtest mich nach dem Gesetz und lässt mich schlagen gegen das Gesetz?« (Apostelgeschichte 23,1–3)

Und dann nutzt er eine List, indem er einen heftigen innerjüdischen Streit auslöst. Er bekennt sich selbst als Pharisäer (die an die Möglichkeit der Auferstehung glauben) und bringt die Sadduzäer auf (die das bestreiten). Schon gibt's Tumult. Der römische Statthalter fürchtet größeren Aufruhr – und bringt ihn in Gewahrsam.

Paulus kennt sich aus im römischen Recht und in der Rechtsprechung der Juden. Und er macht sie sich alle zu Feinden – weil er sie auf den Bruch ihrer eigenen Gesetze hinweist. Da wird Paulus dann ganz auf sich gestellt – ist ganz allein. Aber Lukas erzählt:

»In der folgenden Nacht aber stand der Herr bei ihm und sprach: Sei getrost! denn wie du für mich in Jerusalem Zeuge warst, so musst du auch in Rom Zeuge sein.« (Apostelgeschichte 23,11)

Das ist es: nicht nur in der römischen Provinz Palästina, im Zentrum der Macht ZEUGE sein!

Im Wort und im Leben will Paulus ein Zeuge sein, der sich bewährt und der weiß, dass er bewahrt wird, auch im

Leiden. SEINE Kraft ist in den Schwachen mächtig. Und wenn es ums Rühmen geht, so rühmt er sich nicht seines Mutes, sondern er rühmt sich seiner Schwachheit. Er kehrt nichts Heldisches heraus, sondern er bewährt seinen Glauben – nicht mehr und nicht weniger. Nicht weniger – *mehr*!

Einer der wenigen deutschen Professoren, die 1933 den »Eid auf den Führer« verweigerten und relegiert wurden, der Theologe der so genannten Bekennenden Kirche Karl Barth, schrieb im Vorwort zu seinem Römerbrief im August 1918:

»Paulus hat als Sohn *seiner Zeit* zu seinen Zeitgenossen geredet. Aber *viel* wichtiger als diese Wahrheit ist die andere, dass er als Prophet und Apostel des Gottesreiches zu *allen* Menschen *aller* Zeiten redet.

Was einmal ernst gewesen ist, dass ist es auch noch heute. Und was heute ernst ist und nicht bloß Zufall und Schrulle, das steht auch in unmittelbarem Zusammenhang mit dem, was einst ernst gewesen ist. Unsere Fragen sind, wenn wir uns selber recht verstehen, die Fragen des Paulus und des Paulus Antworten müssen, wenn ihr Licht uns leuchtet, unsere Antworten sein.«

Geschichtsverständnis ist ein fortgesetztes, immer aufrichtigeres und eindringenderes Gespräch zwischen der Weisheit von gestern und der Weisheit von morgen, die eine und dieselbe ist.

Bei Paulus heißt es: »Ich ermahne euch nun, liebe Brüder, durch die Barmherzigkeit Gottes […] stellt euch nicht dieser Welt gleich, sondern ändert euch durch die Erneuerung eures Sinnes […]«(Römer 12,1–2)

Karl Barth schreibt dazu unter der Überschrift: »Die große Störung«

»Denn das Leben ist nun einmal nicht einfach, nicht direkt, nicht eindeutig. Einfach, direkt und eindeutig ist immer nur die Oberfläche einzelner Erscheinungen, nie und nirgends aber ihre Tiefe, ihr Zusammenhang, die Krisis, in der sich alles Erscheinende befindet, die Realität, von der es Zeugnis gibt. Gerade als dialektisches Denken erfüllt also das Denken seinen Zweck als Frage nach Tiefe, Zusammenhang und Realität des Lebens, seinen Zweck, Besinnung auf den Sinn des Lebens herbeizuführen, Sinngebung an das Leben zu ermöglichen. Wären seine Wege direkter, *weniger* gebrochen, *leichter* übersichtlich, so wäre das das sicherste Zeichen dafür, dass sie am Leben, das heißt aber an der Krisis, in der sich dieses Leben befindet, vorbeigehen. Doktrinär ist nicht das so genannte ›komplizierte‹, sondern das viel gerühmte ›einfache‹ Denken, das immer schon zu wissen meint, was es doch nicht weiß. Echtes Denken kann darum die oft gewünschte Gradlinigkeit nicht haben, muss darum so unmenschlich und weltfremd sein, weil es selber keine biologische Funktion, sondern die Frage bedeutet, deren Beantwortung die Möglichkeit aller biologischen Funktionen ist. Denn als Frage nach *dieser* Antwort ist es selber nicht Akt, sondern Voraussetzung.«[10]

»Ermahnen kann man also nur von dort aus, wo Pharisäer und Zöllner ganz und gar in einer Reihe stehen [...] und also gar kein moralisches Ressentiment gegen einen Tirpitz zum Beispiel oder gegen einen Bethmann-Hollweg oder auch gegen einen Lenin vorliegt, wohl aber die Einsicht, dass die in die Augen springende Problematik solcher Gestalten ganz und gar ihre Parallele hat in der aus Gründen in den Ausmaßen etwas bescheidener geratenen eigenen Lebensproblematik, dass sie nur Schattenbild ist einer noch ganz andern Problematik, vor deren Unheimlichkeit jeder Mensch nur verstummen kann. Ermahnung ist also überall da nicht möglich, wo der Ermahner einen Programmentwurf und eine entsprechende Anklageschrift schon in der Tasche hat. Unverkennbar verrät sich alles menschliche Ethos, das von den Höhen der Menschheit herunter predigt, an dem gänzlich mangelnden, obwohl heiß erstrebten absoluten Ton seines Auftretens, an der sich überschlagenden, heiser krächzenden, wenig imponierenden Stimme, die nur von dem Titanismus des bösen *und* des guten Menschen und von dem Gericht, unter dem *aller* Titanismus steht, immer neues Zeugnis ablegen kann. Ermahnung ist nur da möglich, wo des Menschen Recht darauf begründet ist, dass er – Unrecht hat, also nur ›aufgrund der Erbarmungen Gottes‹.«

»Gnade heißt: nicht richten, weil schon gerichtet ist. Gnade heißt: Selbstverständlichkeit des schlechten Gewissens mitten in den Verrichtungen der schlechten Welt, aber gerade in dieser Selbstverständlichkeit des schlechten Gewissens die unerhört neue Möglichkeit eines (nie und nirgends ›guten!‹) *getrösteten* Gewissens.«[11]

»[...] die Erneuerung eures Denkens – also doch wieder das Denken? Jawohl das Denken! Die primäre ethische Handlung ist ein ganz bestimmtes *Denken*. Buße heißt *Um*-Denken. Die Schlüsselstellung des ethischen Problems, der Ort, wo die Drehung geschieht, die auf ein neues Tun hinweist, ist dieses Um-Denken.«[12]

So weit, so polemisch, so gültig wie dicht Karl Barth.

Die kirchliche Tradition stellt bei Paulus mehr das Schwere, ja Schwermütige und Ernste in den Mittelpunkt. Dabei sind seine Briefe immer wieder voll von Überschwang, von übermächtig werdender Freude, dass in Christus ganz das JA ist. Und kein NEIN ist in ihm. Das ist unendlich wichtiger als alles selbstquälerische Nachdenken über die Grund-Schuld des Menschen. Es geht um das Frei-Werden des Menschen, nicht um selbstquälerische Selbsterkenntnis; aber ohne Selbsterkenntnis keine Freiheit. Ausgerechnet im Philipperbrief, als er seine Verurteilung in Rom schon vor Augen hat und im Gefängnis sitzt, wird und wirkt er am gelöstesten:

»Freuet euch in dem Herrn allewege, und abermals sage ich: Freuet euch!« (Philipper 4,4)

Sören Kierkegaard ist kaum denkbar ohne das Studium des Paulus, nicht von ungefähr hat sein großer Essay den Titel »Furcht und Zittern«. Kierkegaard schreibt am 19. Mai 1838, 10.30 Uhr: »Es gibt eine unbeschreibliche Freude, die uns ebenso unerklärlich durchglüht, wie der Ausbruch des Apostels unmotiviert hervortritt: ›Freut euch und abermals sage ich euch: Freuet euch‹ – nicht eine Freude über das oder jenes, sondern der Seele voller Ausruf mit Zung', Mund und voll Herzensgrund: Ich freue mich in meiner Freude, von, in, mit, auf, durch und an meiner Freude, ein himmlischer Kehrreim, der gleichsam plötzlich unser übriges Singen abschneidet: eine Freude, die einem Windhauch gleich kühlt und erfrischt, ein Stoß des Passats, der vom Haine Mamre weht zu den ewigen Wohnungen.«[13]

Paulus ist in diesem Sinne einer der Vorläufer des existenzialistischen Denkens, einer Linie, die von Sokrates über Paulus, Augustin, Luther und Pascal zu Kierkegaard führt und in das Denken von Gabriel Marcel, Albert Camus und Karl Jaspers zwar verschieden adaptiert eingeht, aber sich substanziell den gleichen Fragen stellt.

Paulus hat sich nichts erspart. Was er mit aller Konsequenz versucht hat, ist jene eigentümliche Aufrichtung gegenüber Gott, die in die Aufrichtigkeit gegenüber sich selbst führt, und aus dieser Aufrichtigkeit heraus weiß er – mit dem Herzen, mit dem Kopf, mit allen Fasern seines Leibes –, wie viel Barmherzigkeit wir alle brauchen.

Kierkegaard schrieb – und dies könnte für Paulus ebenso gelten:

»Die Hauptsache ist doch, dass man recht aufrichtig gegen Gott ist, nicht versucht, sich um etwas herumzudrücken, sondern durchdringt, bis er selbst die Erklärung gibt, was es auch sei, erwünscht oder unerwünscht, sie ist doch die beste«[14] – bis er selbst, Gott selbst, die Erklärung gibt. Der Weg dahin braucht Aufrichtigkeit. Das Ziel ist die Offenbarung, das Offenbarwerden des Verborgenen, ohne dass man davor Angst zu haben bräuchte.

Leben mit dem Widerspruch. Erlöstwerden aus den Widersprüchen.

III.
WORTEN NACHSINNEN [AUSLEGUNGEN]

Beispiele für heutigen Zugang zu biblischen Texten

Namen

Adam und Eva

Adam heißt der erste Mensch. Adam, das heißt: Mensch, aus Erde genommen; aus der adama, der Erde, kommt er.

Adam, wo bist du? wird zur Grundfrage an den Menschen überhaupt. Gott stellt sie ihm, dem sprachbegabten Gärtner. *Im* Garten lebt Adam, *vom* Garten lebt er. Er gibt den Dingen ihren Namen, erkennt Welt durch Sprache. Erst was einen Namen hat, kann er, kann ich einordnen.

Adam spürt, dass er unvollständig ist, so schön alles ist – er ist einsam. Erst durch Eva, die Lebensspenderin, ihm aus der Rippe geschnitten, wird er zum ganzen Menschen, einem Du-bezogenen Wesen. So schön, ansehnlich und nützlich Pflanzen und Bäume, Vögel und Fische, Pferde und Rinder sein mögen – er braucht einen Ansprechpartner. Die Partnerin (Luther übersetzt unglücklich *»Gehilfin«*) ist um ihn, mit ihm, nicht unter ihm! Er braucht eine Hilfe als ein Gegenüber, das zu ihm passt. Menschen passen zueinander. Der Mann »erkennt« die Frau, indem sie einander lieben. Sie erkennen gegenseitig ihre Unterschiede als reizvoll, finden sich in der Liebe, überwinden Einsamsein, erleben glückhaft-ekstatisch Einssein. Und *daraus* wird Leben. Aus der in Liebe, in Liebes-Glück erfahrenen Einheit des Lebens wird neues Leben!

Die beiden ersten Menschen erleben das Paradies. Aber der Baum der Erkenntnis bleibt ihnen verwehrt. Ihre Freiheit hat eine Grenze. Einen Auftrag haben sie: den Garten zu bebauen und zu bewahren, ihn beim Bebauen nicht zu schädigen und zu schänden, auch nicht zu verbrauchen. Sie leben in jenem Ursprungs-Garten im Kreislauf der Natur. Sie wollen mehr sein. Sie wollen »sein wie Gott«. Sie werden verstoßen, müssen außerhalb des Paradieses leben – auch ohne Gott. Aber Gott bleibt bei denen, die in die raue Wirklichkeit außerhalb des Paradieses verstoßen sind, mit Erfahrungen der Sinnlosigkeit ihrer Arbeit, des Schmerzes bei der Geburt, der Gefährdung durch das Gift der Schlangen.

Adam und Eva, Du und Ich, zwischen Wüste und Garten, zwischen Glück der Gemeinsamkeit und Erfahrung der Einsamkeit, Liebe und Schmerz, immer wieder vor der Frage *Adam, wo bist du?*

Hier bin ich, ich will mich nicht verstecken.

(Vergleiche Genesis 2,4–3,24)

Kain und Abel

»Ein Gedicht, das mein letztes Wort ist, nicht nur heute« – so schließt Hilde Domin ihre Frankfurter Poetikvorlesungen.

Wie die Kain-Abel-Geschichte mehr als eine Geschichte ist, ist Hilde Domins Gedicht »Abel, steh auf«* mehr als ein Gedicht. Es ist Menschheitstrauma und Menschheitstraum in einem. Eine andere Frage, eine andere Antwort, eine andere Einstellung, ein anderes Verhalten, eine Spielunterbrechung und ein neues Spiel kann beginnen. Ein Gedicht gegen die Endgültigkeit. Die Trauer um Abel wird zur Sorge um Kain und zum Anruf an Abel. Dieser Anruf verlangt Un-Mögliches. Aufstehen aus dem Tod, Aufstand machen gegen den Tod, sich aufmachen gegen das Töten. Auf das Opfer kommt es an, darauf, nicht Opfer zu *bleiben*. Kain nicht auf sein Tötenmüssen festlegen, Abel nicht auf die passive Opferrolle.

* Siehe S. 69f. dieses Buches.

Kain und Abel, das erste Bruderpaar, der erste Brudermord, Schlüsselgeschichte für unsere Tragik schlechthin. Die Differenz der Lebensentscheidung entfremdet sie. Ihre Produktionsweise prägt ihre Lebensweise, wie ihr Verhalten zur Natur ein mitgeschöpfliches oder ein Herrschafts-Verhalten wird. Der eine ein Nomade, der andere ein Ackerbauer, der dann Städtebauer wird. Der eine folgt der Natur, der andere beherrscht sie. Der eine setzt sich fest und grenzt sich ab. Der andere ist unterwegs und respektiert keine Grenzen. Der eine verfinstert sich. Der andere ahnt nichts. Der eine wird von Arglist beherrscht. Der andere bleibt arglos. Vertrauen wird missbraucht. Der Mord ist schon geschehen, bevor Abel getötet ist. Kain verfinstert seinen Blick, senkt den Kopf, sieht ihn nicht mehr an, den Bruder, räumt ihn kurzerhand aus dem Wege, wird gefragt: »Wo ist dein Bruder, Abel?« Darauf nicht antwortend, weist er Verantwortung ab, stellt die Gegenfrage: »Soll ich meines Bruders Hüter sein?« Ich bin nicht sein Hüter – der erste Zynismus, da er genau weiß, dass er längst tot ist. Und mörderische Frechheit: Er, Abel, ist doch von Beruf ein Hüter, ein Hirte, wie sollte er einen Hüter brauchen?!

»Wo er ist, musst du mich nicht fragen. Er soll doch selber sehen, wo er bleibt, geblieben ist.« Der erste Zynismus – letzter Zynismus. Das Blut schreit, die Erde schreit. Es gibt keinen Rückweg.

Aber da sagt sie, Hilde Domin, ein Kind Abels, in den Knochen die Furcht, auf der Zunge die Hoffnung und den Widerstand des kleinen, großen DENNOCH:

Abel, steh auf
es muß neu gespielt werden

Abel steh auf, sagt sie, als ob das leicht wäre! Es *muß* neu gespielt werden, damit neu gespielt werden *kann*. Nicht damals: heute. Nicht manchmal: täglich. Wir sind nicht festgelegt. Vor *uns* liegt mitten in allen Zwängen eine Entscheidung, nicht der Wiederholungszwang. Das Spiel ist nicht aus, wenn Abel aufsteht. Was Gesetzbücher regeln, was Religionen einschärfen, würde entbehrlich, wenn Abel aufstünde und es rückgängig machen würde, was den Kreislauf von Tat und Rache ausgelöst hat. Wo das Opfer dem Täter ermöglicht, nicht mehr Täter zu sein, lässt es ihm eine Wahl, obwohl doch schon alles verloren war. Das Spiel beginnt neu. Kain kann neu spielen, indem er eine andere Frage stellt, eine andere Antwort gibt.

Die Handlung kommt aus einer Haltung. Wo die Haltung sich ändert, unterbleibt die tödliche Handlung. »Ich bin Hüter, Helfer«: Menschsein ist Mitmenschsein. Sorge wird zur Fürsorge, Gefühl zum Mitgefühl. Ethik ist da nicht mehr Grenzziehung gegen das Negative, sondern Position, aktive Vorsorge und Fürsorge. Es heißt nicht mehr: Was ist verboten?, sondern: Wo kann ich dem anderen der Helfer sein? Das ist hilfreiche Prävention. (Wie verdreht wird der Ursprungssinn, wo Präventivkriege dazu dienen sollen, Kriege zu verhindern, indem sie »vorsorglich« geführt werden.)

Nicht nur nicht töten, sondern sorgen, dass der andere leben kann.

So leben, dass Hilde Domin nicht wieder Angst haben muss, in unserem Land, unter uns, die große, kleine Schwester, deren Lebensmotto das DENNOCH ist.

(Vergleiche Genesis 4,1–16)

Noah und die Arche

Die rührende und anrührende Geschichte von Noah und der Arche hat die Menschheit immer wieder zu vielen Fantasien und Allegorien angeregt.

Bald nach der Schöpfung vergeht Gott die Lust an seiner Tat. Er sieht, wie alles Dichten und Trachten der Menschen böse ist, immerfort. Gott reut es. Er möchte die Schöpfung zurückdrehen, alles ungeschehen machen. Missglücktes Experiment. Die ersten Freigelassenen der Schöpfung erweisen sich als Fehlkonstruktion, die gegen die Schöpfung und gegen den Schöpfer leben, ja meinen, ohne Schöpfung und Schöpfer leben zu können. Sie beuten aus, sie vernichten sie und sich selbst. Sie treten das, was sie dankbar empfangen könnten, mit Füßen. Das einzig gottbezogene, antwortfähige, verantwortungsfähige, das anrufbare Wesen, der anrufbare Mensch, Gottes Lieblingsidee, sollte ganz verschwinden? Sind denn alle hoffnungslos verdorben?

Gott sieht Noah und entschließt sich zur Rettung, mitten in der heraufziehenden Katastrophe. Noah soll die rettende Arche bauen, die Platz hat für alles Getier und Gewürm. Ein gewissermaßen umfassender Artenschutz wird organisiert. Nichts soll durch die Katastrophe endgültig verloren gehen. Die Einheit von Menschen-, Tier- und Naturwelt soll auf dem Rettungsschiff wiederhergestellt sein.

So findet einer Gnade bei Gott – Noah. Der eine wird zum Grund für die Rettung des Ganzen. Gottes Geduld ist zu Ende, nicht aber seine Gnade.

Noah bekommt den Auftrag, eine Rettungsarche zu bauen, ein Rettungsschiff. Noah gehorcht und arbeitet nach genau festgelegtem Bau-Plan. Er ist ausgenommen von der Katastrophe. Er ist gar mit dem Bau der »Arche der Hoffnung« betraut worden. Und dann kommt sie, die Flut. Der Himmel verfinstert sich zum Dauerregen. Vierzig Tage, bis das Wasser alles unter sich begräbt.

Noah hatte um das Unabwendbare gewusst, um den Tag X. Er hat vorgesorgt, für sich, seine Sippe und alles Lebendige. Als die Flut beginnt und alles unter sich begräbt, wird die Arche hochgetragen. Dem folgt die lange, lange, unerträglich lange Zeit des Wartens auf engstem Raum. Nichts als Wasser ringsum. Kein Land in Sicht. Kein Boden mehr unter den Füßen. Dann aber fällt endlich das Wasser. Ob es schon wieder Leben gibt, soll eine ausgeschickte Taube klären, bis sie beim dritten Mal endlich mit dem Ölzweig des Lebens, der neuen Hoffnung, zurückkehrt.

Die Geretteten bekommen wieder Boden unter den Füßen. Sie danken Gott für die Rettung – und für das wunderbare Spiel des Lebens, das wieder beginnen kann. Und Gott gibt ein Bestandsversprechen:

Ich will hinfort nicht mehr die Erde verfluchen um der Menschen willen; denn das Dichten und Trachten des menschlichen Herzens ist böse von Jugend auf. Und ich will hinfort nicht mehr schlagen alles, was da lebt, wie ich getan habe. Solange die Erde steht, soll nicht aufhören Saat und Ernte, Frost und Hitze, Sommer und Winter, Tag und Nacht.

Gottes Versprechen gilt über die Generationen, Jahrhunderte und Jahrtausende hinweg. Aber ist unsere menschliche Macht inzwischen so groß, dass sie zur Ohnmacht wird? Ist diese Erde noch zu retten? Sind wir noch zu retten? Wir sind zu retten! Gottes Bestandsversprechen gilt!

Sollte nicht all unser Dichten und Trachten darauf gerichtet sein, diese wunderbare Schöpfung zu erhalten, uns und unseren Nachkommen?

(Vergleiche Genesis 6,5–8,22)

Abraham und Isaak

Das Erwähltsein Israels, das Auserwähltsein, ist mit dem Namen Abraham verbunden. Er wird Vater des Glaubens genannt, eines unerschütterbaren Vertrauens, gegen jeden Augenschein. Abraham, auf Wanderschaft geschickt, ein Hungerflüchtling, ängstlich, kampfesmutig, listig, gastfreundlich, kompromissfähig, engagiert für Bedrohte, verzweifelt nachkommenlos, zwischen zwei Frauen stehend, seine Identität wechselnd, gehorsam bis zum Letzten, auf die Probe gestellt, angerufen, stets zur Stelle: *Hier bin ich*.

Als er sich glücklich wähnt, empfängt er den unbegreiflichen Auftrag, seinen Sohn Isaak, den einzigen, seine einzige Hoffnung, zu opfern, bis er nach qualvollem Gehorsamsweg wieder angerufen wird, wieder sagt: *Hier bin ich*. Da hört er wieder die Stimme der unbegreiflichen Gnade. Gott sagt ihm: *Gesegnet wirst du und du wirst ein Segen sein*. So wird er zum Symbolnamen für ein Volk, zum Kosenamen gar: Vater Abraham. Jede Geschichte über ihn ist von abgrundtiefer Symbolik. Zuallererst, zuallerletzt die Aufforderung, seinen Sohn zu schlachten, seinem Gotte auf dem Berge Morija ein Menschenopfer zu bringen. Doppeldeutigkeit solchen Gehorsams! Doch er gehorcht, wissend, Gott kann es nicht böse meinen, und bekommt Recht. Der Sohn darf leben, die Erbfolge dieses Volkes bleibt gewährt.

Er zieht hinab nach Ägypten, ist Hungerflüchtling, will sich schützen und gibt seine sehr schöne Frau Sara als seine Schwester aus, damit er nicht getötet und sie nicht Eigentum der Männer des fremden Landes würde. Da nimmt sie der Pharao zu sich. Als eine Plage ausbricht, die als Strafe gewertet wird, sagt er die Wahrheit. Der Pharao läßt ihn und seine Leute ziehen. Abraham und seine schöne Frau Sara bekommen keine Kinder, dafür rät sie ihm, mit der Magd Hagar zu schlafen, damit sie ein Kind bekommen. Hagar wird schwanger und triumphiert über die Kinderlose. Der Konflikt schwelt, bis Sara schließlich im hohen Alter doch noch den ersehnten Sohn bekommt und Hagar mit ihrem Sohn verstoßen wird.

Mit seinem Neffen Lot zieht er durchs Land. Es kommt zum Streit um die Weidegründe, die für beide zusammen nicht ausreichen. Abraham löst den Konflikt nicht durch Kräftemessen, sondern durch den Kompromiss. Koexistenz durch Auseinandergehen. Geordnete Teilung des Lebensraumes ohne Übervorteilung des anderen.

Er empfängt Fremde und behandelt sie wie hohe Gäste, bis sich herausstellt: in den Fremden ist Gott selbst ihm begegnet.

Sodom und Gomorrha – als sie zerstört werden sollen wegen des Frevels an Fremden, hat er Erbarmen und feilscht mit Gott um die Gerechten. Und wenn es nur wenige wären, um der wenigen Gerechten solle doch Sodom erhalten bleiben.

Mit seinen Leuten eilt er denen zu Hilfe, die Opfer einer Aggression werden, schlägt sie in die Flucht, wird vom Priester Melchisedek, dem König von Salem, gesegnet, der ihm Brot und Wein herausbringt und erkennt, dass Abraham gesegnet ist von »dem Gott, der Himmel und Erde geschaffen hat«. Er soll belohnt, bezahlt werden für sein Tun. Er lehnt ab, wissend, dass es nicht sein Verdienst, sondern seine Aufgabe war, auf der Segen lag.

Abraham, durch die tödlichen Widersprüche des Lebens mit sich und anderen hindurchgekommen, immer mehr glaubend, als die Erfahrung zulässt, immer wissend, es wird, es muss ein gutes Ende geben.

Vater Abraham, wir alle sind Wandernde, Lernende, Erwartende, Irrende, Getragene.

(Vergleiche Genesis 12,1–23,20)

Jona und Ninive

Unzählige Male ist die Geschichte von Jona, dem großen Fisch und der großen Stadt Ninive nacherzählt, gemalt, in Verse gesetzt, verfremdet, gesungen, dramatisiert worden. Das Buch Jona, eine Novelle im Alten Testament. Natürlich ist das nicht historisch. Wer es liest, ist mittendrin, bezaubert, befremdet.

Da wird einer beauftragt, aus der Provinz in die großmächtige Stadt zu gehen und ihr zu drohen: Es geht zu Ende, innerhalb von vierzig Tagen ist Schluss. Euer Treiben ist schuld. Finish. Ende. Gericht. Weltkrise. Diese ausbeuterische natur- und menschenzerstörerische Lebensweise muss bestraft werden. Jona soll hingehen und es sagen.

»Ich bin doch nicht blöd«, denkt Jona. »Die sperren mich ein, verprügeln mich, erklären mich für verrückt. Ich büße doch nicht für die Wahrheit über sie.« Stets wird der Bote für die Wahrheit gestraft, die er bringt. Gehört wird sie nicht. Also: nichts als weg, abhauen, möglichst anonym, weit weg mit dem Schiff. Ab nach Tarsis, in entgegengesetzter Richtung zum Auftragsort. Er verkriecht sich im Bauch des Schiffes, bis ein Unwetter kommt, die Mannschaft nach der Ursache forscht. Jeder betet – vergeblich – zu seinem Gott. Sie wecken den schlafenden Jona und bitten ihn, dass er auch zu seinem Gott bete. Es hilft nichts. Das Meer tobt. Da schlägt Jona ihnen vor, ihn ins Meer zu werfen, denn er sei höchstwahrscheinlich schuld am Unwetter. Sie wollen sich nicht an ihm vergreifen, werfen aber das Los. Es fällt auf Jona. Er wird über Bord geworfen. Das Meer beruhigt sich, und Jona scheint die Flucht in den Tod gelungen zu sein. Aber nein – er wird verschluckt. Überlebt im Fischbauch, singt darin ein Lied, wird, vom Fisch unverdaulich, ans Land gespuckt. Nun sieht er seine Lage klarer: Er *muß* nach Ninive. Er geht, verkündet das drohende Unheil und wartet ab. Und das Unerwartete geschieht: Die Leute in Ninive hören. Die hohen Herren auch, in Sack und Asche gehen sie und ändern sich grundlegend. Die (Selbst-)Vernichtung wird abgewehrt.

Indes geht Jona hinaus, erwartet den Eintritt des angekündigten und so berechtigten Strafgerichts. Aber nichts geschieht. Jona ist sauer. Unrecht hatte er mit seiner Unheilsbotschaft.

Wie gut! Gott erweist sich als gnädig, barmherzig, langmütig und von großer Güte und lässt sich des Übels gereuen. Aber seinen Boten lässt er im Regen – nein – vielmehr in der Hitze stehen. Jona möchte wohl lieber Kassandra sein und eine Prophetie weitersagen, die sowieso niemand hört, um dann Recht zu haben. Jona ist der Typ des Unheilsrechthabers.

Wir Bewohner von Ninive – würden wir hören? Oder Jona lieber Recht geben? Und wir gefahrenbewussten Jonatypen, die wir die Wasserstandsmeldungen der Sintflut wahrnehmen und weitersagen – wollen wir Recht behalten oder wollen wir, dass die Welt erhalten bleibt? Die Aussichten sind nicht gut. Aber es ist nie ganz aussichtslos. Gottes Güte ist größer als sein Gerichtswort über uns. Aber es ist an uns, die Warnzeichen des Untergangs noch rechtzeitig zu hören.

Wer nicht hören kann, muss fühlen.

Gottes Gnade mit uns hat auch mit unserer Verhaltensänderung zu tun. Nichts weniger und nichts mehr brauchen wir als »Selbstbegrenzung« im Dienste des Lebens.

(Vergleiche Jona 1,1–4,11)

Jeremia und die Weißwäscher

Jeremia, der Prophet von Heil und Unheil, zwischen Glaube und Politik, Auftragsgewissheit und Selbstzweifel, fragt, was wird und kommen mag.

Der Prophet Jeremia sagt Sätze, die schmerzen, zuallererst ihn selbst. Wer möchte nicht gerne Gutes sagen?! Was aber muss er sagen, er, der Einzelne, der Vereinzelte, gegen die Vielen – gegen die Gutredner, die Weißwäscher, gegen die Strohdrescher im Solde der Herren seiner Zeit:

Glaubt ihnen nicht, den Beschwichtigern!

Sie betrügen euch! Sie reden Selbsterdachtes. Wer behauptet, es würde alles gut werden, die Menschen brauchten sich nicht zu ändern, der folgt seinen Wunsch- und Traumvorstellungen.

Jeremia redet aus der Gottesgewissheit gegen die Selbstgewissheit derer, die Gott für ihre Träume vom schönen Leben in Anspruch nehmen. Prophetenspruch gegen Prophetensprüche. Der Spruch des zisternengeprüften, ausgesonderten Einzelnen gegen die Sprüche der gut bezahlten, ausgesuchten Beratergruppe des königlichen Hofes. Hinter ihnen steht die Macht. Hinter Jeremia steht niemand, niemand als der, dem er sich nicht zu entziehen vermag.

SEIN Wort trifft ihn wie Feuer, das läutert,
wie ein Hammer, der Felsen sprengt,
wie ein Blick, vor dem alles offenbar wird,
wie ein Ruf, der Himmel und Erde erfüllt.

Er sagt:

Was Menschen sich erdacht haben, um Gott zu verdrängen, um Gott zu beanspruchen, um Gott zu domestizieren, wird sich als leeres Stroh, gedroschene Phrase, hohles Traumgebilde, verschwommenes Trugbild – als verführerische Prophezeiung erweisen.

Dagegen hält er:

Fressendes Feuer, kein liebliches Säuseln.
Zertrümmernder Hammer, kein weicher Flausch.
Das ist der ferne Gott, der sich die einverleibende Nähe verbittet.

Über Zukünftiges entscheiden also nicht menschliche, »traumhafte« Vorstellungen, sondern ER selbst – und wie ER entscheidet, das hängt schon ab von menschlichem Verhalten. Wenn es aber bei schönen Träumen, ständigem Proklamieren oder müdem Abwarten bleibt, werden die Alpträume Wirklichkeit. »Bessert euer Leben und euer Tun!« hatte Jeremia darum im Tempeltor den Eintretenden zugerufen. Ihr Satten, schämt euch der Hungernden! Sucht nach der Wahrheit und seid wahr! Verharmlost nichts, verschleiert nichts! Verschweigt nichts, vor allem euch selbst nicht.

Jeremia, ich höre deine Stimme.

Und ich ahne SEINE Stimme im Brückenschlag der Zeit.

Dass Gott fremd und fern, abweisend und abwesend sein könnte, das will ich ungern wahrhaben, selbst wenn es tägliche Erfahrung wäre. Ja, ich schiebe allzu leicht den Gedanken weg, seine Ferne könnte in unserer Selbst-Entfernung begründet sein.

Ich bleibe auf der Suche, mit Jeremia.

(Vergleiche Jeremia 23,16–29)

Petrus und das Versagen

Wer ist das, der da hinausgeht und bitterlich weint? Wer ist das, der da fertig ist, am Ende ist, ganz unten ist?

Ein Binnenfischer aus der Provinz, aus dem rückständigen, unterentwickelten, kulturlosen Norden, einer, der sich auf die Wanderschaft des Lebens hat locken lassen, der die Brücken abgebrochen hat zu seiner Herkunft und nun unterwegs ist mit einem ihm imponierenden Menschen, mit zwölf Freunden und einem Lehrer, der sie leben lehrt, der sie lehrt, was es heißt, mit Gott zu leben, im Angesicht Gottes zu leben.

Dieser Binnenfischer aus der Provinz Petrus muss plötzlich in der Hauptstadt Rede und Antwort stehen, ganz allein. Plötzlich ist er auf sich ganz allein gestellt. Der Schutz der Gruppe Gleichgesinnter ist weg. Der große Freund und Lehrer, dem er sich stets anvertrauen konnte, der wusste, wo und wie es weitergeht, ist verhaftet.

Wo ist Gott, wenn der verhaftet wird, der sein Gesandter ist, der neue Mensch, der Menschensohn, in die Gewalt von

Menschen geraten kann? Wo bleibt Gott, wenn Jesus verschleppt wird?!

Sein persönliches Schicksal ist ungewiss. Es sieht nicht gut aus. Wer erst einmal verhaftet ist, dem weisen sie schon was nach!

Seine Sache scheint verloren, seine Anhänger sind zerstreut. Da will er, Petrus, wenigstens sein Fell retten, wenn schon nichts mehr zu retten ist. Warum noch kämpfen, wenn alles verloren ist. Warum noch einer großen gemeinsamen Vergangenheit anhängen, wenn es offensichtlich nicht die erhoffte Zukunft gibt. Wozu die Wahrheit sagen, wenn sie nur persönlich schadet, warum noch Gott bekennen, wenn der sich nicht erkennbar macht, erkenntlich zeigt?

Sein Leben steht auf dem Spiel.

Das »Spiel des Lebens« mit Jesus ist aus. Dabei hat Petrus sich weit vorgewagt. Er hat die hohen Gefängnismauern vor Augen, bis *vor* die Mauern hat er sich gewagt, unter die wartenden Wächter sich gemischt – aber hinter die Mauern will er nicht, keineswegs. Verständlich, wer nächtens die Gesichter, die gesichtslosen Gesichter derer gesehen hat, die Jesus befehlsgemäß abgeführt haben, nachdem sie einen der Freunde gekauft und erpresst haben. Er hatte als Einziger Widerstand geleistet.

Ausgerechnet der, den er schützen will, weist ihn zurück. Hatte Petrus doch dreimal Treue geschworen, unbedingte, geschworen, sein Leben zu wagen? Nun aber kriecht die Angst in ihm hoch, die so menschliche Angst, die Angst vor Menschen. Wie die Macht Macht hat, haben die Freunde Jesu keine Macht. Solche Macht wäre Verrat!

Es liegt erst so kurze Zeit zurück, dass er mit seinen Freunden begeistert zum großen Jahresereignis in die Hauptstadt gereist war, wo sie sich unter die Festgäste gemischt hatten – da war es nun zur spontanen Demonstration gekommen. Der Wanderprediger, ihr Freund und Meister, bekam überraschenden Zulauf, überraschendes Echo, eine Stimmung, die in allen Hoffnungen weckte. Die beherrschende Partei mit ihren Priestern, die für »öffentliche Ordnung und Sicherheit zuständigen Organe«, halten sich zunächst zurück, sind verwirrt. Sie wollen keinen Aufstand, und deshalb »keinen großen Aufstand machen«. Das muss in der Stille, in der Nacht erledigt werden.

Was hatte Jesus getan?

Er hatte die Alleinvertretungsansprüche der herrschenden Wahrheiten infragegestellt und Gott als den *einen*, als den allein befreienden Gott proklamiert, der mit befreiten Menschen sein Reich baut.

Jesus hat sich ins Zentrum gewagt und es dort mit allen verdorben:

– Mit der Besatzungsmacht, weil er deren obersten Machtanspruch infrage stellte.

– Mit der Priesterschaft, weil er den unnahbaren und ungreifbaren Gott nahe und greifbar als Vater, als Vertrauten anredete und sich als Sohn verstand.

– Mit dem Volke, weil er nicht mit Macht durchzugreifen in der Lage war. Sie wollen nicht nur gute Worte, sie wollen sich nicht selber ändern, ein anderer soll für sie die Verhältnisse ändern. Jesus aber erzählt hoffnungsvolle Geschichten und hilft Einzelnen.

Da schlägt die Volksstimmung schnell um, als klar wird, wie die realen Machtverhältnisse liegen, und dass an der Macht nicht zu rütteln ist, jedenfalls nicht mit ihm.

Jesus will nicht die neuen Verhältnisse mit Macht schaffen, sondern ein neues Verhalten schaffen, auch ein neues Verhältnis zur Macht, eine Macht ohne Macht, oder sagen wir: die Abschaffung des Staates als eines Staates, in dem die einen Macht *über* die anderen ausüben.

Petrus hatte es noch im letzten Augenblick anders versucht, mit Macht, mit verzweifeltem Mut, sein Schwert gegen die Schwerter zu erheben. Warum ? Um Gottes Eingreifen zu provozieren, den »Gott mit uns« um Kampf der Waffen. Wir kennen das.

Und nun sitzt er vor der Mauer, hinter der Jesus verhört wird, und bekommt Angst. Und wird erkannt, und verleugnet. Und weint. Sein Spiel ist aus. Er ist gefallen. Aber Gott läßt ihn nicht fallen. Petrus ist fertig. Aber Gott ist nicht »fertig« mit ihm. Er hat sein Versprechen vergessen, aber Gott vergisst sein Versprechen an ihn nicht. Wie Jesus diese Hand des untergehenden Petrus auf dem See ergriffen hatte, so ergreift Gott *die* Hand des Petrus, die den Verrat beschwor. So wie aus dem sich selbst Überschätzenden ein in sich selbst Verzweifelter wurde, so wird Petrus nach dem Verrat wieder Gottes gewiss. Schmerzen sind ihm nicht erspart geblieben, und er hat gehandelt, statt träge abzuwarten, Gott alles machen zu lassen. Und der Handelnde irrt, verläuft sich, verfehlt sein Ziel. Aber Gott sucht ihn wieder, den Wagenden, den Einbrechenden. Gott hebt den Gefallenen auf, er geleitet den Irregewordenen.

Liebe Freunde! Ihr Rechtgläubigen und ihr Linksgläubigen, ihr Glaubenssicheren und Glaubenszweifler! Gott baut sein Reich mit Menschen, also auch mit Versagenden und Verzagenden, mit Mutigen, die ängstlich werden, mit Selbstsicheren, die an sich verzweifeln, mit Bekennern, die auch verraten.

Für Gott ist das Spiel nicht aus. Er fängt mit ihm, mit jedem von uns jeden Tag neu an, mit jedem, der sich auf ihn einlässt.

(Vergleiche Matthäus 26,31–75 und Matthäus 16,13–28)[15]

Paulus und die Lebenswende

Paulus, der Mann, der auf den Bildern mit dem Schwert, dem Schwert des Geistes abgebildet ist, ein Eiferer, wie er im Buche steht, der von einem scharfen Christenverfolger zum ersten großen christlichen Missionar wird. Er wird vom Saulus zum Paulus – auf einer Verfolgungsfahrt geschlagen, vom Pferd gefallen, erblindet hört er die Stimme Christi. Paulus – ein Renegat, ein Wendehals, ein Frontenwechsler im Religionskampf, ein Deserteur des Geistes? Er kommt sofort in Konflikt mit Petrus, dem unmittelbaren Jesusjünger, der die Botschaft eng auslegt und Christsein an die Geltung religiöser jüdischer Gesetze bindet. Paulus stellt den Glauben in größere Horizonte, setzt sich der philosophischen Diskussion seiner Zeit aus, begibt sich auf den »Markt der Meinungen« in Athen, wird ausgelacht, ausgepeitscht, eingesperrt, schließlich angeklagt. Auf einer Gefangenschafts-Odyssee kommt er nach Rom, wird zum Tode verurteilt. Er hat Briefe geschrieben, die uns überliefert sind. Sie wurden wesentlicher Bestandteil des Neuen Testaments.

Man wirft ihm vor, dass er aus den schlichten Geschichten des Wanderpredigers aus Nazareth ein dogmatisches Gebäude gemacht habe. Aber er hat doch versucht, die Bedeutung des Gekreuzigten und Auferstandenen für das weitere Geschick der Welt zu deuten, hat den befreienden Glauben in das Gespräch mit den großen Geistern seiner Zeit einzubringen vermocht, immer wissend, dass die Botschaft vom Kreuz für die einen eine Torheit und für die anderen ein Skandal bleibt. Doch er hat sich nirgendwann geschämt, für sein Bekenntnis einzutreten: Jesus Kyrios! Jesus ist der Herr!

Er hat aus Geschichten Begriffe gemacht. Was wären aber die Geschichten ohne Begriffe, und was wären andererseits die Begriffe ohne die Geschichten. So ist es gut, dass wir im Neuen Testament neben den Jesusgeschichten, die wir Evangelien nennen, die Briefe haben, die wir Episteln nennen.

Paulus, ein recht schwieriger Mensch, mit einem sehr distanzierten Verhältnis zu den Frauen in den Gemeinden, geschult in rabbinischem wie in griechischem Denken. Ein Epileptiker, ein begeisterungsfähiger und auch ein tief enttäuschbarer, zorniger Mann. Ein Rechthaber auch, der auf den Rechthaber Petrus trifft. Nirgendwo kann der Riss tiefer gehen als zwischen Freunden, die eigentlich *eine* Überzeugung verbindet. Aber Paulus findet im Konflikt mit Petrus die Lösungsformel. Jeder von ihnen ist für andere da. Der eine für die Juden, die Christen geworden sind, und der andere für die Völker – »Heiden« wurden sie genannt –, die Christen wurden. Freiheit aus der Knechtschaft von Gesetzen ist Paulus ebenso wichtig, wie er in der Liebe die Erfüllung des Glaubens findet. Paulus – ein schwacher Mensch und ein starker Mensch, der die Gnade besingt, dessen Gipfelsätze unendlichen Trost spenden: *Es bleiben aber Glaube, Hoffnung, Liebe – diese drei. Die Liebe aber ist die größte unter ihnen.*

(Vergleiche Apostelgeschichte 15,1–35; 17,16–33)

Vater unser! Dein Reich komme
(Matthäus 6,10)

Wenn ihr betet …, dann sollt ihr so beten, sagt Jesus: »Vater unser im Himmel. Dein Name werde geheiligt. Dein Reich komme.«

Alles gesagt in drei Sätzen, was unsagbar ist.

Beten heißt: innerste Konzentration auf äußerste Herausforderungen, Grund-Vertrauen – auch vor Abgründen.

Wohl dem, der beten kann: »Dein Reich komme«. Weil er nicht alle Hoffnung aufgegeben hat, betet er, und weil er beten kann, hat er nicht alle Hoffnung aufgegeben. Seine Augen sind nicht verkleistert, er sieht schon genau, was ist. Er sieht, was bedrängt. Er kann die »Wasserstandsmeldungen der Sintflut« lesen, aber er sieht auch, was wird und was wächst.

Es sind die kleinen Dinge des Lebens, in denen und durch die etwas aufscheint von dem, was wir erhoffen, erbitten und erstreiten.

Wer so betet, begnügt sich nicht mit den kleinen Dingen, sondern behält immer auch Größeres im Sinn, ohne die kleinen Dinge verächtlich machen zu müssen. Er sieht das Neue und Wunderbare: dass aus einem Senfkorn ein Baum wird, dass ein Kind in der Mitte steht, zum Lehrmeister eines Lebens aus Vertrauen wird. Er kann loslassen und weggeben, weil er das Eine gefunden hat, das ihm wertvoll ist.

»Dein Reich komme.« Ich murmele, ich stottere, ich wispere, flehe, ich bitte, rufe diesen wunderbar einfachen, so öffnenden, weitenden, atemgebenden Satz vor mich hin. Wohl hunderte Male gesprochen, entdecke ich ihn – im Zusammenhang mit den anderen Bitten. So einfach-schön, so tief-wahr, so herzerweichend und markerschütternd.

Ja, »Unser Vater«, geheiligt dieser unaussprechliche und so nahe Name, »dein Wille geschehe« und »unser täglich Brot gib uns« und »unsere Schuld vergib«.

Lauter Näherungsversuche, riskierte Sätze, unvollendete Gedanken – zwischen Stottern und Staunen, Hoffen und Bangen. Erschütterndes und Erfreuliches, Widerständiges und Widersprüchliches, Gewohntes und Gewagtes.

Im Zentrum der Botschaft des Jesus aus Nazareth steht nicht das Seelenheil des Einzelnen, nicht das Heil eines Volkes, ja nicht das Reich der Menschen, auch nicht die Besonderheit einer auserwählten Gruppe, sondern:

Das Reich Gottes und seine neue, andere Gerechtigkeit will den Menschen allen zugute kommen, zu ihnen kommen, ihnen die Augen öffnen dafür, »dass es gegen allen Augenschein eine Perspektive gibt«.

Wer so betet, weitet seinen Blick auf die ganze Menschenwelt, bittet nicht um sein eigenes Reich, sondern um ein Reich, das alle unsere Reiche überschreitet, überwölbt, übersteigt.

Wer so betet, kann keine rassistische, ideologische oder religiös-konfessionelle Überordnung der einen über die anderen wollen oder zulassen.

Wer so betet, muss sich gegen nationalistische Verengung wenden.

Wer jedweder Form rassistischer oder nationalistischer Überhöhung nicht aktiv entgegentritt, soll nicht so beten!

Wir Ostdeutschen haben eine Zeit, eine Gesellschaft hinter uns, die ein Ziel, aber keine Freiheit hatte, und sind in einer Welt angekommen, die Freiheit hat, aber ihres Ziels unsicher, ja ungewiss ist. Wenn es kein Ziel mehr gibt, gibt es auch keine Maßstäbe. Die Freiheit ohne Ziel kann zur systematischen Selbstzerrüttung werden, wo Menschen vergessen, WOFÜR sie da sind und WOHIN alles führen soll.

Das Reich Gottes ist ein Raum, ein grenzenloser, grenzenübergreifender Raum, etwas, auf das wir zugehen und das auf uns zukommt, das uns zukommt. *»Dein Reich komme«* – das kann ein Notschrei, ein Bittruf, ein Hoffnungsseufzer, eine Routineformel, eine Widerstandsparole, eine Gegenwelterklärung und eine Einverständniskundgabe sein. Es kann tödlich formalisiert sein, und es kann aus tiefstem Herzen kommen. Missbrauchbar ist es wie alle anderen Worte, wie jede Sprachform, die zur Formel wird.

Jedenfalls ist es ein einfachster Satz für eine einfachste Lebenshaltung. Es gibt (noch) Hoffnung! Es gibt (noch) Offenheit! Es gibt noch anderes als das, was es schon gibt. Es gibt etwas, auf das wir uns richten und das uns ausrichtet und das uns aufrichtet, aufsehen lässt, selbst nach abgrundtiefen Niederlagen oder unverschmerzbaren Verlusten.

Dies ist in einer Welt zu sagen, in der alles zerbröselt – die Ideen und die Institutionen, die Natur und die Kultur –, wo aus dem Osten kein Licht mehr strahlt und wo im Westen die Sonne im Dunst unserer Konsumabfälle untergeht, wo das »Ende der Geschichte« beschworen wird und alle, die von einer Utopie reden, lächerlich gemacht werden.

Um das Reich Gottes bitten wir und haben gerade mehrere Verwechselungen hinter uns. Deutsche erjubelten, erstritten, erkämpften, erschlichen das »Reich der (überlegenen) Deutschen«, weil unseren Vätern Deutschland so sehr »über alles« ging, dass es furchtbar über alle kam, bis es über uns kam und wir Deutschen auf den Ruinen saßen, in die wir uns *vor* den anderen gebombt hatten.

Die nächste Verwechselung, eine hoch-ideologische Transformation, haben wir Ostdeutschen – mit dem gesamten Ostblock – erst 13 Jahre hinter uns: Das »Reich des befreiten Menschen«, in Gestalt der wohlmeinenden »Diktatur des Proletariats«, Erfüllung versprechend für die Menschheitsträume alle, ja Beginn der Menschheitsgeschichte überhaupt, baute *um* sich Mauern und schränkte *innen* den Atemraum ein. Es folgten schmähliche Prozesse einerseits und schmähliche Nach-Klagen der Mitgetrippelten andererseits. Nun aber sollte es endlich losgehen: betörende Blütenträume von einem marktwirtschaftlich blühenden Land, gleich übermorgen. Freiheit wurde zuerst Wohlstandsversprechen. So kamen viele von der Fron einer Arbeit, die wenig Sinn gab, in die Freiheit von der Arbeit, ohne am Sinn des Ganzen teilhaben zu können. Plötzlich stehen wir vor den Zwängen der »Globalisierung« und dem Ende des Sozialstaates, wie man sagt.

Börsen boomen, Exportzahlen explodieren – aber immer weniger Menschen werden gebraucht, fühlen sich erübrigt, zwangs-alimentiert, aus Nürnberg. Ist das die Freiheit?

Wer bittet »Dein Reich komme«, dem geht es nicht um »mein Reich«, auch nicht um »unser« Reich, sondern um sein »Reich«, das unsere Reiche übersteigt. Dies ist keine politische Utopie, auch keine religiöse Vertröstungsformel, sondern ein mutmachender Unterwegssatz. »Dein Reich komme« – ein Weg, auf dem Gerechtigkeit und Friede, Wahrheit und Freiheit auf uns zukommt, und »sein Reich« ist ein Weg, auf dem wir gehen. Wer so beten kann, ist nicht verbittert, auch nicht verbiestert in seine politischen oder moralischen Richtigkeiten. Er bleibt so zielgewiss wie realitätsnah.

Wer sich indes anschickt, das Reich Gottes zu errichten, produziert ebenso die Hölle, wie die Ideologen vom »Reich des Menschen« den Teufel losließen, um dem Guten nachzuhelfen. Das Reich Gottes können wir nur erbitten, erhoffen, erwarten und selber auf *das* zugehen, was auf uns zukommt. Das Reich Gottes ist etwas ganz anderes als das übliche Gefeilsche ums Geld, als die wohlstandslüsterne

Aufholjagd. Es ist vielmehr ein Reichtum, der aus Dankbarkeit wächst, dem Bescheidenheit nicht griesgrämige Askese ist, sondern das Glück des Sehens, Hörens, Riechens, Fühlens, des Tätigseins. Es ist das Glück, am Verändern *und* am Bewahren beteiligt sein zu können.

»Dein Reich komme«. Wer so bittet, schaut aus, hat offene, gespannte, erwartungsvolle Augen für das, was jetzt schon wird, trotz allem, was uns den Horizont verdüstert. Er sieht nicht darüber hinweg, aber er lässt sich nicht fatalistisch deprimieren; sondern motivieren, auf das Erhoffte zuzugehen. Für ihn gibt es höhere Güter als die Erhöhung des Bruttosozialprodukts. Für ein reiches Land ist das eher eine Frage der gerechteren Verteilung, sowohl von Geld als auch von Arbeit.

Wer auf das Reich hofft, wird in Konflikt kommen mit denen, deren Lebens-Träume auf Geldzuwächsen gebettet ist.

Wer betet und deshalb auch hofft, wird sich ganz konkret der Verbitterung derer annehmen, die nicht wissen, wie sie ihre Miete bezahlen sollen und erleben müssen, wie die »Oberen« Geld machen, wie diejenigen ihr »Geld machen«, die schon Geld haben, und wie Schamlosigkeit zur Alltäglichkeit wird …

Wer sich davon frei fühlt, das Reich Gottes auf Erden errichten zu müssen, der kann auch bescheidener sein und für sich selbst ehrlicher. Wer den Mund zu voll nimmt mit hehren Ansprüchen und großen Versprechungen und wer sich den Mund zu voll stopft mit allem, was er nur kriegen und ansammeln kann, wird letztlich nur Stinkendes hinterlassen.

Wir brauchen und wir können keine Engel sein; aber wir brauchen auch nicht aus der Verachtung anderer letztlich zur Selbstverachtung zu kommen und uns gegenseitig nur noch das Ekel-Sein zugestehen. Wer auf das Reich Gottes hofft, der weiß um die Liebenswürdigkeit und um die Liebesbedürftigkeit des Menschen, also um seine Erbarmungs-Würdigkeit.

»Dein Reich komme«. Wer so bittet, hält die Augen offen und sieht, welche ermutigenden Lebenszeichen aufleuchten, und behält den Mut, sich zu bewegen, statt gebannt auf heraufziehende Katastrophen zu starren und zu erstarren. Beten ist Offensein und Offenbleiben. Beten führt zusammen, wo alles auseinanderläuft und wo alles sich verläuft. Wer betet, hört auch auf, seine Verdrossenheit vor sich herzutragen. Er weiß um ein Wofür und ein Wohin. Wer aber das Wofür verloren hat, sieht auch kein Wohin mehr. Wer kein Wohin mehr hat, weiß auch nicht mehr das Wie.

Solange es die Kirche gibt, so lange gibt es auch den Streit, ob das Reich Gottes ein Jenseitstraum ist, Utopielyrik und unlebbare Heiligenethik oder ob darin eine Veränderungs-, ja eine praktische Gestaltungskraft für das Diesseits liegt.

Wo die Kirche nicht mehr »Gegenwelt« ist, sondern sich möglichst anschmiegt und einschmiegt, hat sie aufgehört, das Reich Gottes als inspirierende Gegenwart einer unverfügbaren Zukunft anzusagen. Die Kirche, die auf das Reich Gottes wartet, kann nicht zum Feiertagsschnörkel verkommen. Als religiöser Senfgeber ist sie wahrlich entbehrlich. Wer wohltemperiert, konturenlos, proporzängstlich Volkskirche sein will, wird auf Dauer nicht zur Kirche des Volkes werden können.

Im Mittelpunkt der Botschaft Jesu steht nicht die Kirche, nicht die Gruppe, auch nicht das Seelenheil des Einzelnen, schon gar nicht »der gute Mensch«, sondern das Reich Gottes, eine unsere Reiche inspirierende, kritisierende und illuminierende Größe, in der das Große klein, das Unscheinbare groß, in der die Übersehenen ansehnlich und die Vergessenen beachtet werden.

Wer ängstlich auf Austrittsdrohungen reagiert oder eher

fragt, was die Mitglieder bei der Stange hält, aber nicht fragt, was vor Christus standhält, verliert seine Sache.

Die Hauptsache für die Kirche muss sein, dass Christus sich uns nicht entzieht. Die Hauptfrage der Kirche kann nicht sein, wie viele sich der Institution entziehen.

Wer scheitert, der bete und fange wieder und wieder an. Wer das ganz Große erhofft, der hat auch offene Augen für das ganz Kleine und sieht darin Zeichen für das Größere; aber er begnügt sich nicht, braucht sich nicht zu begnügen, speist nicht ab und lässt sich nicht abspeisen. Wer das Reich Gottes betend erhofft, hofft für die Welt diesseits unseres Tuns und Trachtens, aber er ist auch offen für das Umgreifende und das Ungreibare, wo Gott »alles in allem« sein wird.

Wir wissen nicht, was wir beten sollen
(Römer 8,26)

Es heißt nicht »wie« oder »warum« oder »wofür«, sondern »was«.

Was soll der Inhalt, was Gegenstand des Gebets sein?

Der Beistand wird angerufen, der Tröster, Heilige Geist, das Unverfügbare schlechthin, etwas uns auf wunderbare Weise Zukommendes. Das hilft uns auf, dort, wo wir unsere Schwachheit, unser Am-Ende-Sein erkennen, nicht dort, wo wir vor Selbstbewusstsein und äußerer Stärke strotzen. Beten findet seine Sprache aus dem Stammeln, dem Ringen um das richtige Wort, dem Flehen um Ant-Wort. Gebet ist Annäherung an das, was unsagbar ist, aber ausgedrückt werden muss. Beten ist ein Reden, in dem ein Mensch nichts mehr filtern muss, wo er alles sagen darf, alles rauslassen kann, auch alles Erschrecken, alles Selbsterschrecken, alles Drückende und Bedrückende. Beten ist ein Reden ohne Angst, ist ein Loswerden dessen, was bedrohlich in uns selbst steckt und was uns bedrohend umgibt. Hier kann einer alles sagen, ohne sein Gesicht zu verlieren. Hier kann er sich etwas zugestehen, was er einem anderen Menschen nicht zugestehen kann. Und er findet für dieses Zugestehen ein DU. Da kann einer alles sagen, tabulos und angstfrei sich anvertrauen, im Wutschrei, im Verzweiflungsruf, ja auch in der Selbstverfluchtung, bis er erlebt, dass er freier wird, bis er gar frei wird. Wo das Gebet verstummt, verliert der Mensch einen wesentlichen kathartischen Ort, einen intimen Ort der Selbstreinigung und Selbstbefreiung: durch ein Sich-Anvertrauen an das, was er nicht selbst ist.

Das andere ist das Stammeln der Freude, das Verwundern und die Dankbarkeit, die tief innere Begeisterung über das, was mitten im Alltags-Leben einfach nicht zu fassen ist, weil es zu schön ist. Beten, das nicht im Ritual erstarrt, gehört zur Intimsphäre des Menschlichen, ins geheimste Innere, ins vertrauensvoll Verschwiegene, ins An-Vertraute im Zwiegespräch. Leben auf der Suche nach dem DU, das sich dem ICH erschließt. In uns allen, die ihr Wohin suchen, steckt eine Sehnsucht; gibt es etwas, was jenseits aller Zweifel einfach »da« ist, für uns da ist? Unser Gebet sagt mehr über unseren Glauben als alle formalisierten Glaubenssätze. Unsicherheit bleibt, da wir nicht wissen, wie sich's gebührt, zu beten.

Wir wissen, wie missbrauchbar gerade das Gebet geworden ist. Beten: das ist äußerster Ausdruck innerster Vorgänge, das ist Intensität und Intimität in ihrer höchsten Stufe, auf wundervolle Weise erreicht. Beten ist Besinnung auf die innersten Kräfte, die einem Menschen wunderbar zuwachsen. Läuterung geschieht durch ein Erzählen ohne Scheu; da kann einer sein Leben ohne Angst ausbreiten, weil er auf Annahme hofft. Es geht nicht zuvörderst ums Erhören, sondern um mitverstehendes Anhören. Ein Mensch, der aufhört zu beten, kommt sich selbst abhanden. Ein

Mensch, der in das Geheimnis des persönlichen Gebetes eintritt, wird von einem unsagbaren Zauber erfüllt.

Aber das Persönlichste findet öffentlichen Ausdruck, wo wir mitschwingen in einer Musik und mitsingen, sodass der Brustkorb bebt, wo wir erleben, wie die Stimme es vermag, das Herz in den Kopf und das Gefühl in den Verstand zu bringen! Wer singen und loben kann, dem wird sein Leben reicher, ohne dass er mehr dazu haben muss. Bachs Musik z.B. öffnet, weil geistlicher Gehalt sich mit künstlerischer Genialität verbindet. Wo diese Musik auf den ästhetischen Genuss beschränkt bleibt, bleibt das draußen, worauf es auch Bach ankam: der gesungene Glaube. Das Geistliche drängt aufs Ästhetische, vollendet sich im Künstlerischen, weil alle wahre Kunst hilft, dem Unsagbaren näher zu kommen. Religion ohne künstlerische Durchdringung wird peinlich und hohl.

Gott von ganzem Herzen suchen

»Gott spricht: Wenn ihr mich von ganzem Herzen suchen werdet, so will ich mich von euch finden lassen.«

(Jeremia 29,13)

Jeremia ist der leidenschaftlichste Gottsucher unter den Propheten, von Selbstzweifeln geplagt, erlebt er Gott wie ein »fressend Feuer«, und er gilt als einer, der Mutlosen unglaublichen Mut macht. Er ist in erbitterten Streit und in finstere Zisternen geworfen. Er ist sprachmächtiger Gegner der bestallten Gutredner und Weißwäscher. Allein steht er da, zu oft allein. Seine Heilsvision, seine Hoffnungen knüpft er eng an eine Gotteserkenntnis, in der »Große« und »Kleine« Gott von selbst erkennen. Keiner muss den anderen mehr darüber belehren und alle werden schließlich wissen, was gut ist, und was gut tut (Jeremia 31,31 ff.).

Gott will gesucht werden. Von ganzem Herzen. Nicht halbherzig, oberflächlich, cool. Wo Menschen am liebsten »light« leben und dies in der Spaßwelt täglich in allen Kitschfarben angepriesen wird, hat es Gott schwer. Ein flauer Gottesglaube und fauler Atheismus stehen sich gelangweilt gegenüber. Weder das Ja- noch das Nein-Sagen hat Leidenschaft. So unterbleibt das bohrende Fragen nach Sinn und Ziel, Woher und Wohin, Gut und Böse, Gelingen und Versagen, Gericht und Gnade.

Wo Gott nicht gesucht wird von ganzem Herzen, da hat er es schwer. Nicht weil Gott »schwer«, sondern weil er »tief« ist. In der Tiefe ist Wahrheit – nicht in dem, was leicht eingeht. Wer Gott von ganzem Herzen sucht, von dem lässt er sich finden. Schon im Suchen ist Finden. Unsere Suche gleicht nicht einer Fahrt ins Blaue, sondern einem Weg nach Hause. Aber suchen müssen wir – von ganzem Herzen. Mit aller Ausdauer, einer existenziellen und intellektuellen. Es ist wie beim »Versteckspiel«, das Martin Buber weitererzählt:

Das Versteckspiel

Rabbi Baruchs Enkel, der Knabe Jechiel, spielte einst mit einem anderen Knaben Verstecken.

Er verbarg sich gut und wartete, dass ihn sein Gefährte suche. Als er lange gewartet hatte, kam er aus dem Versteck, aber der andere war nirgends zu sehen. Nun merkte Jechiel, dass jener ihn von Anfang an nicht gesucht hatte.

Darüber musste er weinen, kam weinend in die Stube seines Großvaters gelaufen und beklagte sich über den bösen Spielgenossen. Da flossen Rabbi Baruch die Augen über und er sagte: »So spricht Gott auch: ›Ich verberge mich, aber keiner will mich suchen‹.«

Das kennen wir alle aus unserer Kinderzeit: diese wunderbare Spannung des Suchens und – das lachende Glück des Findens!

Der Unnahbare und seine Seraphim

»Heilig, heilig, heilig ist der HERR Zebaoth, alle Lande sind seiner Ehre voll!«
(Jesaja 6,3)

Eingezeichnet in Geschichte: Im Todesjahr des Königs Usia sieht der Prophet den »König der Könige« – in Analogie und Unvergleichlichkeit zugleich! – mit seinem himmlischen Hofstaat. Diese Analogie verleitete christlich-europäische Volksfrömmigkeit, Kirchenmacht und die kirchliche Kunst (in der von Christen kurzerhand abgelegten Bilderscheu) dazu, Gott als bärtigen König darzustellen, umgeben mit einem opulenten Hofstaat. Die visionäre Bildhaftigkeit, Nichtdarstellbarkeit und Ungreifbarkeit Gottes wurde in Holz und Stein, auf Leinwand und im Bildband festgemacht. So wurde Gott letztlich auch als stattlicher bärtiger alter Opa dem Gespött der ganz Intelligenten wie der ganz Dummen ausgeliefert. Solche Realdarstellung Gottes konnte bloße Überhöhung menschlicher Königsmacht sein, von der menschliche Macht abgeleitet und per se legitimiert werden konnte.

Dabei hat dieses wunderbar dunkle Wort ein unnachahmliches Flair. In religiöser Trance, in religiöser Erschütterung, ja in letzter Angst und letzter Verzückung zugleich wird der Prophet der Einmaligkeit, der Unanschaubarkeit und Ungreifbarkeit Gottes ansichtig und braucht dafür doch Bilder, Bilder von Traum und Trance, die sich ableiten von geschauten Bildern, erlebter Wirklichkeit, mit dieser verschwistert, verzwittert, verschränkt, verglichen. Er wird Zeuge, wie die Seraphim Mischwesen, vielleicht geflügelte Schlangen oder personifizierte Blitze, schwebend um den Thron Gottes herum – sich im Mehrklang und im Einklang zugleich einander dreimalig zurufen: kadosch, kadosch, kadosch – heilig, heilig, heilig – also rein, unverletzlich, schön, vollkommen, unnahbar –, was sind Worte gegen eine Erfahrung von höherem Sehen, Schweben, Träumen, Erschrecken? Verzückt und verängstigt, angezogen und weggestoßen ist der Prophet, im Innersten aufs Äußerste erschüttert … Von tiefster Erschütterung in der Begegnung des Menschlichen mit dem Göttlichen schreibt er. Die Seraphim preisen den Unaussprechlichen mit dem geheimnisvollen Namen »Zebaoth«, unübersetzbar, mit umstrittener Bedeutung und interessebesetzter Bedeutsamkeit. Benutzbar geworden jeglichem. Ist er nun Herr der judäischen und damit überhaupt der Heere? Oder ist er Herr der himmlischen Heere? Oder ist es eine abstrakte Aussage über Gottes Mächtigkeit, die sich menschlicher Machtbilder bloß bedient, ohne sie übertragen zu können und zu dürfen?

Jedenfalls ist es ein Ganzheitserlebnis, wie auch das ganze Land, Himmel und Erde erfüllt sind von seiner Ehre, seinem Ruhm, seinem Licht, seiner Faszination, seinem Glanz.

Ein Mensch begegnet Gott und ist aufs Tiefste erschrokken und gleichzeitig un-heimlich fasziniert. Das Unvergleichliche erscheint im Vergleichbaren, das Unnahbare kommt fast greifbar nahe, das Unendliche erscheint in endlichen Dimensionen. Ungreifbares ist zum Greifen nahe. Himmel und Erde berühren sich in SEINER Herrlichkeit.

Solches Erlebnis lässt sich eigentlich nicht ritualisieren und einfangen in den Beginn eines christlichen Gottesdienstes, wie es im Protestantismus üblich geworden ist. Aber genau das bleibt die »theologische« Voraussetzung eines jeden Gottesdienstes: zu bekennen, dass wir unreiner Lippen sind und doch Gewürdigte der Herrlichkeit des Herrn, der sich uns zeigen will. Wer aufhört, von SEINEM Geheimnis zu sprechen und versucht, IHN in Formen und Formeln zu bannen, wird IHN nicht erreichen. Letztlich ist es die tiefste Erschütterung, in der der Mensch Gottes ansichtig wird.

Das große Preisgebet vor dem Genuss von Brot und Wein, das im Glauben zur Teilhabe an Sterben und Leben des Heilandes wird, stimmt mit der Schlussformel ein in das Lied des Unnennbaren und des Nennbaren: »Heilig, heilig, heilig ist Gott, der Herr Zebaoth, voll sind Himmel und Erde seiner Herrlichkeit. Hosianna in der Höhe. Gelobet sei, der da kommt im Namen des Herren. Hosianna in der Höhe.«

Hier wird aufgenommen, was der Prophet einmalig erlebte und was Möglichkeit von Gottesbegegnung jedes Einzelnen innerhalb seiner jeweiligen Bildwelt werden kann. Da wird seine Herrlichkeit gepriesen, die Himmel und Erde erfüllt, und gleichzeitig wird seine Erdung gepriesen, wie er einreitet auf einem Esel, Hosianna-umjubelt, hinaufziehend ans Kreuz. So wird er begleitet vom Schrei »Hosianna« und »Kreuzige« der Menschen. Der sich erdende Gott wird besungen mit dem unendlichen »Hosianna in der Höhe«.

Der begeisterte Hosianna-Ruf und der schäbige Kreuzige-Schrei macht den Menschen mit unreinen Lippen offenbar, den Menschen, in dem *ich* meine Zwei-Deutigkeit erkenne. Meine Lippen und Augen können reingemacht werden, mitten unter einem Volk von unreinen Lippen. So gewinne ich Zugang als ein Endlicher zum Unendlichen, das als »Kadosch«, als Glanz, Ehre, Herrlichkeit alles Leben und Sterben umhüllt.

Wer dieses »Heilig, heilig, heilig ist der Herr Zebaoth« mitsingen, ins Innerste aufnehmen und im Äußersten glauben kann, der wird frei von den Preisungszwängen, die die Herren der Welt den Menschen aufzuerlegen versuchen. Wehe uns, wenn wir wieder irdischen Herren die abgeleitete Herrlichkeit dieses ungreifbaren Gottes zusprechen! Gott sei Dank für seine Ungreifbarkeit.

»Kommet her zu mir alle«
(Matthäus 11,28)

In einer Nische der Gertraudenkapelle in Güstrow sitzt der »lehrende Christus«, eine Holzplastik von Ernst Barlach. Weites Gewand. Die Arme ruhen auf den Oberschenkeln. Beide Hände weit geöffnet, zum Empfangen, zum Austeilen. Eine darlegende, eine offen-legende Geste. Nichts von oben herab Forderndes oder Gebietendes. Der lehrende Christus. In sich ruhend und Ruhe ausstrahlend die ganze Person, beinahe wie eine Buddhafigur, aber nicht selig-bedürfnislos in sich versunken, sondern weit-sehend und den Näherkommenden einladend zum Gespräch, wohl auch in die Fülle des Schweigens …

Eine »Kommt, es ist alles bereit«-Geste.

Schmeckt und seht, wie freundlich Gott ist.
Und es gibt nur ein Stück Brot und einen Schluck Wein.
Was ist dieser Bissen schon?
Brot ist doch sonst nur meine Unterlage.
Nun schmecke ich diesen Bissen, zusammen mit Wort und Geste.
Brot ist Leben. Ohne Brot: Tod. Leben ist Hingabe für Leben.
Dieser Bissen erinnert mich an meine Bedürftigkeit.
Ich genieße ihn. Ich kaue, bis er ganz süß wird.
Und er erinnert mich an meine Unersättlichkeit, an meine Gefahr, das Viele zu verschwenden, statt das Wenige zu genießen.
Er erinnert mich an den Hunger, den ich zufällig nicht teile, aber in einer Welt lebe, die bisher nicht fähig ist zu teilen.

Im Empfangen, Teilen, Weitergeben des Wenigen, das alles sein kann,

weil's für alle ist, komme ich auch der Stimme der Verführbarkeit auf die Spur, die mir immer wieder einflüstert,
dass die Fülle der Güter die Fülle des Lebens sei.
So kann dieser Bissen zum Bissen meiner Wandlung werden.
Nimm Brot. Nimm Leben.
Gib Leben, gib Brot weiter.
Dieses Kleine, Wenige, Winzige kann alles sein –
Fülle des Lebens – mehr haben, als wir je »haben« können!

Was bin ich schon Großes, was habe ich schon aufzuweisen?
Sehe ich ehrlich auf mich, wie traurig, wie mutlos,
ohnmächtig, auch verbittert ich bin,
einsam, unverstanden, verletzt. Und doch wieder
fröhlich, zuversichtlich, gelassen,
verwundert – aus lauter Gnade, denke ich.
Ich habe nur Worte, höre nur Worte, Schall und Rauch,
so schön wie vergänglich, missverstanden und missbraucht
die größten Worte:
Gott und Heil, Wahrheit und Liebe, Freiheit und Gerechtigkeit.
Und doch: Sie richten mich auf, trösten mich, geben mir Atem.
Ich brauche den Zuspruch der Worte.
Frieden! – denke ich. Im äußeren Frieden lebe ich; er ist nicht alles. Aber ohne ihn ist alles nichts.
Alles ist er, wo er mich in meiner Tiefe erreicht.
Christus ist mein Friede. Frieden heilt mich Zerrissenen.
Und will sich ausbreiten *unter* uns und *durch* uns.
So haben wir nichts. Und haben doch mehr als wir je haben können.

Geduld und Barmherzigkeit

»Der Herr ist geduldig und von großer Barmherzigkeit und vergibt Missetat und Übertretung.«
(4. Mose 14,19)

Geduld und Barmherzigkeit, nicht Schnellurteil und Strafe, Versöhnung und nicht Vergeltung, Vergebung und nicht Rache, Mitempfinden und nicht Gefühlskälte, Einfühlung und nicht Distanz sind Kennzeichen des christlichen Gottes. Um dies zu zeigen, musste Gott Mensch werden, sich zeigen als der sanftmütige, friedfertige und barmherzige Mensch schlechthin, der lebte, was er sagte, und der auslegte, was er tat. Ein Beispiel hat er uns gegeben. Den autoritären Herr-Gott löst er ab durch den mitverstehenden Vater-Gott, einen Gott, der wesentlich etwas »Mütterliches« hat.

Wie Gott mir, so ich dir! Es ist Mangel an Gottvertrauen, Mangel an Dankbarkeit für Empfangenes, wenn wir nicht vergeben, nicht Geduld haben miteinander, uns unbarmherzig zeigen. Gerade in einer Zeit der Vergangenheitsabrechnung und der rückwärts gewandten Schuldzuweisung, aber auch einer Zeit der neuen großen Fehler, Versäumnisse, Irrtümer und Fehl-Tritte kommen wir miteinander weiter, wenn wir nicht immerfort mit anderen oder bei anderen »aufräumen«, sondern jedem die faire Chance lassen und geben, zurückzukehren in die Gemeinschaft. Freilich gibt es dafür eine einzige unabdingbare Voraussetzung: das Ein-Sehen in Misse-Tat, z. B. die Verletzung von Menschen-Rechten.

Wer, wenn nicht die Christen, sollten Anwälte der Barmherzigkeit, Geduld und Vergebung Gottes in unserer Abrechnungskultur sein. Der Verzicht auf Auf- und Abrechnen kommt schließlich auch immer uns selbst zugute. Der andere Weg hat sich totgelaufen und eröffnet kein neues Leben.

Was Gott mit uns angefangen hat, dürfen wir getrost und mutig fortsetzen.

Gewinn und Verlust

»Was hülfe es dem Menschen, wenn er die ganze Welt gewönne und nähme doch Schaden an seiner Seele?«
(Matthäus 16,26)

Mit jungen Leuten aus Leuna habe ich diesen Satz vor 25 Jahren durchbuchstabiert. Jeder sollte heute bedenken, was für ihn Schaden an der Seele bedeutet und was trügerischer Gewinn.

Was nützt dir ein berufliches Weiterkommen,
wenn du als Mensch nicht weiterkommst?
Was nützt dir dein Studium,
wenn du darüber versäumst, dich selber zu studieren?
Was nützen dir viele Kumpels,
wenn du keinen Freund hast?
Was nützt dir alles Wissen,
wenn du dabei ein kalter Mensch geworden?
Was nützt dir alle Schönheit,
wenn nur deine Schönheit bewundert wird?
Was nützt dir aller Reichtum,
wenn du nicht mehr staunen kannst?
Was nützt es dir,
wenn deine Eltern dich mit allem versorgen, aber kein Verständnis und keine Zeit für dich haben?
Was nützt uns ein gigantisches Chemiewerk,
wenn ringsum Welt und Menschen grau sind?
Was nützen uns komfortable Wohnungen,
wenn wir unseren Nachbarn nicht mehr kennen?
Was nützen uns große Neubaugebiete,
wenn sie ohne Poesie sind?

Was nützen uns renovierte Kirchen,
wenn wir dort nicht Geborgenheit und Gemeinschaft finden können?
Was nützen uns unsere Glaubensüberzeugungen,
wenn sie uns und andere nicht frei machen?
Was nützen uns alle klugen Gedanken der Welt,
wenn wir nicht den Mut und die Kraft haben, sie durchzusetzen?
Was nützt uns alles Wissen über Gott und die Menschen,
wenn wir nicht LIEBE haben?[18]

Einschärfen, worauf es ankommt
Deuteronomium 4,1–2.9–13

Immer wieder, immer neu die Einschärfung auf die Grundorientierung des Lebens, die ER dem Volk gegeben hat. Was gelehrt wird, *annehmen* und *tun*, um im ererbten Land *leben* zu können. Gottes Weisungen sind lebensdienliche Orientierungen. An den Grundlagen dieser Weisung soll nichts geändert, nichts hinzugefügt und nichts gestrichen werden. (Das soll gewissermaßen so gelten wie Artikel 1–20 des Grundgesetzes!) Die Weisungen dienen dazu, das Land in einer glückenden Ordnung und in einem geordneten Glück zu besiedeln. Keine Klauseln sollen eingefügt werden. Es soll nichts korrigiert und nichts addiert, nichts verschärft und nichts relativiert, nichts verkürzt und nichts ausgeweitet werden. Was gilt, soll auch gelten. Das Bewährte ist das Bewahrenswerte – und das erweist sich als das Nützliche.

Und die Geschichte soll erzählt werden, aus der heraus solche Weisung gekommen ist: die Erinnerung wach halten, die Seele vor dem Vergessen bewahren. Die Geschichten, die die Seele stärken und weiten, verinnerlichen. Geschichte und Geschichten weitererzählen. Das ist Traditionspflege um der Zukunft willen. Durchs Erzählen wird Kindern und Kindeskindern vermittelt, was einmal war, damit es in der jeweiligen Gegenwart lebendig, »vergegenwärtigt« wird. So kommt es zum Zusammenfallen der Zeit in der »Vergegenkunft«. So kann sich ein Volk böse Erfahrungen ersparen, indem es durchlebt und durchleidet, was einmal geschehen ist; Erinnerung als Immunisierung gegenüber neuer Verfehlung. Traditionsvermittlung wird selber ein Grundgebot: mündliches Erzählen, Aug in Auge, als Einschärfung.

»Vor versammelter Mannschaft« soll gesagt werden, worauf es ankommt: auf Worte, die über den Tag hinaus gelten. Worte, die ein für alle mal und für alle gelten, die in jeder Lage etwas Orientierendes sagen: wo man sie auf ihre lebensförderliche Grundsubstanz abhört, wo sich das Allgemeine im Konkreten bewahrheitet und bewährt. Es ist die Erinnerung an den aus dem Feuer redenden Gott, der das Menschenantlitz erleuchtet, alle erstrahlen lässt, die im Dunkeln stehen und sich im Feuer spiegeln. Aus dem Feuer kommt DAS WORT; aus bedrohlichem Dunkel heraus erscheinen Licht und Wahrheit, wird hörbar die Stimme des unsichtbaren Gottes. ER hat keine Bilder und braucht keine Bilder. Die »Zehn-Wort-Rede« (Martin Buber) ist geschrieben auf steinerner Tafel – Symbol für das Unauslöschliche. Aber nicht die Steine sind das Fundament, sondern die Worte, die in Stein gemeißelt sind, Worte, die fortan eingemeißelt werden in die Herzen der Menschen. Nicht mit den Augen, sondern mit den Ohren wird geglaubt: SEIN Wort brennt sich ein.

Aus dem Feuer heraus redet ER und erfüllt die Menschen, die SEIN WORT hören, mit dem Feuer SEINES Geistes. Es ist derselbe Gott, der dem Mathematiker und christlichen Mystiker Blaise Pascal erschienen ist. Er schrieb in seinem »Memorial« 1654:

Von ungefähr zehneinhalb Uhr am Abend bis ungefähr eine
halbe Stunde nach Mitternacht,
Feuer.
»Gott Abrahams, Gott Isaaks, Gott Jakobs«
nicht der Philosophen und Gelehrten.
Gewißheit. Gewißheit. Empfindung. Freude. Friede.

Gott Jesu Christi.
Deum meum et Deum vestrum.*
»Dein Gott soll mein Gott sein.«
Vergessen der Welt und aller Dinge, ausgenommen Gott.
Er wird nur auf den Wegen gefunden, die im Evangelium gelehrt sind.
Größe der menschlichen Seele.
»Gerechter Vater, die Welt hat dich nicht erkannt, aber ich habe dich erkannt.«
Freude, Freude, Freude, Tränen der Freude.
Ich habe mich von ihm getrennt:
Dereliquerunt me fontem aquae vivae.**
»Mein Gott, wirst du mich verlassen?«
Möge ich nicht ewig von ihm getrennt werden.
»Dies ist das ewige Leben, dass sie dich erkennen,
den einzigen, wahren Gott, und den du gesandt hast, Jesus Christus.«
Ich habe mich von ihm getrennt; ich bin vor ihm geflohen, ich habe ihn verleugnet, gekreuzigt.
Möge ich nie von ihm getrennt sein.
Er wird nur auf den Wegen bewahrt, die im Evangelium gelehrt sind.
Vollkommene, innige Entsagung.
Vollkommene Unterwerfung unter Jesus Christus und unter meinen geistlichen Führer.
Ewig in der Freude für einen Tag der Plage auf Erden.
Non obliviscar sermones tuos.***

Der Gott Abrahams, Isaaks und Jakobs, der Gott Saras, Rebekkas und Rahels, der Gott des Mose »auf dem Horeb/

* Meinen Gott und euren Gott.

** Sie haben mich, die Quelle des lebendigen Wassers, verlassen (Jesaja 2,13; 17,13).

*** Ich werde deine Worte nicht vergessen.

Sinai« und der Gott des Jeschua »auf dem Berge« ist der, der das Feuer seines Geistes sendet, ein im Feuer geläutertes Wort, das in ferne Vergangenheit zurückweist, in der Gegenwart Beständigkeit verleiht und die Zukunft offen hält. Nichts soll von seiner Wahrheit weggenommen und nichts hinzugefügt werden. Weisung ist nicht tötende Moral – sie ist lebensstiftende Orientierung. Und sie bedarf der Einschärfung.

Ein Schrei im Schilf
Exodus 2,1–10

Eine Rettungsgeschichte – wie man sie von anderen Gründer- und Herrschergestalten kennt: Sargon, Kyros, Romulus. Manche Motive sind multikulturell. Nicht wichtig ist, welche Geschichte ursprünglich ist; wichtig ist, wie Israel mit solch einem Motiv umgeht. Der künftige Retter Mose ist selber ein Geretteter. Am Anfang seines Lebens steht ein Schock: Ausgesetztsein. Dem Verdursten – im Wasser schwimmend – nahe. Dieses Kind im Körbchen gehört zu jenem Einwanderervölkchen in Ägypten, das wendig, tüchtig und gebärfreudig ist. Das Gastland hat Angst vor »Überfremdung« angesichts eines gewaltigen Geburtenüberschusses. Die Lösung soll organisierte Kindstötung sein: alle männlichen Nachkommen töten, die weiblichen leben lassen.

Der Pharao wird gar maßlos, nachdem die beiden Hebammen Schiphra und Pua (Exodus 1,15 ff.) sich geweigert hatten, die Neugeborenen zu töten; der Pharao befiehlt nun allen, alle männliche Nachkommenschaft der Hebräer in den Nil zu werfen. Er generalisiert sein Tötungsgebot: *alle* männliche Nachkommenschaft töten. Es ist der Wahn aller Despoten, die aus Angst handeln und anderen Lebensangst machen.

Da erwarten ein Levit und seine Frau ein Kind, mit Freude und Bangen zugleich. Wenn es ein Sohn wird ... Und als er geboren wird, sah sie ihn und sah: »Er war gut«. Der Neugeborene ist ein Geschöpf und deshalb gut – in Anknüpfung an das Schöpfungswerk Gottes. Jedenfalls ist dieser Sohn nicht sichtbar behindert; später erst stellt sich bei Mose eine Sprachbehinderung ein (Geburtsfehler oder psycho-soziale Schädigung?). Die Frau, die Mutter, versteckt den Jungen, solang es geht. Dann setzt sie das Kind aus. Sie überlässt es seinem Schicksal, um es vor dem sicheren Tod zu schützen: Aussetzen als letzte Chance! Weggeben. Selber nichts mehr machen können. Sie baut einen Kasten – eine Arche im Kleinformat. Rettungsschiffchen. (Kästchen und Arche sind im Hebräischen dasselbe Wort.) Sie verpicht das Schilfrohr und füttert das Körbchen mit Lehm aus. Sie schließt das Kästchen von oben, damit sich nicht die Raubvögel von oben auf das Kind stürzen. (Die Geschichte nutzt die alte ägyptische Vorstellung, dass Götter auf Schiffen angereist kommen. Somit muss der Aberglaube der Ägypter dem Plan Gottes dienen.) Denn da kommt die Tochter des Pharaos mit ihren Gespielinnen und entdeckt das Körbchen im Schilf. Sie lässt es holen, während die größere Schwester des kleinen Knaben in der Nähe steht, um zu sehen, was aus ihrem kleinen Brüderchen wird. Da liegt er, ein kleiner weinender Junge. Zum Gotterbarmen, herzerweichende Tränen. Das Jammern und Weinen rührt die Herrschertochter. Das Kind schreit nach seiner Mutter. Es schreit nach Liebe, nach Milch, nach tröstender Wärme, nach körperlicher Nähe. Das Wimmern des verlassenen kleines Geschöpfes jammert sie.

Hier setzt die List der Frauen ein, eine List, die der Rettung von Menschenleben dient. Die leibliche Schwester gibt sich als zufällige Zeugin, die der Tochter Pharaos anbietet, eine hebräische Amme zu besorgen, die das Neugeborene, das Findelkind, »für sie«, die Pharaotochter, stillen könne.

Die Tochter des Pharaos befiehlt ihr, zu gehen und eine Amme zu holen. Die Schwester – inkognito – bringt die leibliche Mutter, sodass das Kind dort aufwachsen kann, wo es herkommt und wo es hingehört. Sie erhält gar noch einen Unterhalt, gewissermaßen Kindergeld. Auf diese Weise bekommt Mose zwei Mütter, eine leibliche und eine soziale. Die Sozialisation des Mose geschieht in einem levitischen Kontext. Und der Herangewachsene, der der Mutter Entwöhnte, kann nun zur Tochter des Pharaos gebracht werden und »ihr zum Sohn« werden. Sie benennt ihn mit dem üblichen Namen, der ägyptisch mit »geboren, als Sohn geboren« übersetzt werden und im Hebräischen als der »Herausgezogene« gedeutet werden kann.

(Mose bekommt nicht einen Pharaonennamen, wie Tutmose oder Ra-mesu, – Ramses! –, sondern einfach nur: ›Geboren, als ein Sohn geboren‹. Der Gott Ra wird nicht mehr bezeichnet, sondern nur die Tatsache des Geborenseins: Gotteskind, Geschöpf Gottes – eines Gottes, dessen Name sich offenbart im Unterwegssein des Lebens.)

Es ist keine Selbstrettung, es ist ein Gerettetwerden. Mose hat zwei Mütter, die verschiedenen Kulturkreisen zugehören. Sie konstituieren in Mose eine Doppelidentität. Die Tochter des Unterdrückers bringt den Befreier der Unterdrückten an den Hof, sodass er das Ohr des Herrschers gewinnen und die Mechanismen des Herrschens durchschauen kann.

Die Akteure der Geschichte sind Frauen: die Mutter, die das Kind versteckt und dann aussetzt, die Schwester, die es nicht aus den Augen verliert, die Tochter des Pharaos, die es sieht und Hilfe für ihren Adoptivsohn bei einer hebräischen Amme sucht.

Im Zentrum der Geschichte steht die Lebensgefahr und das Rettungskästchen – die Arche des Mose. Eine Ägypterin lässt sich rühren vom Schrei eines hebräischen Kindes. Die Tochter des Pharaos durchbricht das todbringende Gebot ihres Vaters angesichts eines Geschöpfes, das sie jammert. Sie wird zum Schutzengel des Geretteten, der später zum Retter des Volkes werden sollte. Das zum Töten freigegebene Kind wird zum Mittler der Rettung für das unterdrückte Volk Israel. Mose kann der Befreier werden, weil er die Gepflogenheiten des Herrschervolkes von innen her kennt und weil er sich erinnert, wohin er gehört und woher er kommt.

Eine Frau rettet das zum Töten freigegebene Kind, indem sie nicht »kalt« bleibt, sich nicht nach politischen Notwendigkeiten oder rechtlichen Vorschriften richtet, sondern ganz elementar menschlich reagiert – eine menschliche Regung zeigt und das legalisierte Verbrechen nicht akzeptiert.

Sie übernimmt eigene Verantwortung für ein fremdes Kind. Sie hört einen Schrei. Und sie hört nicht nur den Schrei, sondern sie tut das, was für das Kind jetzt gut und nötig ist.

In welche Welt wird der aus dem Wasser Gezogene hineingeboren? In eine Macht- und Unterdrückungswelt. Der Lehm, mit dem das Körbchen von innen ausgeschmiert wurde, damit das Kindlein nicht am scharfen Geruch des Pechs ersticke, ist genau der Stoff, der zum Symbol der Unterdrückung der Hebräer geworden war, die im Frondienst aus Lehm die Ziegel für die Landesherren brennen mussten. Und das Schilf ist das Symbol für das spätere Hindurchziehen durch das Schilfmeer, angeführt von dem, der aus dem Schilf gezogen wurde. In das Schilfmeer stürzt sich die Armada der Unterdrücker. In dieser »Sintflut« werden sie ersäuft. Für die Peiniger gibt es kein Rettungsboot, keine Arche.

Das Volk zieht fortan 40 Jahre durch Wüste ins Gelobte Land. Vorgezeichnet ist ein sich in vielen Variationen wiederholendes Motiv: tödliche Bedrohung und immer wieder erfahrene Rettung.

In der Fassung des Jerusalemer Talmuds heißt es: »Jedem,

der ein Menschenleben rettet, rechnet es die Schrift an, als hätte er [oder eben: sie!] eine ganze Welt gerettet.« In dieser Rettungsgeschichte sind die Frauen die Subjekte: die Mutter, die Schwester und die Tochter des Pharaos.

Die Rettungsgeschichte kulminiert in einem Kinderschrei:

Der Schrei
Ein Mensch wird geboren, und sofort
schreit er.
Keiner versteht ihn, doch alle
freuen sich.
Da bin ich! Schreit der Mensch,
da, um zu leben.
Bin ich hier richtig?
Geboren bei
guten Menschen?
In einem gesitteten Jahrhundert?
Wird nicht zufällig Krieg geführt?
Ist die Sklaverei hier abgeschafft?
Habe ich die richtige Haut-
farbe?
Die richtige Abstammung?
Darf ich atmen?
Dann besten Dank.[16]

Den anderen die Füße waschen
Johannes 13,1–15

Lieber Petrus,

ich habe den Bericht des Johannes von der Fußwaschung gelesen, ihn wieder und wieder gelesen und bedacht. Aus dem Abstand von fast 2000 Jahren gehe ich dieser bewegenden Szene nach, als ob sie gestern geschehen wäre. Da

Jesus Dir ankündigte, Du würdest später verstehen, was hier mit Dir, mit Euch (ja wohl für uns alle!) geschehen ist, will ich mich als ein Dolmetscher versuchen. Du wirst das Ganze vielleicht noch ganz anders verstehen. Lass mich das bitte wissen. Mich drängt es, Dir zu schreiben, wie *ich* es sehe. Ich finde es einfach umwerfend, ja, verzeih das pathetische Wort: revolutionär.

Du warst unmittelbar beteiligt. Ich sehe das Ganze aus einer gewissen Distanz; aber ich kann mich ganz gut hineinversetzen. Ob ich besser verstehe als Du, möchte ich offen lassen. Zunächst einmal möchte ich Dir sagen, wie ich Jesus bewundere. Er weiß, dass seine Stunde geschlagen hat, dass es kein Zurück gibt – und er weiß, dass er nicht ins Bodenlose fällt, sondern ins Vaterhaus einkehrt.

Grundvertrauen: Das Vertrauen hat einen Grund, auch angesichts des Todesdunkels. Und doch: Die anderen zurückzulassen ist schwer, so man liebt und geliebt wird in dieser rauen Welt. Es geht aufs Letzte. Da geht es aufs Ganze. Vor dem Abschied, dem Ende gemeinsamer Zeit – ein Merkzeichen für alle Zeit. So verstehe ich diese Geschichte.

Keine bloße symbolische oder gar rituell-liturgische Handlung, kein »Tun als ob«, sondern zwölfmaliges Füßewaschen. Das Bücken, der Geruch, der Schweiß, der Schmutz, die verletzte Fußsohle, die gerissene Haut der Füße, die sie getragen haben durch die Mühen der Ebenen und getragen haben auf den Berg der Hoffnung: Jerusalem zur Festzeit. Bevor Jesus abschließende Worte sagte – Abschiedsreden nennen wir das, was Johannes da aufgeschrieben hat –, bückt er sich. Eine Wohltat für die Gewaschenen, eine Sklavenarbeit für Jesus. (Wo die anderen Evangelisten von einem abschließenden Abendmahl mit seinen schwergewichtigen und so vielbedeutsamen Deuteworten berichten, erzählt Johannes von einem praktischen Liebesbeweis. Es beginnt auch mit einem Abendessen, in dessen Verlauf er das Ungewöhnlich-Unerwartete tut.) Ich finde, lieber Petrus: Das sagt mehr als alles Reden es vermag. Diese Szenerie prägt sich mir so ein wie die Szene mit der Ehebrecherin. Diese Szene macht die ganze Absicht Jesu, sein ganzes Dasein augenfällig, sinnlich fassbar, ich könnte auch sagen: sozial erlebbar. Unten, »ganz unten« erfüllt sich, was »ganz oben« beabsichtigt ist. Umkehrung der Herren-Diener-Ordnung, aber nicht bloß, um das Unterste zuoberst zu bringen und nicht, um erneut eine Rangordnung zu installieren, sondern um das Herr-Diener-Verhältnis prinzipiell zu durchbrechen. Nicht aus übergeordneten ideologischen Gründen geschieht dies, sondern aus Liebe. Diese neue Erkenntnis, diese Umwertung kommt nicht über den Kopf, sondern über die Füße. Aber ich sehe auch, dass dies keineswegs eine Idylle ist, keineswegs ist alles »ein Herz und eine Seele«. Denn einer ist für Geld bereit aufzugeben, was er an Lebensqualität in einer gelingenden Gemeinschaft erfahren hatte. Einer verrät ihn – verrät sich selber und die anderen. Sein Name wurde später so verachtet, wie Dein Name, Petrus, erhoben wurde. Du bist ja bald eine »Überperson« geworden. Man nannte Dich bald den Ersten unter Gleichen – mit allen Spätfolgen in einer hierarchischen Kirche. Und Du warst es, der als Einziger den Dienst des Herren an seinem Diener verweigerte. Wolltest Du – ob bewusst oder unbewusst –, dass die bestehende Ordnung erhalten bleibt? Warum? Weil Du selber fürchtetest, dann auch so verfahren zu müssen, wenn Du am Ruder bist, zur Oberklasse, zur Nomenklatura, zur höheren Geistlichkeit gehörst? Ist es selbstsüchtige Voraussicht oder ist es wirklich die Bescheidenheit des Beschämten? Ich möchte Dir gerecht werden und denke: es ist beides. Du wehrst jedenfalls ab. Solche Umkehrung wäre ein Sakrileg für alle bisherige Oben-Unten-Ordnung. Aber Jesus besteht darauf. Petrus, warum konntest Du nicht einfach geschehen lassen, was Du erst später verstehen würdest? Aber Du trotzt. Da droht Jesus: Ohne Waschung kein Anteil an Jesus. Und da kippst Du um. Nun willst Du *alles*, nun kannst Du nicht genug kriegen. Wenn das *so* ist, möchtest Du mehr als die anderen, die ganze Sicherheit der Jesus-Nähe. Wahrlich, die Füße sind vom Staub der Straße schmutzig, die Hände von verkehrtem, unterlassenem Tun auch, und des Kopfes »Dichten und Trachten ist böse von Jugend auf«. Also bitte: Generalreinigung! Kein Mensch mehr, ein strahlender Heiliger willst Du sein! Wie magst Du es empfunden haben, als Jesus dabei bleibt? Was er den Füßen tut, gilt dem ganzen Menschen. Abwaschen der Weg-Irrungen, der Tat-Irrungen, der Denk-Irrungen. Bitter bleibt, finde ich, dass einer ausgeschlossen bleibt. Wurde er nicht gewaschen? Oder wurde gewaschen, aber die Waschung verfehlte ihre Wirkung, weil gar keine innere Bereitschaft war, sich reinmachen zu lassen? Muss einer immer Sündenbock sein und bleiben? – Später in die Wüste geschickt, in die 2000-jährige Diaspora: Judas=Jude=Verräter.

Petrus, verstehst *Du* das? Hat Johannes hier mehr gehört als Jesus gesagt hat? Es wäre schon wichtig, dass wir das zurechtrücken nach dieser Schuldgeschichte an Deinem Volk, Petrus. Jesus ist ein Jude wie Du, Petrus, und wollte eine alle Menschen umfassende Gemeinschaft der Kinder Gottes.

Petrus, lass uns von vorne beginnen, immer wieder von vorne beginnen. Sein Beispiel vor Augen. Lass uns wieder anfangen, ganz unten, mit den Füßen.[17]

Die Klugen und die Törichten
(Matthäus 25,1–13)

Mein lieber Jesus,

immer wieder zum Totensonntag wird dieses Gleichnis gelesen. Mir kam danach nie das »Lob sei Dir, o Christe« von den Lippen, das wir nach der Evangelienlesung im Gottesdienst singen.

Ist es nicht Deine Barmherzigkeit, Dein Verzeihen, Dein Einsatz für die Zuspätgekommenen und die Versager, ja Dein Plädoyer sogar für Deine Feinde, was Dich sonst auszeichnet, Dich so einmalig macht? Und nun so eine Gleichnisgeschichte … Die Törichten, die Vergesslichen, die Ungeduldigen und Unüberlegten bekommen keine Chance mehr. Sie klopfen doch an, rufen nach Dir. Und Du machst nicht nur nicht auf – Du stößt sie sogar weg, weit weg: Ich kenne Euch nicht. Ach Jesus, warum diese Härte? Ich vermute ganz stark, dass *Du* das *so* gar nicht erzählt hast, sondern dass Matthäus es später so erzählt vorgefunden und selber weiterbearbeitet hat.

Trotzdem: Es wird in unseren Gottesdiensten als Dein Gleichnis gelesen.

Es geht um ein Hochzeitsfest. Der Zeitpunkt für den Beginn ist offen. Er hängt ganz vom Kommen des Bräutigams ab. Ist es da nicht gerade ein Zeichen ungläubiger Vorsorge, wenn einige Brautjungfern, die den Bräutigam feierlich einholen wollen, Öl zum Nachfüllen mitnehmen, wo doch alles längst bereit zu sein scheint, wo schon gespannte, knisternde Festerwartung alle ergriffen hat? Diese unerwartete Verspätung des Bräutigams wirft das Problem erst auf.

(Aber, lieber Jesus, war es denn falsch, Dich sehr bald wiederzuerwarten? Hast Du nicht selbst solche Hoffnungen geweckt? Wie lange soll denn das vollendete Reich Gottes noch auf sich warten lassen? Siehst Du nicht, wie viele des

Wartens längst müde geworden sind und nichts mehr erwarten, jedenfalls nicht mehr damit rechnen, dass alles noch gut werden kann, weil Du kommst?)

Man kann die Lampen während des Wartens nicht löschen. Das erloschene Feuer lässt sich nicht wieder so leicht entfachen. Aber so geht beim ermüdenden Warten dem Feuer allmählich die Nahrung aus ... bis es nur noch glimmt. (Das kennen wir doch: erloschene Erwartung, ausgebrannte Hoffnung, nur noch Ruß der Enttäuschung.) Und nun kommt er ganz plötzlich. Großes Freudengeschrei. Die einen machen die Lampen schnell fertig, gießen das mitgebrachte Öl nach, gehen los, ihm entgegen. Die anderen bitten darum, die Ölvorräte zu teilen, schwesterlich zu teilen. Die »Klugen« wehren schroff ab: Dann würde es auch für uns nicht mehr reichen, dann ist keinem genutzt. Geht los, kauft schnell noch Öl. Jeder sorge für sich! Dann gehen sie schnell los, ohne Rücksicht auf die »Törichten«. Der Bräutigam kommt. Das Fest beginnt. Die Festtür wird verschlossen. Die Welt teilt sich in »die drinnen« und in »die draußen«. Die Einen sind nun im »Gelobten Land« – wen oder was sie zurücklassen, scheinen sie zu vergessen. Sie sind ja drinnen. Kein Deut Solidarität mehr mit den zurückgebliebenen Schwestern. Auch keine Fürsprache beim Bräutigam, als sie schließlich nachkommen, anklopfen und um Einlass bitten.

Mein lieber Herr Jesus, tu doch auch den Zuspätkommenden auf! Verzeih auch unsere Schuld, unsere Vergesslichkeit und die fehlende innere und äußere Vorbereitung auf Dein Kommen. In der Mitte der Nacht willst Du kommen. Sie ist der Anfang des Tages.

Ist jetzt nicht schon genug Nacht?

Komm! Mit jedem Tag sind wir schlechter vorbereitet, erschöpft sich das Feuer der Erwartung. Komm! Und lass keine und keinen draußen.

Warum habt ihr Angst?
(Matthäus 8,23–27)

Er steigt in ein Boot, verlässt den festen Boden unter den Füßen, begibt sich in Gefahr. Er vertraut sich einem Gefährt an. Auf engstem Raum sind sie zusammen. Das Boot trägt über das Wasser und schaukelt hin über die (Un-)Tiefen. Mit ihm sitzen sie in einem kleinen Boot. Das Gleichgewicht halten. Auf Gedeih und Verderb ist aufeinander angewiesen, wer in einem Boot mit anderen unterwegs ist.

Sie lassen sich treiben, sie verharren auf der Stille des Wassers, im gleißenden Sonnenlicht. Aus heiterem Himmel ein Sturm. Die Wellen peitschen hoch. Die Angst schlägt hoch. Die Schlagadern pochen. Das Wasser braust wütend. Die Gischt schäumt. Das Herz stockt. Auf den Kamm der Wellen werden sie hochgerissen und ins Wellental hinabgestürzt. Jede herankommende Welle – ein neuer Schub Angst. Jetzt ist es aus. Jeden Moment kentern können. Kein Rettungsring ist da; selbst wenn einer da wäre, brächte er keine Rettung – viel zu weit ist das Ufer, viel zu gering die Kraft, viel zu unbarmherzig schlägt das aufgeregte Wasser zu. Aus heiterem Himmel ein Sturm, unbändige Kraft, nicht zu bändigende Kraft, der der Mensch nicht gewachsen ist – am Leib nicht und mit seiner Seele nicht.

Lebensangst. Todesangst. Urangst. Plötzlich ganz ausgeliefert sein. Ein letzter Gedanke: »Das Leben war doch schön.« Ein Entrinnen gibt es nicht. Noch einen Moment leben – es könnte der letzte gewesen sein. Während alle anderen vor Angst schier vergehen, schläft einer. Er schläft ungerührt und unberührt von der Gefahr. Die Verängstigten wecken ihn. Kyrie! Herr, hilf! Wir kommen um! Gleich ist alles aus! Schreite du ein! Wir haben keine Aussicht auf Rettung. Wir sind mit unseren Kräften am Ende. Unsere Sicherheitssysteme haben versagt. Auf eine so plötzliche Bedrohung sind wir weder eingerichtet noch vorbereitet. Wie gesagt: aus heiterem Himmel ein bedrohlicher Sturm. Die Tiefen des Wassers werden uns verschlingen.

Wüstensturm. Bombenteppiche.
Weihnachtsbäume über dem Himmel Dresdens.
Selbstmordattentate. Terroranschläge.
Panzerattacken. Stalinorgeln.
Überschwemmungen. Dürrekatastrophen. Epidemien.
Anthrax. Sarin.
Amoco Cadiz. Erika. Prestige: Ölpest.
Tornado. Wüstensturm.
Gettysburg. Tschernobyl. Temelín.
Eschede. Estonia. Lockerby.
San Salvador.
Ein Anschlag aus heiterem Himmel. Ein weltweites Netzwerk des Terrors.
Ungreifbar.
Ein Aus-versehen-Atomkrieg.
Grosny. Beirut. Kandahar. Jerusalem. Ramallah. Ruanda. Indonesien.
New York. Washington. Mazar-i-Sharif. Bagdad.
Krebs. HIV-positiv. Schlaganfall.
Unstillbarer Sturm der Angst.
Untiefen. Unrettbar ausgeliefert.

Dann nimmt er den äußeren Grund der Angst weg. Der Sturm muss sich ergeben. Die Urgewalt der Natur muss gehorchen. Brausender Sturm und aufgewühltes Meer, der aufgesperrte Rachen des Todes: zugeklappt. Wie das Unglück kam, so geht es. Dem höllischen Aufruhr folgt Stille. Ruhe. Ganz still. Alles. Tröstliche Ruhe nach dem Sturm.

Mit IHM im Boot zu sein heißt: durch die Gefahren hindurchkommen. Die Regentin ›Angst‹ ist zuerst zu besiegen;

sodann legt sich auch der Sturm. Der Sturm wird gestillt, bis Stille ist.

Aber warum fragt ER: »Warum seid ihr so furchtsam, ihr Kleingläubigen?« Ist er ahnungslos, gefühllos, gefahrenblind? Alles nur Kleinglaube? Die reale Gefahr nur Einbildung der Angst, mangelndes Vertrauen? Die Angst ist es, die erstarren lässt vor der Gefahr und dazu bringt, vor der Gefahr zu kapitulieren, bevor das Befürchtete eingetreten ist. Und so wird es eintreten. Seine Frage ist: Warum hat euch die Angst gepackt? Erhaltet euch mitten im Sturm Vertrauen! Ihr werdet hindurchkommen. Und was auch geschieht: ihr werdet nicht verloren sein. Behaltet in der Gefahr Vertrauen, was auch passiert – euch kann nichts passieren.

Das ist es. Da legt sich die Angst. Da legt sich der Sturm, und da fragen sie: »Wer ist das, dass sich die Mächte, die uns Angst machen, schlafen legen?«

Mit ihm im Boot zu sein – wir mit ihm und er mit uns – heißt, der Furcht zu begegnen, indem wir dem Fürchterlichen widerstehen und uns ihm nicht – angstgelähmt – aussetzen. Und darauf vertrauen, dass ER die Macht hat, das Fürchterliche abzuwenden.

Im Sturm Vertrauen behalten; *sicher* ist es keineswegs, dass wir nicht in die Tiefen gerissen werden. Dennoch *gewiss* bleiben, dass ER unter uns ist, die Gefahr wenden, der Gefahr Herr werden kann.

Das Volk, das im Finsteren wandelt
Sacharja 9/Jesaja 9

Das Ungeheuerliche und das Liebliche von Weihnachten.

Das Ungeheure: dass der Unnennbare, Ungreifbare, Unerreichbare – nennbar, greifbar, erreichbar wird. In einem Menschen, der sodann das Menschsein lebt, wie es gemeint war – vom Anfang her. Der Schöpfer lässt seine Welt nicht allein. Er setzt sich *ein* – und er setzt sich *aus*. Er gibt allen die Hand – und fällt denen in die Hände, die gnadenlose Hüter ihrer Wahrheit (in Wahrheit: *ihrer* Macht) sind.

Ein Kind wird geboren, wird *uns* geboren. Die Welt fängt neu an – mit *jenem* Kind, mit *jedem* Kind. *Uns* wird er geboren. Es ist der Mensch, der königliche Mensch, der als König kommt – zu dir, zu mir, zu euch – als ein Gerechter und ein Helfer – und nicht als ein Herrscher, Auspresser, Unterdrücker. Er kommt in all seiner Verletzlichkeit; das ganz Große fängt ganz klein an. Und deshalb soll ganz groß sein die Freude.

Auf einem Esel kommt er – und nicht auf einem imposanten Streitwagen – mit Panzern, Transportpanzern, Spürpanzern, den Jaguars und Leoparden – sie alle sollen hinweggetan werden, auch die Rosse, die dahinfliegen – die Drohnen, die B-52, F-16, die MIG, Skud, die Partriot – alle diese dahinfliegenden Rosse: hinweg!

Die Kriegsbögen – die Abschussrampen, die Startbahnen – alles das soll zerbrochen werden. Denn es wird SCHALOM geboten den Völkern. Und *Seine* Herrschaft soll von einem Meer bis zum anderen reichen, vom Urstrom bis an die Enden der Erde. Das ist keine Verheißung an heutige Weltmachtstrategen, sondern eine *Friedensverheißung*, die auf Abrüstung beruht, auf Konversion, Umkehr zum Frieden – nicht auf Großmacht, Weltmacht, Übermacht!

Der Prophet Sacharja spricht *un*missverständlich:

Du, Tochter Zion, freue dich sehr,
und du, Tochter Jerusalem, jauchze!
Siehe, dein König kommt zu dir,
ein Gerechter und ein Helfer,

arm und reitet auf einem Esel,
auf einem Füllen der Eselin.

Denn ich will die Wagen wegtun aus Ephraim
und die Rosse aus Jerusalem
und der Kriegsbogen soll zerbrochen werden.
Denn er wird Frieden gebieten den Völkern,
und seine Herrschaft wird sein von einem Meer
bis zum andern
und vom Strom bis an die Ende der Erde.
(Sacharja 9,9–10)

Von unten, ganz von unten, vom Kleinen her, von den Kleinen her kommt Rettung.

Und das meint »Fest des Friedens«: Fest der Abrüstung, Verheißung für die Welt und kräftige Ermutigung derer, die Frieden zu schaffen sich anschicken. Denn wenn die Friedensbotschaft von Weihnachten nicht *in uns* hineinkommt, nicht *in uns* Raum greift und alles in uns auflöst, was hart, hassverzerrt, unerbittlich und unversöhnt ist, was überlegen sein will über andere, statt *mit* ihnen zu überlegen, wie diese Welt eine Zukunft bekommt – wenn die lösende und erlösende Botschaft nicht in uns hineinkommt – kommt der Frieden auch nicht in die Welt.

Dir ist er geboren! Das ist nicht bloß eine Nachricht, dass einer geboren *wurde* oder geboren *wird*, irgendwo, irgendwann, irgendwem.

Dir und *uns allen* zusammen ist er geboren. In der berauschenden Musik Messiaens magst du hörend erfahren, mit welcher poetisch-politischen Kraft die Worte des Propheten Jesaja daherkommen. So leise und *darin* so kraftvoll.

Das Volk, das im Finstern wandelt,
sieht ein großes Licht,

und über denen, die da wohnen im finstern Lande,
scheint es hell.
Du weckst lauten Jubel,
du machst groß die Freude.
Vor dir wird man sich freuen,
wie man sich freut in der Ernte,
wie man fröhlich ist,
wenn man Beute austeilt.
Denn du hast ihr drückendes Joch,
die Jochstange auf ihrer Schulter
und den Stecken ihres Treibers zerbrochen
wie am Tage Midians.
Denn jeder Stiefel, der mit Gedröhn dahergeht,
und jeder Mantel, durch Blut geschleift,
wird verbrannt und vom Feuer verzehrt.
Denn uns ist ein Kind geboren,
ein Sohn ist uns gegeben,
und die Herrschaft ruht auf seiner Schulter;
und er heißt
Wunder-Rat, Gott-Held,
Ewig-Vater, Friede-Fürst;
auf dass seine Herrschaft groß werde und des Friedens kein Ende
auf dem Thron Davids und in seinem Königreich,
dass er's stärke und stütze durch Recht und Gerechtigkeit
von nun an bis in Ewigkeit.
Solches wird tun der Eifer des HERRN Zebaoth.
(Jesaja 9,1-6)

In Finsternis tappen, nichts als Dunkel vor sich sehen, beängstigende Ruhe vor dem großen Knall. Ausgeliefert sein. Nichts machen können. Sich ohnmächtig fühlen. Und da ein großes Licht. Ein Lichtpunkt. Ein Hoffnungsschein. Eine Erleuchtung. Für die Augen und für das Herz. Lauter Jubel. Überströmende Freude, außer Rand und Band, vor

Freude sein – wie bei der Ernte, wenn die Früchte eingefahren sind.

Warum die Freude? Weil die Sklaverei ein Ende hat. Weil all das, was drückt auf den Schultern, auf der Seele, auf dem Sonnengeflecht, auf Gefühlen und Gedanken, weg ist.

Und die Treiber, die Anfeuerer, die Befehlsgeber, die Gewaltanbeter, die Rüstungsnutznießer: ihre Stecken, ihre Kriegstreiberei, ihre Lügengebäude, ihre Panzerdivisionen, ihre Zerstörerflotten, ihre Raketen- und Antiraketensysteme zerbrochen, versunken, verrostet.

Das Gedröhn der Gleichschrittstiefel, das Gedröhn der Tarnkappenbomber und der Apache-Hubschrauber, das Gedröhn der Propagandalügen, das dröhnende Höllengelächter der Rüstungsbosse, das barbarische Spiel der Terroristen, das zynische Grinsen der Diktatoren, die verlogenen Rechtfertigungen ihrer Militäroperationen – all das, was dazu da ist, dass das Leben von Menschen, ihre Häuser, Felder und Wälder mit Feuer geschleift wird, all das, was zum Zerstörungswerkzeug bestimmt ist, wird selber zerstört – fällt in sich zusammen. Es erweist seine Lebensuntauglichkeit, vor aller Augen. Ein Licht leuchtet in der Finsternis.

Alle Hoffnung liegt auf dem Kind, das uns geboren wird. Herrschaft wird neu definiert. Sein Name ist nicht Sicherheitskabinett, Generalstab, Rüstungsprogramm, Vater und Mutter aller Schlachten, oberster Kriegsherr, Heiliger Krieg, new war, enduring freedom, »Geheim-Rat« der CIA, des FSB, des Mossad, der Geheimdienste aller Regime, – sein Name ist: wunderbarer Rat, von Gott bestimmter Held, gütiger Vater, Fürst des Friedens.

Solche Herrschaft soll groß werden. Der Friede soll ohne Ende sein und nicht der Anfang eines neuen Krieges.

Fünf Thronnamen haben die mächtigen Pharaonen Ägyptens. Sie geben sich gern selber klangvolle Namen, lassen sich schmeicheln ohne Ende. In ihren Annalen sind zuvörderst ihre Kriegszüge vermerkt und die Kriegsbeute dazu. Aber dieser König – der vom »König aller Könige« herkommt – ist der »König des Friedens«, der sich für soziale Sicherheit und Wohlergehen, ein Wohlgefallen für alle sorgt. Das ist nicht nur *mehr* als Pharao, dies ist auch *anderes* als Pharao. ›Ewig-Vater‹, das meint: der Vater der Zeit, der *Zukunft* schenkt, Perspektive eröffnet, statt den Horizont zu verdunkeln.

Sein Friede beruht auf nichts anderem als auf Recht, Lebensrecht – wird gestützt und gestärkt durch die *Herrschaft des Rechts* und nicht das Recht der Herrschaften, der »Herren« dieser Erde, die über »Gerechtigkeit« bestimmen, sofern sie ihnen nützt. Frieden in Gerechtigkeit für die Welt, für *alle* Menschen, für diese wunderbare Schöpfung.

Jetzt soll es beginnen – jetzt, unter euch, mit euch!

Und es soll kein Ende haben. Also setzt auf *diese* Art von Herrschaft, auf solche Autorität, auf solche Kräfte! Setzt auf die Stimmen – wie auf die mutige, großartige Inderin Arundhati Roy, auf den kämpferisch-sanftmütigen Israeli Uri Avnery und auf sein palästinensisches Gegenüber, die Christin Sumaja Nasser, setzt auf den unermüdlich den Menschenrechten verpflichteten Nobelpreisträger 2002, Jimmy Carter, auf den Friedensnobelpreisträger 2001 Kofi Annan und *seine* Weltorganisation, setzt auf den tapferen Sergej Kowaljow, tapfer gegen die Sowjets, gegen Jelzin und gegen Putin. Setzt auf alle, die in den Vereinigten Staaten und im Irak, in Israel und in Palästina, in Deutschland und in Russland auf das *Recht zum Leben*, auf die Herrschaft des Rechts, auf das internationale Recht setzen.

Setzt *alles* auf die, die nicht mit in das Horn der Kriegstreiber blasen, die nur wohlfeile Anlässe zum Krieg suchen, statt gezielte, kluge, geduldige, entschlossene Anläufe zum

Frieden zu unternehmen. Unermüdlich, unverdrossen. Sisyphos des Friedens! – Glücklicher!

Weihnachten ist da, wo *du* sagst: »Dein König kommt zu dir. Er ist ein Gerechter und ein Helfer – für dich.«

Nimm es auf mit denen, die zum Krieg treiben, und nimm es auf dich, dem *Frieden* das Wort zu reden, mit aller deiner Kraft. Verharre nicht in der Finsternis deiner Hoffnungslosigkeit und deiner Ohnmachtsgefühle, sondern *sieh* das Licht und *geh* auf das Licht zu.

Sieh und geh! Der Friede, SEIN Friede soll siegen![19]

Literatur zur Bibel

Die Bibel nach der Übersetzung Martin Luthers mit Erklärungen. Deutsche Bibelgesellschaft. Berlin 1989.

Jerusalemer Bibel. Leipzig o.J.

Die Bibel. Erschlossen und kommentiert von Hubertus Halbfas. Düsseldorf 2002.

Die vier Evangelien. Übersetzt von Walter Jens. Stuttgart 1998.

Ernesto Cardenal, Zerschneide den Stacheldraht. Südamerikanische Psalmen. Wuppertal 1968.

»Die Menschen lügen. Alle.« Und andere Psalmen – übertragen von Arnold Stadler. Frankfurt am Main/Leipzig 2000.

Geschichten der Bibel. Herausgeber Heinz Mode. Frankfurt am Main 1992.

Jörg Zink, Womit wir leben können. Stuttgart 1963.

Die Bibel von A-Z. Wortkonkordanz zur Lutherbibel. Berlin 1994.

Reclams Bibellexikon. Herausgegeben von Klaus Koch u.a. Stuttgart 1992.

Hans Walter Wolf/Günter Bornkamm, Zugang zur Bibel. Eine Einführung in die Schrift des Alten und Neuen Testament. Stuttgart 1984.

Dorothee Sölle, Gott denken. Einführung in Theologie. Stuttgart 1990.

Klaus Berger, Sind die Berichte des Neuen Testaments wahr? Ein Weg zum Verstehen der Bibel. Gütersloh 2002.

Heinz Zahrnt, Glauben unter leerem Himmel. Ein Lebensbuch. München 2000.

Walter Jens, Pathos und Präzision. Texte zur Theologie. Stuttgart 2002.

Albert Schweitzer, Gespräche über das Neue Testament. München 1994 (Beck'sche Reihe).

Jörg Zink, Jesus. Freiburg 2001.

Pinchas Lapide, Ist die Bibel richtig übersetzt? Gütersloh 1986.

Franz Fühmann, Das Ohr des Dionysios. Erzählungen. Rostock 1985 (insbesondere: Meine Bibel. Erfahrungen, S. 113ff.).

Eugen Drewermann, Tiefenpsychologie und Exegese. Band I und II. München 1993 (Beck'sche Reihe).

Vaterunser. Ein biblisches Brevier. Evangelische Hauptbibelgesellschaft 1985.

Barth Brevier. Herausgegeben von Richard Grunow. Zürich 1966.

Bonhoeffer Brevier. Herausgegeben von Otto Dudzus. München 1985.

Mein Bibeltext. Herausgeben von Friedrich Schorlemmer. Stuttgart 1999.

Paul Tillich, In der Tiefe ist Wahrheit. Religiöse Reden. Stuttgart 1952.

Werner Krusche, Gott redete mit seinem Volk. Predigten aus den achtziger Jahren. Stuttgart 1990.

Anmerkungen

1 Karl-Josef Kuschel, Streit um Abraham. Düsseldorf 2001, S. 274.

2 Ernst Eggimann, Warum ich Gott so selten lobe. Calwer Verlag, 1987.

3 Arnold Stadler, Die Menschen lügen. Alle. Frankfurt am Main und Leipzig 2000.

4 Bertolt Brecht, [Wo ich gelernt habe]. In: Brecht, Große kommentierte Berliner und Frankfurter Ausgabe. Band XXIII: Schriften 3. Frankfurt am Main 1993, S. 267.

5 Bertolt Brecht, Über reimlose Lyrik mit unregelmäßigen Rhythmen. In: Brecht, Große kommentierte Berliner und Frankfurter Ausgabe. Band XXI: Schriften 2, Teil 1, Frankfurt am Main 1992, S. 359f.

6 Das Neue Testament für Menschen unserer Zeit. Stuttgart 1964.

7 Meister Eckhart, Deutsche Predigten und Traktate. Herausgegeben von Josef Quint. München 1955, S. 328.

8 Ebenda, S. 331ff.

9 Ebenda, S. 333.

10 Karl Barth, Der Römerbrief. Zürich 1940, 5. Auflage, S. 411.

11 Ebenda, S. 414.

12 Ebenda, S. 414.

13 Existenz im Glauben, Aus Dokumenten, Briefen, Tagebüchern Sören Kierkegaards, herausgegeben von Liselotte Richter. Berlin 1956, S. 29.

14 Ebenda, S. 148.

15 Dieser Text wurde 1986 auf dem Petersberg bei Halle vor Jugendlichen unter freiem Himmel vorgetragen.

16 Ludvik Aškenazy, Die schwarze Schatulle. Berlin 1968, S.

17 Diese biblische Textauslegung wurde noch 1989 – im Brief – von den Stasischnüfflern kassiert und erreichte seinen Adressaten in Stuttgart nicht.

18 Diese Textadaption entstand 1976 mit Jugendlichen in Leuna.

19 Diese Meditation wurde am 14.12.2002 im Leipziger Gewandhaus zum Weihnachtszyklus von Messiaen vorgetragen.

Quellenangaben

Bertolt Brecht, »Die gute Nacht«
Aus: Bertolt Brecht, Werke. Große kommentierte Berliner und Frankfurter Ausgabe, Band 13: Gedichte 3, © Bertolt-Brecht-Erben/Suhrkamp Verlag 1993.

Hilde Domin, »Abel steh auf«
© Hilde Domin, 2004.

Erich Fried, »Der Prophet«
Aus: 100 Gedichte ohne Vaterland. © Verlag Klaus Wagenbach, Berlin 1978.

Friedrich Schorlemmer
Lass es gut sein
Ermutigung zu einem gelingenden Leben
248 Seiten
ISBN 978-3-7466-7064-5
Auch als E-Book erhältlich

Wie führe ich ein erfülltes Leben

»Lass es sein, es hat keinen Zweck!« – gegen solch resignative Lebens- und Redensart wendet sich dieses Buch. Friedrich Schorlemmer folgt der Maxime »Lass es gut sein und lass es gut werden.« Aus genauen Beobachtungen gewinnt er Orientierungshilfen, die dem Einzelnen Halt und Hoffnung geben. Er macht Mut zu einem gedeihlichen Umgang mit der Natur, mit sich selbst und anderen, auch mit Gegnern und Fremden. Nöte und Ängste nicht verschweigend, schärft er eine Gelassenheit ein, die unsere Tatkraft stärkt.
Die in ihren Grundlagen gefährdete Erde verlangt allen mehr Rück-Sicht und mehr Weit-Blick ab. Was jeden von uns trägt, kann nur das sein, was uns alle gemeinsam trägt, prägt und bindet. Das Leben kann gelingen, wenn wir uns unserer Vergänglichkeit bewusst bleiben, unser Land lieben, Toleranz üben und die Wahrheit suchen, Widerstand gegen alles Lebensfeindliche leisten und uns mit anderen kompromissbereit einigen lernen.

»Eine aufrüttelnde Anleitung zum Glücklichsein.« MDR

atb aufbau taschenbuch